『治国良臣』系列

治国良臣

管 仲

姜正成◎编著

郑州大学出版社

郑州

图书在版编目（CIP）数据

治国良臣——管仲 / 姜正成编著 . —郑州：郑州
大学出版社，2018.1
　（治国良臣）
ISBN 978-7-5645-4240-5

Ⅰ . ①治… Ⅱ . ①姜… Ⅲ . ①管仲（? －前 645）
－传记 Ⅳ . ① B226.1

中国版本图书馆 CIP 数据核字（2017）第 078749 号

郑州大学出版社出版发行
郑州市大学路 40 号　　　　　　邮政编码：450052
出版人：张功员　　　　　　　　发行部电话：0371-66658405
全国新华书店经销
虎彩印艺股份有限公司印刷
开本：710 mm×1 000 mm　1/16
印张：16
字数：215 千字
版次：2018 年 1 月第 1 版　　　印次：2018 年 1 月第 1 次印刷

书号：ISBN 978-7-5645-4240-5　定价：43.80 元
本书如有印装质量问题，请向本社调换

前 言

管仲是春秋时期的政治家，他有句名言："仓廪实而知礼节，衣食足而知荣辱。"这句话反映了物质生活与社会文明的关系，受到人们的肯定。

孔子对管仲的评价很高，他曾说："微管仲，吾其被发左衽矣。"意思是：管仲辅助齐桓公做诸侯霸主，一匡天下；要是没有管仲，我们都会披散头发，左开衣襟，成为蛮人统治下的老百姓了。这话是有一定道理的。如果没有管仲提出的"尊王攘夷"主张，中原诸侯真有可能败于夷狄，华夏文明也无法延续。

管仲，字夷吾，颍上（今安徽颍上）人，姬姓后裔。他祖上是贵族，后来家道中落，沦为平民。

管仲的青少年时代生活在社会下层，郁郁不得志。他曾经为"圉人"，替人牧马，后来同好友鲍叔牙一同在南阳经商。管仲经常欺侮鲍叔牙，赚了钱，总是要多拿一些。鲍叔牙知道管仲家里很贫困，比他更需要钱来养家糊口，从不与他计较。做生意时，多由管仲来策划、筹算。但他们失败的时候多，赚钱的时候少，《说苑》说管仲"三辱于市"，就是指此。而鲍叔牙并不认为管仲愚笨，把经商失败看成是"时有利时不利"的原因。后来管仲出去求仕，但都没有做多久就被辞退了。鲍叔牙也不认为是管仲无能，而认为是生不逢时。管仲还当过兵，但打仗时总是逃跑在先。鲍叔牙也不认为是管仲怯懦，而认为是由于他有老母在堂，要保全性命来奉养老母。总之，鲍叔牙认定管仲是个有大才能的贤人，对他的所作所为都非常支持。

这个故事既可以说明鲍叔牙崇拜管仲，信赖管仲，同时也说明，一个能成大事的人，可能会有一些小缺点，这是白璧微瑕，不伤大体。

后来，管仲辅佐齐国公子纠，鲍叔牙辅佐其弟公子小白。

公元前686年，齐襄公逝世，他的堂弟公孙无知篡位。公元前685年春，齐大夫雍廪杀了公孙无知，公子小白即位，立为齐桓公，鲁国却支持其兄公子纠，因此齐国和鲁国之间发生战争，管仲射箭射中了齐桓公的带钩，齐桓公装死，骗过了管仲。最终齐国战胜，鲍叔牙向鲁庄公要求处决公子纠，并把管仲交给齐国。

在鲍叔牙的强烈推荐下，齐桓公不计前嫌，拜管仲为相，甚至尊其为"仲父"。管仲在齐国实行了一系列的改革，倡议"尊王攘夷"，终于帮助齐桓公成就了霸业。

管仲的政治才能自不必说，他还是一位高超的经济学家。齐桓公问管仲富国之策，并建议对房屋楼台、树木、六畜、人口征税，管仲一一否定之后，郑重提出了自己的富国策——"唯官山海为可耳"。"官山海"就是把山川和海洋资源收归国有，意即盐铁专卖。管仲由此首次在中国历史上提出了盐铁专卖制度。

他还用优惠政策刺激商贸，通过鼓励奢侈消费拉动内需。他非常善于运用经济杠杆干预人们的生活，而不是用行政命令，这是非常高明的。

管仲任齐国相国时，居所富丽堂皇，极尽奢华。但司马迁著《管晏列传》时却说，尽管管仲比国君都富裕，生活标准也超过了他的行政级别，齐国人民却不认为管仲奢侈。他的真实主张是奢俭并重，即不一味强调节用，也明确提出"高消费"的主体是君主、统治阶级上层和巨商富贾。以现代观点看来，管仲所倡导的奢侈消费，只是让"富者散资于民"的一种手段，根本目的还是以消费促生产。由此可见他富有远见卓识。

管仲病危的时候，齐桓公到他的病榻前看望，问谁能做下任丞相时，提出要任鲍叔牙为相。而管仲却坚决反对，认为鲍叔牙虽是君子，为人近乎完美，但过于清白而容不得一丝丑恶，不适合做丞相。管仲推荐了隰朋。

易牙知道了这件事，就到鲍叔牙那里挑拨离间，说："管仲的相位本是您推荐的，现在他病了，主君前去询问后任，他却说您不行，反而推荐隰朋，我觉得这很不公平啊。"而鲍叔牙却笑着回答他："我当初之所以要推荐管仲，就是因为他忠于国家，对朋友也没有私心。而至于我，要是让我做司寇，捉拿坏人，还绰绰有余。要是让我掌管国政，像你们这样的人怎么可能有容身之地？"

管仲就是这样的一个人，胸中有大格局，不讲私情，不喜小恩小惠。幸好鲍叔牙理解他，"管鲍之交"真是让人感动啊。

本书全面介绍了管仲的一生，展现了这位春秋名相的风采和功绩。同时，书后还将《管子》的部分篇章译成白话，以供读者了解这部先秦名著，希望此书能得到读者的肯定。疏漏之处，还请赐教！

目 录

 管仲拜相 ～

管仲，字夷吾，颍上（今安徽颍上）人，姬姓后裔。他祖上是贵族，后来家道中落，沦为平民。

管仲的青少时代生活在社会下层，很不得志。他曾经为"圉人"，替人牧马，后来同好友鲍叔牙一同在南阳经商。管仲经常欺侮鲍叔牙，赚了钱，总是要多拿一些。鲍叔牙知道管仲家里很贫困，比他更需要钱来养家糊口，从不与他计较。

目

录

第二章 君臣磨合

　　齐桓公即位之初，与管仲之间政见不同。齐桓公急功近利，急于对外用兵。而管仲不同意这一主张，面对齐国大乱后的动荡局面，他主动先修内政，富国强兵，亲邻国，然后团结诸侯择乱而征。君臣二人意见不统一，远未达到配合默契的程度。

第三章 宏图初展

　　周惠王十年（公元前667年），在幽地的会盟果然十分简洁，只有齐、鲁、陈、宋、郑五国。齐是主盟国，郑、陈是同盟国，宋是东道主，鲁为见证国。

　　这次会盟参与的国家虽不多，但意义绝非往昔的会盟可比。这次才是既不凭借王命，又没有大军威逼，是真正意义上的结盟。五国君侯谈笑风生，席间觥筹交错，管弦丝竹，气氛融洽。

第四章 尊王攘夷

齐桓公执政以来，在管仲的辅佐下，经过了内政经济军事多方面改革，有了雄厚的物质基础和军事实力，适时打出了"尊王攘夷"的旗帜，以诸侯长的身份，挟天子以伐不服。

"尊王"，即尊崇周王的权力，维护周王朝的宗法制度。"攘夷"，即对游牧于长城外的戎、狄和南方楚国等对中原诸侯的侵扰进行抵御。齐桓公实行的"尊王攘夷"政策，使其霸业更加合法合理，同时也保护了中原经济和文化的发展，为中华文明的存续做出了巨大贡献。

第五章 管仲的政治思想

管仲的思想主要记录在《管子》这部书中。《管子》成书于战国时期，学者刘向编定《管子》时共86篇，今本实存76篇。

《管子》的政治智慧具有强烈的实践意义，至今仍具有很高的理论价值与现实意义。此书在诸子百家中占有十分重要的地位，是研究古代政治、经济、法律等各方面思想的珍贵资料。

管仲的经济思想

管仲有高超的经济思想。齐桓公问管仲富国之策，并建议对房屋楼台、树木、六畜、人口征税，管仲一一否定之后，郑重提出了自己的富国之策："唯官山海为可耳"。"官山海"就是把山川和海洋资源收归国有，也就是盐铁专卖的意思。管仲由此首次在中国历史上提出了盐铁专卖制度。

他还用优惠政策刺激商贸，通过鼓励奢侈消费拉动内需。

管仲任齐国相国时，居所富丽堂皇极尽奢华。但司马迁著《管晏列传》时却说，尽管管仲比国君都富裕，生活标准也超过了他的行政级别，齐国人民却不认为管仲奢侈。他的真实主张是奢俭并重，即不一味强调节用，也明确提出"高消费"的主体是君主、统治阶级上层和巨商富贾。以现代观点看来，管仲所倡导的奢侈消费，只是让"富者散资于民"的一种手段，根本目的还是以消费促生产。

 管仲的法制思想

管仲认为，法为治国的根本，只有实行法治，国家才能安定、富强。法是君主安邦定国的重要手段，是否实行法治是国家治乱的关键。

他认为，法出乎道，具有至高无上性；但是，法又生于君。那么，法与君之间又是什么关系呢？《管子》认为，君主出法制令，而一旦法令制定之后它就凌驾于君主之上，具有至高无上性。

附　录

目

录

管仲拜相

管仲，字夷吾，颍上（今安徽颍上）人，姬姓后裔。他祖上是贵族，后来家道中落，沦为平民。

管仲的青少年时代生活在社会下层，很不得志。他曾经为『圉人』，替人牧马，后来同好友鲍叔牙一同在南阳经商。管仲经常欺侮鲍叔牙，赚了钱，总是要多拿一些。鲍叔牙知道管仲家里很贫困，比他更需要钱来养家糊口，从不与他计较。

礼崩乐坏的时代

　　周朝是古代中国的一个重要朝代，也是中华古典文明的全盛时期，它的两项制度对后世产生了深远的影响：一是分封诸侯。严格说来，在中国的政治制度史上，只有周朝是完整意义上的封建制度。所谓封建，就是国家政权封而建之，通过封王、封地来治理一个国家，周天子则是国家至高无上的统治者。二是制定礼乐。礼乐制度，相传是周公所作，是处理等级社会高低贵贱之间的人际关系的伦理规范。"制礼作乐"带来了社会的稳定，"礼崩乐坏"必然带来社会的动乱。周朝的礼乐制度是儒家思想的先河。当时，天下诸侯尊周天子为共主，整个社会是很有秩序的。

　　公元前771年，西北的犬戎攻入周的都城镐京，杀死周幽王。第二年，周平王迁都洛邑，周王朝走向衰微。历史上把迁都前的周王朝称为西周，迁都以后的周王朝称为东周（公元前770年—公元前256年）。

　　平王东迁之后，王室的权力大受削弱，但在新的权力中心形成之前，它还是天下集权的象征。此时诸侯国陆续强大起来，对周天子不再如以往那般尊重，连定时朝会周天子的礼节也省去了，甚至有的诸侯窥伺周室，"问鼎之轻重"。而诸侯之间为了争霸，更是攻伐不断。孔子将春秋时代称为"礼崩乐坏"的时代。

　　在春秋前期，郑国是最先强大起来、企图称霸的。

　　郑武公、郑庄公父子先后担任周平王的卿士，权力很大。周平王有些不大乐意，就暗暗把一部分权力托给虢公。郑庄公发现了这个事情，埋怨周平王。周平王说："绝对没有这样的事情。"于是周、郑交换人质。王子狐在郑国作为人质，郑国的公子忽在周朝作为人质。

公元前720年，周平王去世了。在郑国为人质的王子狐还没有回到洛邑继位就去世了，王子狐的儿子，年少气盛的周桓王姬林登上了宝座。周桓王因为自己父亲的事情，对郑庄公很是不满。有几次郑庄公朝拜的时候，周桓王都故意不以礼相待。周桓王暗中谋划，准备把辅政大权交给虢公。这件事情引起了郑庄公的不满，四月，郑国的祭足领兵抢掠周王室温地（今河南温县南）的麦子。秋天，又割取了成周（今河南洛阳市东）的谷子。这些公然的挑衅行为使郑国和周王室的关系全面恶化。

公元前719年，郑国都城的东门被宋、卫、陈、蔡四国围攻，抢掠五日后离去。第二年，郑庄公决定报复，起兵讨伐卫国。此时州吁已死，卫宣公在位。他用南燕（居住在今河南延津东北）军队进犯郑国。庄公令大夫祭足、原繁、泄驾三军抗击燕军正面，令公子忽、公子突偷袭燕军背后。燕军的注意力被吸引在正面的三军身上，没有提防背后两支奇

位于山东淄博的管仲纪念馆

管仲拜相

兵，一下被打得大败。这场战争发生在制这个地方。制地地势险要，关系国家安危。

公元前707年，郑国和周王室的长年积怨终于爆发为战争。周桓王决定教训一下郑庄公，于是亲自率领蔡、卫、虢、陈联军讨伐郑国。双方在繻葛（今河南长葛北）摆开战场。这是《左传》所描绘的第一场精彩的大战。结果联军大败，周桓王还被郑国将军祝聃一箭射中了右肩，十分狼狈。

这场战争影响深远，周桓王的鲁莽之举让周王室威信扫地。自此周王室只剩下天下共主的名义，变成诸侯争强图霸的时候不时捧出来的招牌。"礼乐征伐自天子出"的时代一去不复返，大国争霸的时代正式开始。

齐国的建立

齐国是周王朝最为重要的封国之一，它的开国之君齐太公姜尚是西周初年的传奇式英雄。《吕氏春秋》说他原是"东夷之士"，《史记》也说他是"东海上人"，可见他与东夷（泛指夏商周时期的东方各族）有密切的关系。据说姜尚曾在商的别都朝歌（今河南淇县）做过杀牛的屠夫，在孟津（今属河南）卖过酒。他生活极其贫困，却关心政事。由于姜尚不满商王朝的残暴统治，便离开了商王朝，来到西边的方国周。当时他已是一个上了年纪的老人。

姜尚知道周国的君主周文王是一个贤明之君，有意帮助他夺取天下，但苦于没有机会接近文王，向他坦陈自己的政见。那时打猎是一种社会时尚，有的人把它当作娱乐休闲的一种方式，而有的人把它视为军事训练的一种手段。姜尚得知周文王也常外出打猎，便在文王经常路过的地方垂钓，希望有机会见到文王。

说来也巧，有一天文王准备外出打猎，当时的人都很迷信，做每件事都要先占卜一下，看看是否吉利。周文王也精于此道，史称他曾被商王纣囚于羑里（古地名，今河南汤阴县北），他在被囚禁期间，"演六十四卦，著七八九六之爻"，这就是《周易》一书的主体内容。占卜的结果，是这次打猎所获非龙非螭（古代传说的一种动物，蛟龙之属）、非虎非罴（熊的一种），而将获霸王之辅。

果然，存心寻找贤才的周文王在渭水的北岸遇到了正在垂钓的姜尚。初次交谈，周文王就被他那渊博的知识以及对天下形势精辟的分析所倾倒，高兴得不知怎样表达才好，连连说："你真是我的太公（指祖父，即古公亶父，周国的创立者）盼望已久的贤才啊！"姜尚因此亦称"太公望"或"姜太公"。

周文王自从得到姜尚的辅佐后，周国的事业便蒸蒸日上，到文王去世，已是三分天下有其二，而这些成绩的取得大都是靠姜尚的谋略。周武王兴师伐纣时，姜尚还亲自率领周国的"虎贲之士"攻打殷军。《诗经》也曾刻画姜太公伐商时威风凛凛的英雄形象：

> 牧野洋洋，
> 檀车煌煌，
> 驷騵彭彭。
> 维师尚父，
> 时维鹰扬。
> 凉彼武王，
> 肆伐大商，
> 会朝清明。

由于姜太公的赫赫功绩，周王朝建立后，即封他为一方诸侯。周成王时，武庚和三监勾结，并联合东夷反叛，周公经过长达三年的艰苦征战才彻底打败叛军。为了有效地控制东方，周公除了封自己于鲁之外，还把原为"东夷之士"的姜太公改封于齐。齐的疆界"东至海（黄海），西至河（黄河），南至穆陵（今山东临朐县南），北至无棣（今山东无棣县北）"，而都于营丘（今山东淄博市北），后迁都临淄。周王室还给予齐国一项特殊的权力，就是"五侯九伯，实得征之"，就是说齐国可以征讨那些不服从周王朝的诸侯。

姜太公不但是一个精于权谋的军事家，而且还是一个善于理财的政治家。他到齐国后，"修政，因其俗，简其礼，通商工之业，便鱼盐之利，而人民多归齐"，齐很快就成为周王朝在东方的头等大国。

齐襄公小霸

但是在西周中后期，由于周夷王误信谗言而造成的错误，导致了齐国长时期的混乱。

齐国由于经历了几十年的动乱，社会发展受到了很大影响，到春秋初期，齐国实力却不强。齐僖公时，北戎侵犯齐国，齐国抵挡不住，便派人向郑庄公求救。郑庄公派太子忽率领郑军救齐，郑军抓获了北戎大良、少良两位大将，斩获甲士三百人，把戎人打败。齐僖公为了感谢太子忽，打算把齐女许配给他，但是太子忽却拒绝说："郑小齐大，非我敌（匹敌）。"（《史记·郑世家》）可见齐在当时是公认的大国，但却不是强国。

齐国成为强国是从齐襄公开始的。

周桓王二十二年（公元前698年）底，齐僖公去世，太子诸儿即位，是为齐襄公。

自郑庄公去世到齐襄公即位之初，中原无霸主，活跃在政治舞台上的是宋庄公和鲁齐桓公，宋庄公由于曾在郑庄公的庇护下生活了十多年，因此即位后便采取了亲郑的政策。郑庄公去世后，深受郑庄公宠信的大夫祭仲拥立太子忽为君，是为郑昭公。但是宋庄公却横插一脚，派人把祭仲诱骗到宋国并抓了起来，威胁说："如果你不拥立公子突为君，就杀掉你。"宋庄公还把郑公子突也抓了起来，许诺拥戴他为国君，条件是要他即位后用钱财报答。祭仲怕死，便答应更换国君，拥立公子突，还和宋国订立了盟约。宋国之所以要拥立公子突，原因是公子突的母亲是宋人，宋庄公要借此大捞一把。郑昭公得知祭仲因为宋国的要挟要更立公子突的消息后，感到大势已去，便逃到了卫国。公子突顺利地登了上君位，是为郑厉公。

宋庄公在郑厉公即位后便不断来索取财物，郑厉公忍无可忍，便在

齐襄公与鲁桓公

公元前699年联合鲁国和纪国与宋国开战。宋国也联合了齐国、卫国和燕国一同作战。结果宋、齐、卫、燕联军大败。宋庄公不服气，在第二年冬天又联合齐、卫、陈、蔡伐郑。郑国这次没有其他诸侯国的支持，结果被联军烧掉了都城的渠门，攻入国都。宋军把郑国祖庙屋顶上的梁木也拆掉并运回，做成宋都城卢门上的梁以示炫耀，还夺取了郑郊牛首（今河南通许县东北）。

不久，郑国内部发生了矛盾。大臣祭仲虽因拥立厉公有功，大权在握，但他为人很专权，这就引起了精明能干的厉公的不满。郑厉公四年（公元前697年），厉公计划让祭仲的女婿雍纠在郊区设宴招待他的岳父，趁机杀掉祭仲。但雍纠却回家同妻子雍姬商量此事。两边都是亲人，雍姬拿不定主意该帮谁，便去问她的母亲："父亲与丈夫哪个更亲一些？"她的母亲回答道："只要是男人都可以成为丈夫，而父亲只有一人，这怎么可以相比呢！"雍姬遂下定决心帮助父亲，就把她知道的情况告诉了母亲。祭仲知道此事后，立即把雍纠杀掉。郑厉公见阴谋败露，恐祭仲加害自己，就载着雍纠的尸体逃到蔡国去了。厉公出逃，昭公乘机回来复位。

这时，宋国又开始支持厉公。在宋国的暗中支持下，厉公不久即潜入郑国南部的栎邑（今河南禹县），并把栎人鼓动起来，杀掉了栎邑的长官檀伯而占据了栎邑，公开与昭公的政权相对抗。宋庄公这时便联合鲁国、齐国、卫国和陈国一同伐郑，想把厉公强行送回去复位，但失败了。于是宋国又派军队帮助厉公据守栎邑，使郑昭公不敢贸然采取军事行动。

第二年春，宋国又与鲁、蔡、卫在曹开会，商量伐郑，并在这年的初夏一同伐郑。此次伐郑直到秋天才结束，仍然没有结果。

在宋与郑对立之初，鲁齐桓公起初充当的是调解人的角色，但由于宋庄公的强硬态度，调解失败。鲁齐桓公感到丢了面子，便转而支持郑厉公，并在周桓王二十年（公元前700年）亲自率师伐宋，却吃了败仗。

鲁齐桓公不甘心，第二年又带着一向追随鲁国的纪国，协助郑国与宋、齐、卫、燕联军大战，这次取得了辉煌的胜利。但是，郑厉公出逃，昭公复位后，鲁国同郑国的关系来了个一百八十度大转弯，鲁国加入了以宋国为首的伐郑大营。

齐襄公即位后面临的形势是：南面的鲁国和西面的宋国都是实力较强的国家，较难对付。北面的燕国比较弱，但那不是争雄之地。东边的纪国比较弱小，与齐国又是世仇，齐早就打算把纪灭掉。齐僖公时，就与郑庄公以朝纪为名，想乘机灭掉纪，但是其阴谋被纪人知道了，没有得逞。如果能灭掉纪国，就比较容易把领地拓展到山东半岛的东头，于是齐襄公决定先从纪国下手。但是，纪国与鲁国的关系很密切，纪国的国君娶的是鲁女，而且纪国以前一直追随鲁国参与中原的活动。在郑与宋的对抗中，齐支持宋，鲁支持郑，结果郑、鲁及纪的联军大败宋、齐、卫、燕的联军，这使本来已很紧张的齐、纪关系进一步恶化。因此，齐襄公灭纪计划的第一步就是与鲁修好，尽量使鲁国在齐的灭纪行动中保持中立；同时，加强对纪的压迫。纪在齐国的压迫下只好寻求鲁的保护。而鲁与齐刚修好，不便与齐翻脸，但更不愿看到齐灭掉纪。于是鲁齐桓公再次充当调解人，在周庄王三年（公元前694年）春带着纪君到齐国的黄地与齐襄公谈判，并签订了盟约。但是齐灭纪的决心已定，所以"黄地之盟"后仍然加紧对纪的压迫，齐、鲁遂翻脸。这年五月，齐入侵鲁。两国在鲁的奚地开战，结果鲁军战败。

第二年，齐襄公就强占了纪国三个邑。到齐襄公七年（公元前691年），纪国就在齐国的压迫下发生分裂。纪君的弟弟纪季就逃到齐国，献上自己的封地，做了齐的附庸。

眼看纪国将亡，纪君再次向鲁求救。鲁国的君臣经过一番商量，打算救纪，但又惧怕齐国，所以计划联合郑国一同出兵。鲁庄公跑到滑地准备同郑君会面，但是郑君却以国有内乱为借口拒绝同他见面。

鲁庄公不得已，只好单独出兵，但终因畏惧齐国，只是屯兵于鲁的边邑郎（今山东鱼台东北）以观望。第二年，齐出兵伐纪，纪国无力抵抗，纪国之君又不愿向齐投降，于是把纪国移交给已投靠齐国的弟弟纪季，自己逃亡出去。纪季接管纪国后，双手把纪国献给了齐襄公，纪国灭亡了。

鲁庄公目睹齐国把受自己保护的纪国灭掉了，却也无可奈何，还忍气吞声地跑到齐国的郜地会见齐襄公，并陪同齐襄公打猎，以缓和齐、鲁之间紧张的关系。

齐襄公在灭纪国，拓展在山东的领土的同时，对中原的活动也积极参与。齐襄公元年，郑厉公出奔蔡，后入居栎邑，郑昭公复位。齐国因为郑昭公曾拒绝与齐联姻就站在郑厉公一边，随同宋、鲁等国一道伐郑。

不久，郑国又发生了内乱。郑昭公还是太子时就不喜欢大夫高渠弥，当他父亲庄公决定任命高渠弥为卿，参与执政时，他就坚决反对。但庄公不听，坚持用高渠弥。昭公复位后，高渠弥深感不安，怕昭公把他杀掉，便先下手为强，在郑昭公二年十月辛卯这一天，趁与昭公一同外出打猎之际，把昭公射死于野外。祭仲和高渠弥都不敢迎厉公复位，于是立公子亹为君。

齐襄公想干预郑国的事务，就在第二年的七月召集诸侯在卫国邻近郑国的首止（今河南睢县东南）开会。公子亹在齐襄公为公子时曾与他打过架，是仇敌，所以祭仲劝公子亹不要参加"首止之会"。公子亹回答："齐国现在很强，而且厉公还占据栎邑，如果不去开会，齐国就会以此为借口率领诸侯伐我，把厉公送回来复位。我还不如去看看，去了并不一定就会被辱，当然更不会出其他问题了。"于是决定去参加"首止之会"。足智多谋的祭仲担心齐人把他们一起杀掉，便装病不行。公子亹到了首止后，也不向齐襄公赔礼道歉。齐襄公是个霸气十足，而且做事从不考虑后果的人，见公子亹并不低声下气地向他道歉，恼羞成怒，便在会场上预先埋伏武士，把公子亹杀掉了。高渠弥侥幸逃脱，回到郑国后即与祭仲商量，把公子亹的弟弟公子仪（又名子婴、婴次）从陈国迎回立为国君。

齐襄公在位期间，还曾干预卫国的事务。卫国发生内乱，卫惠公仓皇逃到齐国（他母亲宣姜就是齐襄公的妹妹），齐襄公收留了他。第二年春，当鲁齐桓公带着纪君到齐国来谈和时，齐襄公还同他们商量了卫国的事情，打算帮助惠公回国复位。但不久齐、鲁因纪国之事而翻脸，以至于大动干戈，第二年齐襄公又害死了鲁齐桓公，以后又灭纪及干预郑国之事，杀郑公子亹，遂把这事搁置起来了。

到齐襄公九年（公元前689年）冬，齐襄公以周庄王的名义，率领鲁、宋、陈、蔡等国一同伐卫，而周庄王却派王子突率师救卫，因为卫君黔牟是自己的女婿。第二年六月，以齐为首的诸侯之军政入卫国，杀掉叛乱的左公子泄和右公子职，卫君黔牟逃亡，惠公复位。卫惠公为了感谢齐襄公，拿出了许多贵重礼物送给他。后来与齐襄公私通的鲁庄公之母文姜想要这些东西，襄公就声称在这次伐卫的军事行动中，鲁国功劳最大，已把礼物转送给了鲁国。

齐襄公在中原的活动中，虽说有些霸主的味道，但他心胸狭隘，鲜廉寡耻，挟私报复，为将来埋下很多隐患。襄公的所作所为，令齐国一些有识之士深感不安，总感到有点山雨欲来的味道。

在这些有识之士中，就有管仲、鲍叔牙和召忽。

管仲与鲍叔牙

管仲，字夷吾，颍上（今安徽颍上）人，姬姓后裔。他祖上是贵族，后来家道中落，沦为平民。管子的生年不详，从《管子·大匡》的第一段记载来看，他大约生于齐僖公初年（公元前730年），卒于齐桓公四十一年（公元前645年）。

管仲的青少年时代曾经为"圉人"，替人牧马，后来同好友鲍叔牙一同在南阳经商。管仲经常欺侮鲍叔牙，赚了钱，总是要多拿一些。鲍叔牙知道管仲家里很贫困，比他更需要钱来养家糊口，从不与他计较。做生意时，多由管仲来策划、筹算。但他们失败的时候多，赚钱的时候少，《说苑》说管仲"三辱于市"，就是指此。而鲍叔牙并不认为管仲愚笨，把经商失败看成是"时有利不利"的原因。后来管仲出去求仕，但都没有做多久就被辞退了。鲍叔牙也不认为是管仲无能，而认为是生不逢时。管仲还当过兵，但打仗时总是逃跑在先。鲍叔牙也不认为是管仲怯懦，而认为是由于他有老母在堂，要保全性命来奉养老母。总之，鲍叔牙认定管仲是个有大才能的贤人，对他的所作所为都非常支持。可以说，鲍叔牙非常崇拜管仲。

齐僖公有三个儿子，长子诸儿，即后来的齐襄公，次子公子纠，幼子公子小白。当时管仲和召忽被任命为公子纠的"傅"，即老师。后来齐僖公又让鲍叔牙为小白之"傅"，负责教导小白。但鲍叔牙认为辅佐小白不会有什么前途，便拒绝了，还假装生病不出门。

管仲邀召忽一同去看望鲍叔牙，问道："为什么不出来做事呢？"鲍叔牙推心置腹地说："先人说过，没有比父亲更了解儿子的，没有比君主更了解臣下的。现在国君知道我不能干，所以才派我做小白的老师，我不想干了。"

召忽同情地说："您如果坚决不干，就不要出来，我暂时向国君做证说您快死了，就一定能把您免掉。"鲍叔牙感谢地说："有您这样做，那就没有做不到的了。"

管仲不同意鲍叔牙的看法，他说："不行。主持国家大事的人，不应该推辞工作，也不应该贪求清闲。将来真正掌握政权的，还不知道是谁呢！您还是出来干吧！"

召忽也对小白没有信心，他不同意管仲的意见，说："不行。我们三人对齐国来说，好比鼎的三足，去掉一足就立不起来。我看小白必定不会继承君位。"

管仲见鲍叔牙、召忽都对小白没有信心，认为小白不可能继承君位，颇不以为然。他分析说："我看不对。人们因为憎恶公子纠的母亲，必然会连累到公子纠本人，但却会同情没有母亲的小白。公子诸儿虽然年长，但品质卑劣，前途如何还不一定。看来将来能安定齐国的，除了公子纠与公子小白两人，恐怕不会再有别人。公子小白虽然不会耍小聪明，而且性格急躁，但是能把握大方向。不是我管夷吾，就不会理解、容忍公子小白。如果不幸有一天上天降祸加灾于齐国，公子纠就算能立为君主，也不会成就什么大事。那时不靠您出来安定国家，还将靠谁呢？"

召忽是个耿直之人，他对齐僖公之后的政局非常担心，忧心忡忡地说："国君百年之后，如果有违君命而废掉我所拥立的公子纠，夺去公子纠的君位，就算他得了天下，我也不愿活着辅佐他。何况参与了我们齐国的政事，接受君主的命令而不折不扣地执行，一心一意帮助我所拥立的公子，保证他不被废除，这就是我义所当为的事情。"

管仲是个注重大局而不拘小节的智者，当然不会赞同召忽这种愚忠思想。他说："我作为人君的臣子，是受国君之命为国家主持宗庙的，岂能为公子纠而牺牲自己？我只有在国家破、宗庙灭、祭祀绝的情况下才会去死。除了这三种情况，我就要活着。"

停了停，管仲又非常自信地补充说："只要我管夷吾活着，就会对齐国有利；如果我管夷吾死了，就会对齐国不利。"

鲍叔牙听二人把话题岔开了，忙插进来问道："那么我到底该怎么办？"管仲回答："您接受委任就是了。"鲍叔牙同意，马上就出来接受命令，担任了公子小白的师傅，辅佐小白。管仲、召忽和鲍叔牙三人还相互约定，无论将来是公子纠还是公子小白做君主，他们三人都要相互引荐。

管仲与鲍叔牙

鲍叔牙担任了公子小白的师傅后，心里没有底，又找管仲商量，问他："我该怎样做工作呢？"管仲回答："作为人臣，如果对君主不尽心竭力，君主就不会亲信自己。君主不亲信，则说话就没分量。说话没分量，那国家就不能安宁。总而言之，侍奉君主，不可存有二心。"鲍叔牙表示非常赞同。

公元前698年，齐僖公去世，公子诸儿继立为君，是为齐襄公。由于齐襄公倒行逆施，鲍叔牙、管仲等人已预感到齐国将发生内乱，于是鲍叔牙带着公子小白出逃到莒国以避祸，而管仲和召忽则留下来观望局势的发展。

不久，齐国果真发生了内乱。

齐襄公之死

话说齐僖公有个同胞弟弟叫夷仲年，夷仲年的儿子公孙无知很受僖公的宠爱，其衣服和礼数都享受与太子诸儿一样的待遇。心胸狭窄的诸儿因此很不高兴，即位之后，立即削掉了公孙无知的俸禄和特权，引起了公孙无知的不满。

齐襄公十一年（公元前687年），襄公派连称、管至父两人去戍守国都临淄西边的葵丘。二人问："我们什么时候可以回来？"襄公正在吃瓜，便顺口说："现在正是瓜熟的季节，到明年瓜熟的季节就派人把你们换回来。"这本是一句搪塞的话，到第二年瓜熟的时候，襄公早已把他的许诺忘得干干净净，没有派人去换防。

二人提醒襄公曾经许过的诺言，请求派人接替，结果被襄公拒绝。二人非常愤怒，就准备起来作乱。并和公孙无知勾结，公孙无知就成了他们的首领。

连称有位远房的妹妹是齐襄公的妃子之一，但却不得宠，连称就找她做内应，让她探知襄公的行动以便找机会下手，还许诺说："若事成功，就立你为公孙无知的正夫人。"

齐襄公十二年（公元前686年）冬，襄公到姑棼（即薄姑，今山东博兴县东北）去游玩，并到沛丘打猎。连称的堂妹把这事通知了公孙无知一伙，公孙无知等人决定在此下手。

齐襄公在沛丘打猎时，见到一只野猪，侍从们骗他说："这是公子彭生。"襄公害死鲁齐桓公，却让彭生做了替罪羊，心中不免内疚。听说是公子彭生，心中大怒，呵斥道："彭生怎么敢来见我！"就用箭射它。这只野猪却像人一样地站着哭叫起来，心怀鬼胎的襄公害怕得从车上掉了下来，扭伤了脚，又丢了鞋子。

回到行宫后，襄公向主管鞋子的侍从费要鞋子。费没有找到鞋子，暴虐的襄公就用鞭子打费，打得费浑身是血。费跑了出来，在大门外遇到公孙无知、连称、管至父等一群叛贼，被捆了起来。公孙无知等审问费，问他襄公在哪里。费说他是襄公的仇人，还脱掉衣服让他们看刚被襄公打伤的背，公孙无知等人这才相信他不是襄公的亲信，便让他带路一道进宫去捉襄公。费说："你们不要硬闯，如果硬闯惊动了守卫，那就不容易进宫了。"于是公孙无知等人让费先进去，其余人都待在宫外。

对主人无限忠诚的费进入宫里，立即把公孙无知等叛贼正要入宫捉襄公的消息告诉了襄公和侍卫，并把襄公藏了起来。公孙无知等人久等不见费出来，心中害怕，便强行攻入宫中。费与襄公的侍从被公孙无知的叛军杀死。叛军到处搜查。在门下发现一只正在发抖的脚，拉出来看，正是齐襄公，于是把他杀掉了，公孙无知被拥立为新君。

 # 鲍叔牙让贤

管仲

管仲得知公孙无知等人杀掉齐襄公，自立为君的消息后，立即同召忽带着公子纠逃难。公子纠的母亲是鲁国人，于是他们来到鲁国。

第二年春，刚刚坐上君主宝座的公孙无知就被大夫雍廪杀掉，齐国一时出现无君的情况。

此时，年轻的鲁庄公刚刚亲政，他很想施展抱负，便有心支持公子纠，把他推上齐国君主的宝座。于是鲁庄公与齐国诸大夫在暨地（山东苍县）磋商，并立了盟约。很快，管仲、召忽等人就护卫公子纠回到了齐国。

但是，实际执掌齐国大权的是国、高二氏。而公子小白从小就与高氏家族的高傒十分要好，所以在鲁庄公与齐国诸大夫磋商时，国、高二氏就悄悄地派人到莒国请公子小白回国为君。

当使者向小白转达了国、高二氏的主意后，小白却沉吟不决。鲍叔牙催促他说："还不赶快回去吗？"

小白摇摇头说："不行。管仲智谋过人，召忽武艺超群，有他们在，尽管国人召我回去，恐怕还是回不去的。"

鲍叔牙说："如果管仲的智谋能发挥出来，齐国为什么还会乱？召忽虽然武艺超群，岂能单独对付我们？"

小白还是很担心，他说："管仲虽然没有发挥其智谋，便毕竟不是没有智谋的人；召忽虽然得不到国人支持，但他的党羽还是足以加害于我们的。"

鲍叔牙坚持要小白回去，他说："国家一乱，智者也无法搞好内政，朋友也无法搞好团结，国家完全可以夺到手。"于是不管小白是否同意，立即命令驾车出发，莒国也派了几十乘兵车护送。

鲍叔牙把小白拉上车后，亲自为他驾车向齐国急驰。但小白坐在车上还是犹犹豫豫的，他说："管仲和召忽两人是奉君令行事的，我还是不可冒险。"说着就要下车。鲍叔牙见小白要下车，非常着急，想拉住他，但两手忙于驾车，腾不出来。于是他也顾不得什么君臣礼节，用靴子挡住小白的脚说："事如成功，就在此时；事如不成，就由我牺牲生命，您还是可以保住性命的。"于是他们继续前进。

谁赶在前头，谁就有可能争到王位。鲁庄公亲自率兵护送公子纠回国，并且派管仲带兵去阻截公子小白。

管仲没日没夜地赶路，到了莒国边境的时候，果然就追上了公子小白的队伍。

管仲问道："公子去哪儿啊？"小白故作平静地说："回国料理襄公的丧事。"

管仲说："公子纠比您年长，由他去料理丧事就行了，您又何必这么匆忙呢？"

公子小白脸色沉了下来，不耐烦地说："我们家的事，不用你来操心，你快让开！"他的随从也都围了上来，像是要动手的样子。

管仲见势头不好，只好退去。可他又不甘心，心里想："干脆我一不做二不休，来个先下手为强！"他暗暗抽出箭来，突然弯弓搭箭，转身向小白射去。只听见小白大叫一声，口吐鲜血，往后便倒。

管仲以为射死了小白，赶忙去向公子纠和鲁庄公报告。他们听说小白已死，心都放到了肚子里，不那么着急赶路了。

谁知道小白并没有死，管仲那一箭只射中了他的衣带钩，小白故意咬破舌头，吐出血来，骗过了管仲，等管仲走远，他才起来。一行人日夜兼程，有小路就抄小路，没几天就到了国都临淄。

这时候公子纠他们一行人却还在半路上优哉游哉呢。

齐国国内对立哪个公子为君却还有分歧，他们问鲍叔牙，如果立公子小白的话，公子纠回来怎么办呢？

鲍叔牙先是把公子小白夸了一番，说他宽厚仁慈，才能过人，不是公子纠所能比的；而且，公子纠由鲁庄公护送而来，如果当了上了国君，岂不是事事都要受鲁国的控制吗？齐国本是大国，怎么能忍受这种事情呢？

众人听了，觉得很有道理，都拥护小白为新君。

又过了几天，鲁庄公、公子纠他们才姗姗来迟，听说公子小白已经当上了国君，大为愤怒，当即发动进攻，想靠武力把王位夺回来。齐桓公亲自带兵迎战，在乾时（山东桓台境内）打了一仗，鲁军惨败。

齐桓公在乾时之战打败鲁军，即位为君以后，就准备委任功劳最大的鲍叔牙主持齐国的大政。鲍叔牙却乘机推荐他的好友管仲。他说："我只是您的庸臣，国君要加惠于我，使我免于饥寒，就算您的恩赐了。至于治理国家，则非我所能胜任，只有管夷吾才行。我有五个方面不如管夷吾：宽惠爱民，我不如他；治国不久权柄，我不如他；忠信以交好诸侯，我不如他；制订礼仪以示范四方，我不如他；披甲击鼓，立于军门，使百姓勇气倍增，我不如他。管仲，好比人民的父母，您想治理好儿子，就不可不用他们的父母。"鲍叔牙还说："得到管仲和召忽，国家就安定了。"

齐桓公一听鲍叔牙建议重用管仲，便气呼呼地说："亏你想得出来，你不是知道，管仲是我的仇人，他差点要了我的命，我恨不得食其肉，寝其皮，怎么可能重用他呢？"

鲍叔牙解释说："做臣子的各为其主，这是他的本分。您只要赦免他的罪，让他回国，他将同样为您效劳。"鲍叔牙接着把他与管仲、召忽以前的谋划告诉了齐桓公。

齐桓公这才知道，鲍叔牙之所以肯辅佐他，全是管仲的计谋，于是对管仲的仇恨不由得消了一大半。他早就知道管仲的才能，这时又有鲍叔牙的极力推荐，便决定冰释前嫌，召回管仲、召忽。他问鲍叔牙："那么，能得到他们吗？"

鲍叔牙回答："只要快快召回，就能得到。迟了，恐怕就得不到。因为鲁国的谋臣施伯知道管仲的才干，他会献计让鲁国国君把大政交给管仲。管仲如接受，鲁国就知道如何削弱齐国了；管仲如果不接受，鲁国知道他将回齐国，就一定会把他杀掉。"

齐桓公听鲍叔牙这么一说，不由得担心起来。他问鲍叔牙："那么，管仲会不会接受鲁国的政务呢？"

鲍叔牙肯定地说："不会接受，管仲不愿为公子纠而死，就是为了安定齐国；若接受了鲁国的政务，那就是削弱齐国了。管仲对齐国忠心不二，虽然明知要死，也不会接受鲁国的政务。"

齐桓公对管仲还是有些不放心，又问鲍叔牙："他对于我，也会忠心不二吗？"

鲍叔牙回答："他不是为了您，而是为了齐国历代的君主。毋庸置疑，他对您当然不如对公子纠更亲近，对公子纠他都不肯死，何况是您呢？您若想安定齐国，就快把他接回来吧！"

齐桓公性格比较急，这时恨不得马上就把管仲、召忽接回来，但又怕鲁人已杀掉了他们，焦急地问鲍叔牙："恐怕时间来不及了，怎么办？"鲍叔牙分析说："施伯的为人，聪敏多智然胆小怕事，您若不及早去要，他害怕得罪齐国，一定会杀他们的。"齐桓公表示同意，并派鲍叔牙亲自去办这件事。

当齐桓公和鲍叔牙正在商议如何得到管仲的时候，鲁庄公也在与谋臣施伯商量如何处置管仲。施伯向庄公建议说："管仲为人足智多谋，只是事业未成。现在他避难在鲁国，您应该委之以鲁国的大政。他若接受，就可以削弱齐国；他若不接受，就杀掉他。杀掉他来向齐国讨好，表示与齐国同仇敌忾，这比不杀他更好。"鲁庄公同意了。

但是，鲁国还没有找管仲谈这事，鲍叔牙作为齐使已来到了鲁国。

乾时之战，鲁庄公虽然只身逃回了鲁国，但鲁军却被齐军抄了后路，进退维谷，十分危急，鲁国这时只好委曲求全，听命于齐国。鲍叔牙对鲁庄公说："公子纠，是我们国君的亲人，现在我们国君愿意大义灭亲，请您替我国杀掉。"鲁庄公于是令人杀掉了公子纠。

鲍叔牙又提出："管仲、召忽，是我国的叛贼，现在在鲁国，我君想活着得到他们，然后亲自杀掉。如果得不到，那就表明国君您和我国的叛贼站在一起了。"

鲁庄公又找施伯商量，施伯说："不要交回。齐国不是要杀他们，而是想用他们为政。管仲是天下的贤人，是大才；楚国用他则楚国得志于天下，晋国用他则晋国得志于天下，狄国用他则狄国得志于天下。现在齐国要是得到他，将来必为鲁国之患。您何不把他杀掉而把尸体交给他们呢？"

鲁庄公觉得这是一条妙计，立即表示赞同，准备把管仲杀掉。鲍叔牙知道后，心中大惊，马上找到鲁庄公威胁说："在齐国杀人，是杀齐国的犯人；在鲁国杀人，是杀鲁国的犯人。我们国君是想得到活的，把他处死在齐国，是为了教育群臣。若得不到活的，就等于您和我国的叛贼站在一起了，这不是我们国君所要求的，恕我不敢从命。"

鲁庄公又和施伯商量，胆小的施伯改变主意说："我看还是把管仲、召忽交给他们。我听说齐君的性子急而且颇为骄傲，虽然得到像管仲这样的贤才，但不一定真能用他。如果齐君真能用他，管仲的事业就会成就。管仲是天下的大圣人，现在回齐国执政，天下都将归顺齐，岂独鲁国。现在如果杀掉他，他可是鲍叔牙的好友，鲍叔牙势必全力为他报仇。假如鲍叔牙借此与鲁国作对，您一定受不了，还不如把他交给齐国算了。"

鲁庄公犹豫了一会儿，最后还是决定把管仲和召忽交给齐人。当鲁人把管仲和召忽捆绑起来塞进囚车准备出发时，管仲问召忽："您害怕吗？"召忽回答："怕什么？我不早死，是等待国家平定。现在国家既然已平定了，如果让您执政齐国，也一定会让我执政齐国。但是，杀掉我君公子纠而用我身，是对我的双重侮辱。您做生臣，让我做死臣好了。我召忽既已明知将为齐国的执政而求死，公子纠可以说有死事的忠臣了；您活着帮助齐国称霸诸侯，公子纠可以说有生臣了。死者完成德行，生者完成功名，生名与死名不能兼顾，德行与功名也不能兼得。您努力吧，生死在我们两人是各尽其分了。"

鲍叔牙看到好友管仲手脚被捆绑着，眼睛被胶涂着，披头散发，不由得心酸，大声哭了起来。他马上控制住自己的情绪，以防鲁人看出破绽。但鲁国有个明白人，那就是施伯，他知道管仲是不会死了。

鲍叔牙既得管仲和召忽二人，怕鲁庄公反悔，便让士卒推着囚车先行。管仲知道回齐国后要用他，怕再落入鲁人的手中，就编了一首歌教推囚车的士卒唱。士卒边走边唱，就不觉得累，很快就走出了鲁国的国境，到了齐国。果然，管仲等人走了不久，鲁庄公又后悔起来，派公子偃来追，但为时已晚。

管仲拜相

一入齐境，召忽仰天叹道："烈女不事二夫，烈士不事二主。大丈夫决不贪生怕死。现在我该为主子殉节了！"说完就拔剑自杀了。管仲伤感不已。

由于赶路赶得太急，管仲等人是又饥又渴。路过绮邑时，管仲向绮邑的封人（地方长官）讨吃的。绮邑的封人知道管仲是个人才，齐君最信任的鲍叔牙又是他的好朋友，此行回国，齐君不但不会杀他，很可能还会委以大任。因此，当管仲向他讨食时，他不但拿出了最好的食物，而且态度相当恭敬，甚至跪着给管仲进食。

饭后，绮邑的封人自认为有恩于管仲，就悄悄地对管仲说："如果你到齐国而侥幸免于死罪，被齐君重用，那时你将何以报答我？"

管仲回答说："如果像您所说，齐国用我为政，那是我的贤德被肯定，是我的才能被使用，是我的功劳被人承认罢了，我凭什么报答您呢？"绮邑的封人听了这话，悻悻而去。

管仲一行到了齐国的堂阜（今山东蒙阴县西北）后，鲍叔牙才把管仲放出囚车，还为他举行了除灾仪式，让他沐浴三次以洗掉身上的晦气。到了国都，齐桓公亲自到郊外迎接。

管仲因为自己是个囚犯，就垂下帽缨，掩着衣襟，还让人拿着斧子站在背后，以表示负罪之意。齐桓公三次下令让执斧人离开，执斧人才退下。齐桓公对管仲说："既已垂下帽缨，拉下衣襟，这样谢罪也就够了。寡人准备正式接见你。"

管仲叩头再拜说："承蒙您的恩赐，我就是死在黄泉，也不朽了。"齐桓公便与管仲一道进入国都，在祖先的庙堂上正式接见了管仲。

庙堂陈谋

齐桓公是个急性子，一得到管仲，马上就向他请教为政之道。他说："从前我们齐国的先君襄公，筑高台，修广池，耽乐饮酒，田猎捕射，不理国政。鄙视圣贤，侮慢士人，只知宠爱女色。九妃六嫔，侍妾有数百人之多。食必粱肉，衣必文绣。而战士挨饿受冻，战马的补充等待的是游车用过的老马，战士的给养使用的是侍妾食用的剩余。亲近歌舞、杂技艺人而疏远贤良大夫，所以国家不能日新月异地发展。我真担心有宗庙无人打扫、社稷无人祭祀的一天。请问该怎么办呢？"

管仲回答："从前我们的先王周昭王和周穆王效法文王、武王的远迹，以成其名。集合高年硕德的老人，考察人民当中表现好的，立典型为规范。准备有格式的表卷，让人民原原本本地填写。然后用赏赐劝勉好人，用刑罚惩治坏人，治理人民始终如一。"齐桓公听到这里，很感兴趣，进一步请教治国之方。管仲提出了一连串的治国方案，齐桓公听了后，佩服得五体投地，这才真正明白了为什么鲍叔牙会如此崇拜管仲。于是，立即任命他为齐国的大夫，并委以齐国之政。

当时，齐国刚经历了将近一年的内乱，局势仍不稳定。于是齐桓公又召见管仲请教安邦之策。齐桓公问道："国家能够安定吗？"管仲回答："您能建立霸业，国家就能安定；建立不了霸业，国家就不能安定。"

齐桓公想的是如何尽快地稳定齐国、稳定君位，至于建立霸业之事，他连想也没想过。于是他略带不满地说："我不敢有那么大的雄心，只求国家安定。"管仲坚持要谈建立霸业的事，齐桓公还是说：

"我不行。"管仲气愤地向齐桓公请求辞职，他说："君免我于死，是我的幸运。但我之所以不死节于公子纠，是为了把国家真正安定下来。国家不真正安定，要我掌握齐国的政事而不死节于公子纠，我是不敢接受的。"说完就走了出去。

"先生快回来。"刚走到大门口，齐桓公忙叫住管仲。

管仲只得回来了。齐桓公流着泪说："如果你一定要坚持，那我就努力图霸吧！"管仲躬身再拜，起来后说："今天您同意完成霸业，那我就可以秉承君命执掌齐国大命了。"

管仲说出自己的治国理念：欲建立霸业，称霸诸侯，第一步必须稳定局势，安定国内的民心，实现富国强兵的战略。要取得民心，首先是爱民，而爱民的关键是要富民。百姓富足了，国家自然就富强；国家强大了，建立霸业的宏伟蓝图也就实现了。

齐桓公不好意思地对管仲说："不瞒你说，寡人有三大缺点。你看还能把国家治理好吗？"

管仲说："我还不知道您到底有哪些缺点。"

齐桓公说："寡人喜好打猎，经常整日整夜地田野里奔跑。诸侯使者不得当面致意，百官也无从当面汇报。"

管仲说："这虽然不是一件好事，但还不是最要紧的。"

齐桓公又说："寡人嗜好饮酒，经常通宵达旦，诸侯使者不得当面致意，百官也无从当面汇报。"

管仲说："这虽然也不是一件好事，但也还不是最要紧的。"

齐桓公迟疑了好一阵，最后才鼓起勇气说道："很不幸，寡人好色，连姑姐都有留着不嫁人的。"

管仲回答："这也不是一件好事，但仍然不是最要紧的。"

齐桓公听管仲说自己的三大缺点都不是最要紧的，心下如释重负，心想，这要是换成鲍叔牙，不把我骂个狗血喷头才怪呢，管仲的气魄就是不一样啊。转念一想，又怀疑管仲是不是个佞人，想把他带到沟里去，便说："这三者都可以，难道还有什么不可以的事情吗？"

管仲回答："国君能不能成事，只看他是不是优柔寡断和有没有上进心。优柔寡断则无人拥护，没有上进心肯定成不了大事。"管仲不以道德信条为最高标准，而注重事功，讲求实际，这是他和正统儒家的最大不同，也是当时诸侯争霸、富国强兵的必然选择。

齐桓公又让管仲评论百官。管仲说："升降揖让有礼，进退熟悉礼节，言辞刚柔有度，我不如隰朋，请任命他为大行（负责礼仪和招待宾客的官）。开发荒地使之成为城邑，开辟土地使之增产粮食，增加人口，尽土地之利，我不如宁戚，请任命他为大司田（亦作大司农，负责农业生产的官）。在平原广郊之上，使战车不乱、战士不退，鼓声一响而三军视死如归，我不如王子城父，请任命他为大司马（负责军事的官）。判案公平，不妄杀无辜的人，不冤枉无罪的人，我不如弦宁，请任命他为大司理（负责司法的官）。敢于冒犯君主的威严，进谏必忠，不怕死，不贪图富贵，我不如鲍叔牙，请任命他为大谏（负责向君王指陈过失以劝谏的官）。这五个人我一个都比不上，但是要用我去换他们，我也不愿意。君主想要治国强兵，有此五人就足够了；但如果要图霸王之业，非微臣不可！"

齐桓公完全采纳了管仲的建议，并让他们五人都受管仲节制。

齐桓公又问管仲，在外交有哪些人可用。管仲建议说："公子举为人见闻广博而且识礼，好学而且言语谦逊，请派到他鲁国，开展外交；公子开方为人灵活而敏捷，可出使卫国，开展外交；曹孙宿为人有小廉而且有小聪明，十分谦恭而且善于辞令，正合乎荆楚的风格，请派他去那里，开展外交。这样，就可以充分发挥个人的特长与能力，尽量结交诸侯，建立与诸侯的稳固联盟，为我们下一步称霸天下做准备。"

齐桓公一一答应了。

管仲虽被齐桓公任命为大夫，执掌国政，但他深知自己出身微贱，齐国那些高傲的门阀贵族不会听他的。比如国、高二氏是周王室所任命的卿士，比一般诸侯的卿大夫地位高出许多，而且掌握着齐国的实权。在这个等级社会，地位低贱的贫穷之人去管理那些地位很高的纨绔子弟，是相当困难的。

于是，他向齐桓公要求："虽然臣能得到君主您的信任，但是臣的地位卑下。"齐桓公明白了，便同意把管仲的等级提到高、国二氏之上。

管仲又说："承蒙君主的提拔。然而臣虽然地位提高了，但仍很贫困。"齐桓公想了想，决定把齐国的市租赐给他。

管仲又说："承蒙君主您的惠赐，臣已很富有了。但是臣与君主的关系很疏远。"齐桓公沉吟片刻后，决定拜管仲为"仲父"。

管仲这才敢毫无顾虑地开展改革。

因能授官

齐桓公曾问管仲："怎样做才能治而不乱，明而不蔽？"管仲回答："只要做到明分任职，就能做到治而不乱，明而不蔽。"就是说要让官吏明确自己的职责，并根据其职责来监督其工作情况，胜任的可以继续为官，不胜任的就要罢免。在这一思想的指导下，齐桓公礼贤下士，广招贤才。

当时，齐国有一个隐士名叫小臣稷，齐桓公听到许多人称赞他的才德，思贤若渴，三次登门拜访，小臣稷都拒不见面。齐桓公并不生气，他说："我听说布衣之士如果不轻视高官厚禄，就不会怠慢国君；而国君如果不好施仁义，就不能招来布衣之士。"结果齐桓公五次亲访，小臣稷终于出来与他见了面。

春秋时期的人都非常重视等级、礼仪，迎接四方之贤才，当然要用高规格的接待礼仪。古代邦国在朝觐、祭祀和商议军国大事时，要在大庭中燃烧火炬，称为"庭燎"；根据爵位之高低，所用庭燎之数也有很大的差别，如天子为一百，公侯为五十或三十不等。为了招徕人才，齐桓公竟僭用天子之礼节来接待士人。但是，一年过去了，仍不见士人的影子。

这时，齐国东部农村有个乡下人自称擅长九九乘法口诀，前来应聘。齐桓公本不想见，但转念一想，一年过去了，连士人的影子也不见一个，如今好不容易来了一人，虽然算不上什么有用的才士，但也不应该遽然弃之，否则别人会耻笑自己。于是叫人把此人请了进来。齐桓公先不客气地将了他一军："会九九之术算不了什么能耐吧，为什么请求见我？"乡下人回答："臣也不认为会九九之术是什么大才能。不过我听说主君设庭燎之礼以待士人，但过了一年都没有一个人前来应聘，主君想过这是为什么吗？"

乡下人看着齐桓公茫然的眼神，停了一会儿继续说："士人之所以不来，是因为主君是天下著名的国君，四方之士人都自以为见解及不上主君，所以不敢来。九九之术是微不足道的技能，但是主君尚且加以重视，优礼微臣，何况那些拥有远远超过九九之术的才士？泰山不拒壤石，所以才那么高；江海不拒细流，所以才那么大。《诗》云，'先民有言，询于刍荛'，意思就是说要集思广益。"

齐桓公听后，对这个乡下人肃然起敬，连声夸奖道："说得好！说得好！"并下令以礼优待此人。

齐桓公优待这个会九九之术的乡下人的故事就像长了翅膀，很快传遍了齐国，又传到整个中原地区，四方前来投靠齐桓公的能人志士蜂拥而至。

齐桓公不但设立庭燎之礼，还注重接待来自各诸侯国的客人。齐桓公委派隰朋管理东方各国的事务，委派宾胥无管理西方各国的事务。齐国国内每三十里设一驿站，准备好食品，设官管理。凡各诸侯国来的官吏，派专人、用车为他们负载行装。若是住宿，派人替他们喂马并以所备食品招待。如果待客标准与收费标准不当，则要追究管理者的罪。齐桓公还规定，凡国内官吏引荐其他诸侯国士人来到齐国做事，引荐得好，视所荐对象能力的大小，给予赏赐；引荐得不好，也不追究。齐桓公还派出"游士八十人，奉以车马衣裘，多其资币，使周游于四方，以号召天下之士"。后来齐国的强盛，除了管仲的各项改革之外，广招贤才，使齐国人才济济也是其中的一个重要原因。

在齐桓公选拔的众多人才之中，以宁戚和东郭牙最为著名。齐桓公发现东郭牙，有一个有趣的故事。

有一次，齐桓公想攻伐莒国，本来这事就齐桓公和管仲两人知道，而实际上却是国人皆知。管仲知道齐国一定有高人。齐桓公听管仲这么一说，突然想起了一件事，忙对管仲说："对呀，我想起白天曾看见一个服役的人，老是踮着脚尖向我们这边张望，会不会是此人呢？"

管仲认为有此可能，就下令让当天服役的人明天再服役一天，谁也不许替换。

第二天，齐桓公和管仲一起站在高台上观察，见一个服役的人不时向这边张望一下，管仲对齐桓公说："肯定是此人。"立即命人把他请来，待以上宾之礼，分宾主站在台阶上。管仲问他的名字，回说叫东郭牙。管仲单刀直入地问道："你是不是传播齐国要讨伐莒国消息的人？"东郭牙也直截了当、毫不隐讳地说："就是我。"管仲又问："我没有说过要伐莒，你为什么到处说齐国要伐莒？"东郭牙回答："我听说君子有三种表情：面目开朗而呈和善愉悦之态的是有音乐时的表情，气色黯淡而有严肃之态的是有丧事时的表情，面色恼怒而身姿沉稳端庄的是有战争时的表情。昨天我看见您站在台上，面色恼怒，身姿沉稳端庄，这表示将有战争发生。又见您说话的口型，口张而不闭，像是发莒音，还见您用手指着莒国的方向。我再一想，现在诸侯中有谁对齐国不服呢？想来想去就只有莒国了，所以我断言齐国要征伐莒国了。"

管仲暗暗称奇。东郭牙后来做了齐国的大夫，负责进谏。

关于东郭牙还有一个故事：齐桓公将要立管仲为仲父，告令群臣说："我将要立管仲为仲父，同意的进门后站在左边，不同意的进门后站在右边。"东郭牙站在中门。齐桓公说："我要立管仲为仲父，告令上说，'同意的站在左边，不同意的站在右边'。现在你为什么站在中门呢？"东郭牙说："以管仲的才智能够为你称霸天下出谋献策吗？"齐桓公说："能够。""以管仲决断事情的本领，能够替你办大事吗？"齐桓公说："能够。"东郭牙说："现在以大王你的才智足以能够谋略天下，以你决断事情的本领也足以能够办大事，国家的政权应该由你专门负责。现在以管仲的才能，再加上大王你的威力来治理齐国，齐国难道不会处于危险之中吗？"齐桓公说："你说得有道理。"于是下令隰朋治理内政、管仲管理外政以互相制衡。

选拔人才的目的在于使用人才为国家服务。在人才的管理和使用上，管仲注意到要使官吏的品德与地位相称，使官吏的功劳与俸禄相称，使官吏的能力与官职相称，并把这些看作是国家治乱的根源，称为"三本"。他认为，在一个国家，对于德义没有显著于朝廷的人，不可授予尊高的爵位；对于功业没有表现于全国的人，不可给予优厚的俸禄；对于主持政事没有取信于人民的人，就不能让他做大官。否则，不是"有过"，就是"有失"。这是因为如果有德义不显于朝廷而身居高位的人，贤良的大臣就得不到重用；如果有功劳不著于全国而享有重禄的人，勤奋的大臣就得不到鼓励；如果有主持政事但不能取信于民而做了大官的人，有才能的大臣就不会出力。

在管仲看来，取得人才固然重要，但更为重要的是合理使用人才。他说："天下不患无臣，患无君以使之。"怎样才能发挥人才的作用？除了有一套任命、监督、考核等管理制度外，更重要的是要因能授官。管仲在官吏的任用上，正是遵循的这一原则。隰朋聪明敏捷，善于处理一些微妙的关系，因而派他负责处理东方诸国的事务；宾胥无性格坚强，能不畏强暴，坚持原则，因而派他负责处理西方诸国的事务；鲍叔牙为人耿直，疾恶如仇，正好用来监督、考核官吏。让王子城父负责军事，让弦宁负责司法，让东郭牙负责进谏等，皆遵循因能授官的原则。

第二章

君臣磨合

齐桓公即位之初，与管仲之间政见不同。齐桓公急功近利，急于对外用兵。而管仲不同意这一主张，面对齐国大乱后的动荡局面，他主动先修内政，富国强兵，亲邻国，然后团结诸侯择乱而征。君臣二人意见不统一，远未达到配合默契的程度。

长勺之战

长勺之战示意图

齐桓公即位之初，中原比较强盛的诸侯国还有鲁、宋、郑、陈、蔡、卫。在这几个国家中，原来郑国最强，郑庄公曾最先挑战周王室的权威，小小称霸了一回。郑庄公死后，他的几个儿子互相争夺王位，内乱不断，所以国势迅速衰落。与此同时，宋国与卫国也因为内乱而逐渐走下坡路。所以齐桓公即位时，只有鲁国比较强大。

齐桓公急于有所作为，便雄心勃勃想东征西讨，一展雄才大略。齐桓公二年（公元前684年）正月，借鲁国接纳公子纠的罪名兴兵伐鲁。本来鲁国就是强国，再加上鲁庄公又是个性情刚烈而崇尚武力的人，一听说齐军来犯，也摩拳擦掌，下令征发全国的军队，与齐军决一雌雄。双方军队在长勺（今山东莱芜东北）相遇了。

鲁国有个叫曹刿的人，只是一个普通百姓，但他很关心国家兴亡，听说齐军大兵压境，十分着急，就挺身而出，决心为国家出力。

有人劝他说："曹刿啊，国家大事，自有那些当官的去解决，你不过是一个普通老百姓，何必操这份心呢！"曹刿说："那些吃肉的大官们目光短浅，能有什么好办法呢？我一定去见见国君，把我的打算说一说。"

鲁庄公见齐军已经打了进来，马上准备出兵迎战。听说有人来献策，立刻召见。

曹刿见了鲁庄公，便问："齐国的大军已经打来了，听说您准备抵抗，您靠什么来战胜齐军呢？"

鲁庄公回答说："我有大家的支持。平时好吃好穿的，我常常把它分给臣下，从来不敢一个人享受，别人感谢我，当然就会支持我啦！"

曹刿说："这不过是小恩小惠，而且只是您身边少数人能够得到，并不是所有的百姓都能得到您的好处，百姓是不会为您去卖命的。"

鲁庄公又说："我祭祀神灵的时候，总是诚心诚意，该供奉什么就供奉什么，该供奉多少就供奉多少，从来不敢弄虚作假，神灵会保佑我打胜仗的。"

曹刿摇了摇头说："这都是鸡毛蒜皮的小事，神灵不会为这个就保佑您打胜仗的。说点实在的吧。"

鲁庄公接着又说："老百姓来打官司，我虽然不敢保证一件件都过问，但凡是我处理的案件，我尽量做得公平合理。"

曹刿高兴地说："这还差不多。能想到老百姓的疾苦，就能得到民心，凭这点是能够打胜仗的。"

鲁庄公不了解曹刿，不知他有什么真本事，就问："你有什么办法可以战胜齐军呢？"

曹刿笑着说："打仗这件事，需要随机应变，哪里有固定的方法呢？请您带我到战场上见机行事吧！"鲁庄公听曹刿说得十分有理，觉得他一定有办法，便带着他乘上兵车，奔赴长勺。

长勺战场上，齐鲁两军严阵以待。齐国的鲍叔牙因为曾经打败过鲁军，所以这次根本不把鲁军放在眼里。他求胜心切，两军刚一接触，便下令擂鼓进攻。鲁庄公听到齐军鼓声震天，沉不住气了，也要下令擂鼓冲锋。曹刿赶忙拦住道："且慢！"随后便请鲁庄公传下命令："有吵嚷叫喊、随意行动、不听指挥的，一律处死！"这时候，齐军随着鼓声冲了过来，鲁军却纹丝不动。齐军见无隙可乘，只好退回去。过了一会儿，齐军鼓声又起，鲍叔牙催着士兵再次冲锋。鲁军还是不动。齐军只好又退了回去。这样连冲了两次，不见鲁军出动，鲍叔牙更得意了，对手下的人说："鲁军怕是吓破胆了，不敢出战。我们再冲一次，他们准垮无疑。"说着就又传令擂鼓。这时候，眼看着齐军逼到鲁军的阵前了，鲁军士兵憋足了劲，要决一死战。曹刿手提宝剑，向北指道："打败齐军，在此一举！"随后立即请鲁庄公下令擂鼓冲锋。

再说齐军连冲了两次，见鲁军不还手，都以为这第三次冲锋还跟过去一样，所以一个个拖着戈矛，扛着刀枪，无精打采地跑了过来，全没把鲁军放在心上。不料，这时候鲁军阵营中鼓声大作。鲁兵如猛虎下山般冲了过来，刀劈箭射，直杀得齐军七零八落，狼狈而逃。鲁庄公马上下令追击，曹刿连忙拦住说："先别忙，让我看看再说。"他跳下兵车察看了地面，又登上兵车瞭望了前方，过一会才说："可以追击！"鲁庄公指挥鲁军，直追了三十多里，缴获了齐军的许多车马和兵器后凯旋。

齐桓公初试锋芒就遭遇惨败，难免恼羞成怒，将所有罪过都推到管仲头上。管仲心里明白，此时的齐桓公急于有所作为，听不进不同意见，不碰得鼻青脸肿，他是绝不会服输的。

鲍叔牙对齐桓公说："长勺之战不比乾时之战，这次是在鲁国境内作战，人家是主人，因此打败了我们。胜败乃兵家常事，并不能说明我们不及鲁军。君主如果想一雪长勺之耻，我们可以和宋国联合，齐、宋联合起来必然会战胜鲁军。"

齐桓公同意鲍叔牙的建议，便准备联宋再战。

齐宋联盟

再说宋国，宋闵公一直不忘父亲宋庄公临终的话，总想找个机会和郑国和鲁国大战一场。但是宋闵公不敢独自挑战两国，而自己的同盟齐国老是闹叛乱，现在听说齐桓公攻打鲁国又吃了败仗。宋闵公一直密切注意局势。

现在齐国突然派人请兵，宋闵公咬咬牙，对手下一个战将说："南宫长万，我派你去讨伐鲁国！"

南宫长万长得高大威猛，是宋国有名的大力士。他极端自傲，但缺乏头脑。他奉命带兵，就大摇大摆地和齐桓公会师。刚驻扎在郎这个地方，就吩咐士兵休息，也不需要什么警戒，好像出来旅游似的，累了就准备睡觉。

南宫长万刚要睡着，就听见寂静的夜里，地面好像地震一般，剧烈地响动，接着，军营里就大乱了，到处是恐慌的尖叫，连忙起来穿上战甲，出去一看，心中一惊道："怎么来这么多老虎！"他是不怕老虎的，但手下士兵们可吓坏了，惊慌失措，全无斗志。战马见了老虎，更是惊得长嘶不止。

这时候，后面杀来了敌军。再仔细一看，哪有什么老虎，那些只是披着老虎皮的马。

南宫长万直接就杀入敌军中间，他觉得自己有万夫不当之勇，这时，一支箭射在了他肩膀上，一疼，不留神，又挨了一刀，摔下马去，被一百来个兵士冲上来按住，结结实实地捆上了。

宋军被击败，齐军只能退兵，这次郎城战役又失败了。长勺之战和朗城失利，给齐桓公以深刻的教训。

拿谭国开刀

战败回国的齐桓公垂头丧气，坐在朝堂之上，愁眉苦脸地望着自己的群臣，不知道说什么，感到颜面扫尽。齐桓公心说：再战，恐怕我的位子就不保了。

于是，齐桓公故意不提军事上面的事情，底下的群臣也没人敢多言，他就问问国内的一些杂七杂八的事情，比如有没有人犯罪，今年农民收成怎样，国库收上来多少钱，等等。

司田把今年粮食收成和国民收入汇报给齐桓公。齐桓公一看，今年的粮食居然是往年的一倍多，国库收入也一下子增加了许多。尽管国家连着打了两场仗，可国力没有下降，反倒上升，这都是管仲的功劳啊。

想想自己的急躁莽撞，连遭败绩，他感到有些羞愧，但心里热乎乎的。管仲看在眼里，心里说："想哭就哭出来吧。"

管仲不气馁地替齐桓公管理这个国家，却没有一丝的怨言。齐桓公平静了一下心情，凝视着管仲，觉得自己有愧于这个人才，心想："若是他怨恨寡人，负气而走，寡人再上哪去找这样的人才，他不负寡人，寡人却负他。"他开始意识到没有管仲，他的这番事业将渺茫无期。这个时候的齐桓公如果没有受到严峻的打击，如果没有看到管仲预备好的那桶"金子"——国内经济改革的初步成效，是不会静下心来思考这些事情的，也不会体会到管仲默默无闻的辛勤耕耘，金子不是点着石头就出来的，而是要经过一天天的努力耕耘才能收获到。

齐桓公面对群臣简单地检讨了几句。自我检讨是必要的，否则怎么做国人的表率？检讨完之后，他发布了一条命令："从即日起，大小事物皆裁于仲父，然后寡人。"这其实是重申拜相时的条令，那时候是脑子发热颁布的，而现在是脑子清醒冷静的情况下，他不能再轻视管仲，齐国需要他。

秋去冬来，有一天，齐桓公对管仲说："连续两场对鲁国的战役都打输了，这对国家的地位有很大的影响，老百姓也会以为我们齐国软弱无能，诸侯们会以为我们不堪一击。"

齐桓公心里又有些痒痒了。

管仲点点头，明白他的意思，说："那我们就打一场仗，灭了谭国吧！"

为什么要打谭国呢？谭国是小国，与齐国实力悬殊，很容易取胜，此时的齐国政府需要这种小的胜利。

现在，齐国百姓因为齐桓公的两次战败，开始对齐国失去了信任感，感到不安和不满，议论纷纷，有些异己分子还从中制造骚动。

管仲借鉴了上任国君齐襄公的经验，当时这个因乱伦而被天下唾弃的国君，用小小的胜利挽救了百姓对政府已经绝望的心，他现在也需要这样的胜利唤起国民对国家的信心，国民的信任也是霸业征程的基础，就像有一个安稳的家才可以去外面拼搏。所以，找一个小国打一场胜仗。

那么，为什么要选择谭国？

因为管仲听说齐桓公逃亡到莒国的时候，路过谭国，这个国家的国君没有接待他，而且很瞧不起地说："轮也轮不到你当国君！"这种侮辱对于一位大国尊贵的国君来说，是一个污点，也影响国家的形象，所以，管仲需要把它清理干净。

其次，他也是在"献媚"齐桓公，齐桓公一直处在两次战败的阴影下，很不开心，管仲希望这个国君振作起来，高兴起来，才有精神去做事。

他对齐桓公说："谭国有辱于君，当灭之，以张国威。"

齐桓公很高兴："好啊！就把它灭了，以后谁敢惹我就是这个下场。"

《左传·庄公十年》记载："齐侯之出也，过谭；谭不礼焉。及其入也，诸侯皆贺，谭又不至。冬，齐师灭谭，谭无礼也。"

这是为战争找到的一个合理的借口，任何战争都要打得名正言顺，才能够让天下的百姓不感到反感，不愤慨，顺民心就是顺天意，这就是管仲为外交要做的第一件事情。

谭，在齐国与莒国之间，是个小国，面积相当于一个县。齐国没有用多少时间就攻下来了，而这个胜利也为齐国称霸天下的大门开了一个小小的缝，齐国的百姓也因此感觉国家潜在的勃勃生机。

竖刁与易牙

公元前683年秋，宋国发了大水，管仲去跟齐桓公商议要不要去救助，宋国和齐国毕竟是几十年的同盟兄弟，而且，鲁国为了交好宋国已经去救助过了。齐国当然不能坐视不管。

齐桓公直接把他叫到房间里，对这些问题基本上是一句话："仲父决定。"

管仲得到指示，走出齐桓公的房间。在走廊，他看到两个人在窃窃私语，管仲打量了一下，感觉这两个人形态猥琐，目光阴冷，没有磊落的气质。

管仲心想，这两个人是什么角色？居然能在齐桓公的房间里自由出入。后来，管仲打听到了。一个是齐桓公身边的侍者，是个太监，叫竖刁；另一个是个厨子，宫里掌勺的大厨，叫易牙。这两个人都不可小看，是宫里的权贵，混到这个地位也是使尽心计和权术。

就说竖刁这个人吧，他小的时候不甘心平庸地过苦日子，看到宫里的人很有权力，就想混到里面去发展。先是做了一个倒水站班的童子，见不到齐桓公几次，没有机会拍马屁升官，等于没有门路发财。怎么办才能接近齐桓公呢？

他发现宫里急招太监，那时候，很少有人自愿去干这种职业，于是，他狠下心把自己阉割了，去做太监。齐桓公听说有这么一个人自愿牺牲自己来侍奉他，很高兴，就把他带在身边，这个竖刁很会拍马屁，立刻就成了国君身边的红人。

另一个易牙更狠，他原本学了一些手艺，也想出人头地，就进宫做厨子。在宫里做厨子，正正经经地干，要升官是很难的，他熬不住，于是用上了心计。

一次，齐桓公的老婆卫姬不舒服，他看准了机会，做了一些能治病的食物给卫姬，卫姬吃了之后，病就好了。于是，就经常吃他做的食物，而且在齐桓公面前经常夸奖他。可是，他觉得这还不够，他想得到齐桓公本人的欢心。

机会又来了，一次，吃饭的时候，齐桓公无聊地问他："你做了那么久的厨子，知不知道人肉是什么味道？"

他就把这句话记在心里，回去做了一盘很鲜嫩的肉，拿过来给齐桓公吃。

"好吃！什么肉啊？"

易牙跪拜说："人肉！"

齐桓公一惊，马上问他："人肉？真的假的？哪里来的人肉？"

易牙就哭泣地说："是臣三岁的儿子，臣知道主公想吃人肉，就把他宰了！"

都是够狠的角色，齐桓公重用贤人，也宠信佞人，他可真是细大不捐，来者不拒啊。管仲隐隐感到一丝不祥的气息。

不过，庆幸的是齐桓公并不是商朝的纣王，这个国君虽然有像妲己这样的美女，也有一群内宫的小人，但孰轻孰重他还是分得清的。

从公元前685年到公元前656年，管仲开始长达三十年的苦心经营，使齐国称霸天下，亲手将齐桓公扶上春秋首霸的位子，这是他人生的最辉煌的第三个阶段。

第三章

宏图初展

周惠王十年（公元前667年），在幽地的会盟果然十分简洁，只有齐、鲁、陈、宋、郑五国。齐是主盟国，郑、陈是同盟国，宋是东道主，鲁为见证国。

这次会盟参与的国家虽不多，但意义绝非往昔的会盟可比。这次才是既不凭借王命，又没有大军威逼，是真正意义上的结盟。五国君侯谈笑风生，席间觥筹交错，管弦丝竹，气氛融洽。

杏坛会盟

　　齐桓公在管仲、鲍叔牙等人的辅佐下，励精图治，齐国的各项事业蒸蒸日上，迅速从战乱中恢复了过来。经过五年的悉心治理，齐国的综合国力有了大幅度的提升。东方大国再展雄姿！

　　这个时候周王室衰微，天下混战不休，整个中华大地成了一个大战场，打来打去无非为两样东西：一是土地，二是人口。在这场抢夺土地和人口的混战中，齐桓公扮演什么角色呢？裁判。

　　西周刚开始分封时，周天子是天下纷争的裁判，诸侯国之间如果有什么争执，发生什么纠纷都由周天子终审裁决。现在周天子衰落有名无实，大家有什么问题也不到他那里理论了，周天子的终审裁判权受到了挑战。针对这种情况，管仲给齐桓公出了个主意：你要想称霸天下，就要充分利用周天子这一丰富资源。毕竟，周天子还是天下共主，你要帮他重新夺回终审裁判权。周天子行使不了这项权力，你可以代他行使嘛！

　　管仲这一招被齐桓公高度浓缩后成为他拓展霸主业务的口号：尊王攘夷。

　　齐桓公的理由很高尚，也很动听，既能让齐国的百姓知道自己打仗是为了伸张正义，又能让周天子明白齐国征伐是为了维护正义，还能让不明真相的其他诸侯清楚齐国打仗为的是天下苍生，齐桓公和他祖上一样是大周王朝的擎天白玉柱，架海紫金梁！

　　齐桓公之所以提出这么一个口号，理论依据是周公姬旦起草、周成王姬诵签署的一份文件。这份文件规定：齐太公姜子牙忠心国事，劳苦功高。将来若有哪一个诸侯国敢闹事儿，不履行分封合同规定的义务，他老人家有权力发兵征讨，以保证分封合同能够依法履行！

齐桓公就拿着这么一份几百年前的"过期文件"，开始以大周朝裁判员的身份，凭借强大的经济、军事实力到处"伸张正义"，四处攻伐征讨！

按着管仲的部署，第一步算是小试牛刀。怎么个小试法？召开诸侯，那时候叫盟会。

"周王室这个招牌，不用白不用。这样，宋国不是发生战乱了吗？公子御说虽然登基，但那是暴力对抗的结果，在法理上不成立。如今，我们可以组织一次诸侯大会，请周王室出面，正式册封公子御说为宋国国君。这样，王室得到尊重，会感谢我们；宋国政府得到承认，也会感激我们，而我们自然就成了天下诸侯的首领了，今后奉天子以令诸侯也就是水到渠成的事情了。"

"高，实在是高。"所有人都说好。

事情基本上在管仲的意料之中，周釐王很高兴还能有诸侯这样尊重中央政府，立即答应了妹夫的请求，派专员前往。

宋桓公也高兴啊，这样一来，自己名正言顺了，还有组织可以依靠。

公元前681年，诸侯大会在齐国的北杏（今山东东阿）召开，管仲特地布置了会场，整个会场没有军队，连带刀的都没有，显示齐桓公对各路诸侯平等相待的态度。

宋桓公第一个到，他很高兴，当面向齐桓公致谢。

之后，陆陆续续到了陈宣公、蔡哀侯和邾子克。

问题来了，鲁国、郑国、卫国等实力较强地位较高的诸侯都没有给面子，竟然一家也没有来。

齐桓公有些恼火，还有些没面子。

"仲父，您看，来的诸侯这么少，是不是改期算了？"

"主公，第一次盟会，能有这么多也算不错了，俗话说，三人为众，何况我们如今有五家诸侯呢？没问题，咱们这次先把架子搭起来就算是成功了。"管仲也觉得没面子，不过这也在他的意料之中。

第一次诸侯大会就这样召开了，周王的特使当场册封宋御说为宋国国君。随后，与会各国进行了诚挚而热烈的会谈，就当前的形势展开了全面的对话。

东道主齐桓公建议成立诸侯盟会，以便今后在盟主的领导下，一致对外，共同发展，为整个大周朝的繁荣做出自己的贡献。与会各国纷纷表示同意，并一致推举齐桓公为盟主。至此，第一届诸侯大会取得了空前的成功。

会后的大会宣言是这样的："某年月日，齐小白、宋御说、陈杵臼、蔡献舞、邾克，以天子命，会于北杏，共奖王室，济弱扶倾。有败约者，列国共征之。"

大家宣誓之后，盟主齐桓公提出了一个组织工作的目标："鲁国、郑国、卫国、曹国等国家，藐视王室，不敬兄弟国家，竟然无故不请假不来赴会，不教训他们不足以平民愤。各位盟友，希望大家携起手来，讨伐他们。怎么样？各位请表态。"

好处还没得到，先要出兵了。

与会各国纷纷表示愿意跟从齐国，讨伐无道国家。管仲很高兴，到目前为止，一切顺利。

但是，他没有想到，有人要临阵脱逃了。

宋桓公回到驿馆，他有些闷闷不乐。

"主公，王室的任命都有了，为何面带不悦？"随行的大夫戴叔皮问道。

"没面子啊。你看来的这些国家，都是些小国，跟我们能够平起平坐的鲁国、郑国这些国家都没来。我们的爵位本来比齐国还高一级，如今反而做他们的跟班，你说我心里能舒服吗？"宋桓公说，"换了谁，都会有点不舒服。"

"嗨，不就还有两天吗，忍忍吧。"

"两天？这就要起兵打鲁国、郑国了，你说，咱们跟不跟着去？"

"我看，如果齐国真的把鲁国、郑国都给征服了，他们就真是霸主了，他们称霸，对咱们没有好处啊。我看，干脆，咱们跑了算了。咱们跑了，盟会基本也就算完蛋了。"戴叔皮出了个逃跑的主意。

宋桓公一听，好啊，三十六计走为上，这个主意好啊。

第二天天还没亮，宋桓公悄悄起床，带着随从，跑了。

"跑了？这次开会就是为了他，他赚了便宜就跑了，什么东西！"齐桓公气得吐血。

管仲也很生气，眼看大会就要圆满了成功了，谁知这最后一个晚上出了问题。

齐桓公一怒之下，把主管军队的王子成父叫来，让他去追宋桓公。

管仲摆摆手说，算了，那样影响不好。他说："要称霸，就要以德服人。这次会盟，来的都是小国，鲁、郑、卫都没有来。所以宋国才心生轻视。这次宋国逃跑，多半也是看着鲁国没来，所以才有这个胆量。"

"你的意思是要讨伐鲁国？"

"对，不过还要等几个月，这一次，我亲自领军。"

曹刿劫持齐桓公

公元前681年，齐国再次伐鲁。

管仲亲率战车七百乘讨伐鲁国，齐桓公亲自坐镇，王子成父为先锋。

齐军以摧枯拉朽之势，三战皆捷，一举夺下汶阳。

鲁国一看这个架势，也只好全国动员，六百乘战车伺候。鲁庄公亲自压阵，鲁军的将领，就是当初在长勺打败齐军的曹刿。

双方在鲁国的附庸国遂国相遇，王子成父与曹刿大战三场，结果曹刿三战皆败，狼狈逃回。连遂地也丢了。然后，齐国大军长驱直入，开进鲁国腹地。

鲁庄公赶忙请来施伯和曹刿商量对策。

"主公啊，管仲这个人我了解，他不是那种把人往死路上逼的人。想当初他们在鲁国避难的时候，主公对他也不错。再说了，鲁国和齐国是亲戚啊，四年前还给他们主婚呢。依我看，既然我们打不过，干脆跟他们和平谈判吧，谈判才是出路。"施伯的主意是谈判。

"老曹，你看呢？"

"能谈判当然最好。"曹刿也支持。

于是齐桓公答应了鲁国的请求，令齐国部队在柯地（今山东东阿）驻扎，同时派人去请鲁庄公赴盟。管仲指挥军士，连夜筑起土坛。坛基夯土三尺高，基座三十尺见方，正面立台阶三级；坛上设香案草席；选二十名精壮士卒，环立于台上。一切准备就绪，只待鲁庄公来临。

谈判该怎么谈呢？鲁庄公心里一点儿底也没有。连吃败仗的将军曹刿进来，看见他愁眉苦脸的样子，就说："带我去会盟吧。"

鲁庄公心想，你一个败军之将，去又能怎么样呢？还不是割地求和。嘴上却说："好吧，你就跟着我吧。"

中午的阳光很强烈。齐桓公高坐在土坛之上，远远看见鲁国讲和的人来了。赶紧起身，下坛迎接。

按辈分，齐桓公是鲁庄公的舅舅。两人手挽着手走上土坛，分宾主坐定。管仲下手相陪，曹刿在庄公后面侍立。寒暄的话儿还没说，一件令所有人目瞪口呆的事情发生了。

就在齐桓公屁股还没坐稳的当口，就见一团黑影倏然扑向齐君，待众人醒过神来，发现曹刿已经挟持了齐桓公，一把锋利的匕首，距齐桓公的脖子不到三寸，锃亮的刀身在阳光下发着耀眼的寒光。

齐桓公做梦也没有想到鲁国人会来这一手，慌得连话也说不出来了。

还是管仲反应快。他一边示意守卫不要轻举妄动，一边厉声问曹刿："曹将军，你这是何意？"

鲁庄公这时候也回过神来，早已吓得面如土色，连声呵斥曹刿。

曹刿将匕首略微晃了晃，引起全场一片惊呼。随即向管仲道："没别的意思，就是想要齐国归还以前夺去的土地。"

管仲看了看曹刿，那种宁为玉碎不为瓦全的眼神坚定无比。

于是管仲朝齐桓公挤挤眼，意思是说你赶紧答应吧，转念一想，让齐桓公说这话有点丢份儿。他灵机一动，含糊地说了一句："同意。"也不知道是他同意，还是齐桓公同意。

这时齐桓公也回过神了，跟着说："同意。"

曹刿将匕首撤开一些，对齐桓公说："那就请您和我国君主盟誓吧。"

于是，在匕首的威逼之下，齐桓公签订了第一个也是最后一个不平等的屈辱协议，将刚刚到手的鲁国土地全数归还给了鲁国。

拿到按着齐桓公手印的合同，曹刿才扔掉匕首，将合同呈给鲁庄公，然后端然肃立，仿佛一切都没有发生过。

齐桓公太窝火了。他想发作，却发现管仲一个劲儿地向他示意。齐桓公只好压住怒火，让会盟按原程序进行。

回国的路上，管仲知道齐桓公的思想上还有解不开的疙瘩，就对他讲了这样一番话：任何人在被挟持的情况下，都会不可避免地被迫接受，当初周文王被囚羑里的时候，也要您的祖先姜太公去拿礼物赎回，今天您这样做，天下诸侯不会笑您掉价；可是，如果回过头来背弃信义，不给人家许诺归还的土地，而且还要杀掉人家的话，那可就大大不

国
良
臣

妥了。这样做，您得到的不过是一点儿报复的快感和几块微薄的土地而已，失掉的，可是万千百姓的信任和天下诸侯的援助啊！

听了这话，齐桓公的眉头才算舒展开来，其实他倒并不是在乎那几块土地，只是觉得身为大国之君竟然被挟持，面子上很是过不去而已。

回国不久，鲁庄公发来了热情洋溢的感谢信。信中对齐桓公的大度守信赞赏有加，说"要盟可犯，而齐桓公不欺。曹子可仇，而齐桓公不怨，齐桓公之信著乎天下，自柯之盟始焉"，鲁国已经把这一美好行为载入史册，并从此与齐国世代友好下去。

齐桓公的虚荣心得到极大满足。

消息传出去，天下诸侯反响强烈。上一次缺席第一届诸侯大会的卫国和曹国急忙派遣特使到齐国，就缺席一事进行了解释和道歉，同时表达了愿意加入会盟，在盟主齐桓公的领导下，随时为天下和平贡献力量的决心。

"仲父，现在怎么办？"齐桓公挺高兴，问管仲。

"趁热打铁，讨伐宋国。"

管仲雕像

"以什么名义？"

"破坏会盟章程，破坏安定团结。"

齐国要收拾宋国的消息传出去了，各国纷纷发表声明，支持齐国讨伐宋国，陈国和曹国还表示要派兵协同齐军行动。

讨伐宋国，管仲决定还是先把周王室搬出来。齐国使臣前往周王室，通报宋国破坏会盟的罪行，如今齐国准备为周王室讨伐宋国，希望王室派出一支象征性部队参与联合国军事行动。

"没问题，单蔑，你辛苦一趟。"周釐王连宋国究竟破坏了哪一条章程都没问，直接派了大夫单蔑，拨给战车五十乘，参与联军的行动。

于是，管仲率领大军先行，会合单蔑和陈、曹两国军队，齐桓公随后出发。

高人宁戚

在北杏会盟时，宋国自认为是一等诸侯，有些看不起齐国，竟然提前退席。这让齐桓公很没面子，决定出兵宋国，以示惩罚。

齐军走到半路，看到一个放牛人，此人悠闲自得，还唱着歌，大意是说现在世道不平，长夜漫漫。齐桓公心想，齐国在我的统治下国势强盛，百姓安居乐业，怎么能说是长夜漫漫呢？就让人把他带过来。这个人见了齐桓公依然傲慢无比，也是象征性地拱了拱手。齐桓公说："我大齐国，天下太平，万象更新，你怎么这么唱呢？"宁戚回答道："我唱的句句属实，你说你齐国百姓安居乐业，你又为盟主，攻无不克，战无不胜，其他诸侯国没有不听你的，但我觉得您言过其实。我知道你当国君之时，险些丧命，与鲁国交战，又被曹刿打得大败而归。你说你是盟主，可那次会盟只有四个国家前来参加，后来宋国又悄悄溜走，通知与会的其他十来个诸侯国都没有参加。还有那次柯地盟约，你被曹刿拔剑相劫，不得以交出汶阳，你又怎么能说你的命令其他诸侯言听计从呢？"

齐桓公大怒，下令把宁戚绑起来斩了。而宁戚却丝毫不怕，反而大笑起来，说道："别人都说齐桓公开明，礼贤下士，而且度量大，今日一见并非如此，与昔日的夏桀、商纣一样，是一个昏庸、滥杀无辜的暴君。管仲还要我投奔这样的人，管仲也是没有远见之人啊！"

　　齐桓公冷静了一下，心想：此人绝非凡人，不然管仲怎么会推荐他呢。于是忙叫人将宁戚带回，齐桓公亲自给他松绑，边松绑边说："先生莫怪罪，我只是想试试先生的胆量，今日一见，先生果然胆识过人。"宁戚从怀中拿出了管仲的信，对齐桓公说："主公，我并非真正辱骂你，如果你是昏君，我宁戚还会在此等候多时，投奔于您吗？我只是试试您的气量。"

　　齐桓公觉得宁戚果然有胆有识，于是与宁戚谈论起天下事，宁戚的分析深刻、明晰，很有道理，深得齐桓公赞赏，所以齐桓公决定重用他，就拜宁戚为大夫，为他准备了一辆车，一起前去攻打宋国。

　　这一日，齐桓公率兵到达宋国边界，与管仲、陈、曹的军队会合。齐桓公准备下令攻城，宁戚却劝阻道："主公，我们不能轻易出兵，我们大军抵达宋国边界，宋国不敢放肆，我们应先礼后兵，看宋国能不能心悦诚服地归附我们。如果他们不归附我们，我们再发兵也不迟啊！"齐桓公觉得很有道理，这时有的大臣说道："宋国对我齐国首先无礼，无视我大齐，跟他还讲什么礼不礼的，干脆攻打他算了，如果找人去劝说，劝说不成再攻打，恐怕那时宋国已做好了应敌准备。"宁戚说道："我大齐军队远道而宋，宋国早已知道，不在乎这一时片刻，如果他不归附，一定早已想好了对策。另外，我大齐霸业初成，别人无礼，我亦无礼，岂不是一丘之貉。这样，其他诸侯国也不会心悦诚服地归附我们。"

　　于是齐桓公派宁戚前去说服。这时，宋国正在商议对付齐国的办法，准备和齐国生死一拼，忽听有人报："齐国使臣宁戚来见！"

　　宋桓公不知宁戚是何许人也，也从没有听说过宁戚这个名字。大臣戴叔皮对宋桓公说道："宁戚原本是卫国人，一个放牛的，在路上骂了几句齐桓公，齐桓公反而觉得他有才能，后来拜他为大夫，他到我们这里来，一定是说客。"宋桓公问道："我们该怎么办？"戴叔皮答道：
"我们到时候看他怎么说，如果有不妥之处，我就扯一下主公的衣服，
主公就命人将他拿下。"

　　宁戚目不斜视，昂首上殿，对两边的武士根本没放在眼里。见到了
宋桓公，宁戚不卑不亢地拱了拱手，对宋桓公说："报告宋公一个不幸
的消息，宋国已大难临头了。"一句话说得宋桓公目瞪口呆，那副盛气
凌人的样子一下子就没了。他知道自己有些失态，赶紧故作镇定地说：
"何出此语，我宋国乃一等公爵国。"

《宁戚饭牛图》，明代周臣绘

　　宁戚笑了笑说道："宋国是一等公爵国，但是并不强大，宋公不礼贤下士，有才能的人不想辅佐您，天下百姓也不归附您，这岂不是大难临头吗？今大齐兵强马壮，与宋国有隙，大军浩浩荡荡在外安营扎寨，准备随时攻打宋国，宋国岂不危险吗？"

　　这时，戴叔皮早已忍无可忍，扯了一下宋桓公的衣服，而宋桓公认为宁戚说得很有道理，不但没有下令杀宁戚，反而走下座位，亲自走到宁戚面前，给宁戚看座。这可把戴叔皮气坏了，可没有办法，君不下令，臣不敢妄动，而两边的武士也都像泄了气的皮球，原来紧握剑柄的手也松开了。

　　宋桓公满脸赔笑地问道："大齐国军队压境，我宋国应如何应
战？"宁戚答曰："齐强宋弱，不可硬拼，那样做，不仅黎民百姓受
罪，而且宋国国力受损。不如和齐国订立盟约。齐国本次出兵也并非想

与宋国为敌，而是奉了周天子的命令。如果宋国主动议和，齐国一定会撤兵。到那时，百姓一定会为此而感激您，您的威望一定会加强，天下贤士也一定会投奔您，您也可以借此良机发展国力，强大军队。"

宋桓公听了宁戚的话，觉得非常有道理，于是备了厚礼去见齐桓公。齐桓公非常高兴，没有动用武力就迫使宋桓公心悦诚服地订立了盟约。

齐桓公把宋国送的厚礼，全都转给了周天子。周天子觉得齐桓公深明大义，眼中有周天子的地位，十分高兴，又奖赏了齐桓公。而其他诸侯国也觉得齐桓公不贪私利，值得信赖。

宁戚不辱使命，凭借三寸不烂之舌说服了宋国，使齐国没费一兵一卒就达到了目的。

公元前679年，齐桓公接受卫国的邀请，与卫国、宋国、陈国和郑国在卫国的鄄城召开大会，会上，齐桓公被推为盟主。称霸诸侯的愿望，终于得以实现了。这不能不归功于那次与鲁国会盟的优良表现。

现在，齐国背靠大海，东莱夷族已经臣服，南面的郯国已平，西面的鲁国成了友好邻邦，隔着鲁国的宋、卫、郑也都与齐国亲善，这样，在黄河与淮河之间的广大中原地区，已经没有了敌人。当初管仲定下的"安抚四邻"的怀柔政策，在很大程度上已经实现了。

文姜回娘家

长时间的征讨之后，齐桓公在管仲的建议下，休整军队，补充粮草，准备第二轮的征程。

齐桓公问管仲："此次休养生息至何时？"

管仲凝思了一下，没有直接回答他的话，而是说："清明时节，自然是祭奠祖先，思念亲人，主公还有一个姐姐文姜在鲁国，多年疏于联络了吧？"

齐桓公不知他葫芦里卖的什么药。

管仲说："不如让文姜夫人归宁，姐弟相见，互通齐鲁两国的感情，使天下人皆知齐国重情，一举两得。"

"好！"齐桓公心里暗暗佩服，管仲肚子里的主意就是多。

《左传·庄公十五年》载："夏，夫人姜氏如齐。"

文姜这次回娘家，再次踏进齐国国都的城门，已经时隔十五年。

已近黄昏，街巷起了炊烟，一辆马车停在了相国府门口，下来一个婀娜多姿的妇人——竟是文姜。文姜的突然来访让管仲有点惊讶。

管仲亲自去门口迎接，他把文姜请了进来，文姜赞叹了几句他的相国府："这么华丽的府宅也只有称霸中原的仲父才配，仲父之名早已威震诸侯。"

管仲和文姜第一次正式见面是在鲁国，文姜对管仲的霸业是极有帮助的，本来管仲应该奉承她一番，现在反而她在奉承管仲，管仲心里就有了底。

"徒有虚名而已，管仲皆为主公的霸业，人臣尽责。"管仲推辞了几句。

文姜叹惜道："可惜，当初我儿姬同（鲁庄公的名字）没有留用你，以致失去了中原霸业，险毁仲父，忐忑不安。"文姜这话算是为当年的事道歉。

管仲一笑："天意如此，鲁侯何必忐忑？"

文姜看管仲一笑了之，心情忽然松弛了下来，欲吐肺腑之言。

"齐侯欲霸天下，鲁国乃齐国近邻，然而，吾儿自小温顺，意志不定，恐被小人耸言，得罪上国。"文姜的语气变得很温和，能够感觉到完全出自一个母亲的关爱之情。

　　管仲听出其中的意思，文姜这是想先要个人情，要块"免死金牌"，免得日后真的发生什么意外，齐国对鲁国下狠手。管仲不好去拒绝她，就回答："夫人何出此言，齐鲁是一家人，哪有自家人打自家人的。"

　　"多谢仲父一语提醒，是我多虑了。"

　　她站起身来，告辞。出了门口，要登上车的时候，又好像有什么要说，回头看了一下管仲，止住了，坐进了车中，缓缓地离开。

　　当年倾国倾城的文姜，此时头发已经花白了。管仲看着她远去，叹了口气。

遂国事件

　　齐桓公梦寐以求的霸主地位终于得到了。但他作为盟主的威信却远远没有树立起来，霸主地位极不稳固。国与国之间的新仇旧恨、宿怨嫌隙，并没有完全解开。一旦遇到重大事件，众诸侯仍各行其是，并没有把他这个盟主放在眼中。于是冲突迭起，战乱此起彼伏，天下无一时太平，可谓风雨飘摇无静处。

　　郑国位于中原腹地，国家实力不是太大，疆域也不是很广阔，最善于见风使舵，左右逢源。

　　郑厉公虽说参与了会盟，但郑国却虎瘦雄心在，内心对齐桓公不服。郑厉公比齐桓公年纪大了好多，听其任意调遣本就心里不舒服，又想起他父亲郑庄公的辉煌业绩，郑国国君世代为周王朝的上卿，冠冕列国，威服诸侯，那是何等的荣耀！现在却要唯齐桓公马首是瞻，心有不甘，于是与齐国有了离心倾向。并开始与南边的楚国结交，欲与齐国抗衡。

齐桓公大怒，正欲兴兵伐郑，却又后院起火，发生了遂国事件。

齐桓公五年（公元前681年），齐国在北杏与宋、陈、蔡、邾四国会盟，之后伐鲁时占领了小国遂，并派士卒戍守。后来，遂人趁齐国没工夫管他们，乘机发难，国内因氏、颌氏、工娄氏、须遂氏等四大姓族不堪忍受齐人戍卒的欺凌，以美酒佳肴为饵，将戍守士卒灌醉，全部杀死。

齐桓公本来因为郑国的事情刚刚消气，一听到这个消息，如同晴天霹雳，气得快吐血，齐桓公发誓要屠城。

这几天，管仲就没有敢出门，为什么呢？门口堵了很多人，齐国的百姓要求管仲帮他们报仇，因为遂国被屠杀的那些士兵是他们的亲人，却这么残忍地被杀害，他们想要个说法。那边，齐桓公摔个瓶罐要屠城，为那些死难的弟兄报仇，百姓也群情激愤要把那些人全部杀了。怎么办呢？管仲奉行的是仁义外交，屠城是绝无仅有的残忍行为，如果那么做了，以后更加没有人会信服他的仁义外交，他的前程将路漫漫！

这些还在其次，遂国的因氏、颌氏、工娄氏、须遂氏四个家族的人为什么有胆量屠杀齐国军队，以他们那么小的实力不怕齐国报复吗？他们背后必然有人主使，做后盾。谁呢？很有可能是鲁国，遂原来就是鲁国下属的附属国，鲁国里有些人不甘心自己的地盘让齐国抢去，所以，暗地里趁齐国休兵之际教唆遂国的人这么做。如果齐国窦然出兵攻打遂国，鲁国出来横插一杠，到时候，齐鲁两国关系也将破裂，中原局势就会像堤坝决口般泛滥。

事件发生几天后，管仲首先通告各国关于此事的来龙去脉，向百姓表示立即处理此事，然后，力劝齐桓公，万万不可屠城。可是，不杀人怎么可能解开百姓心中的怨恨呢？如果不死一人而告终，百姓只会觉得国家软弱，他们是看不到，也不会去管你的什么政策，他们是很纯朴的：有仇报仇，有怨报怨。

最后，商议出来的结论是屠杀参与事件的遂国四族。

夏天，齐国大军重新攻占遂国，在火辣的太阳底下屠杀了遂国因氏、颌氏、工娄氏、须遂氏四个家族上千人，同样血流成河，遂族人的鲜血渗入齐国人的血河中，这种做法是在警示那些敢于反抗的人，但是，这种手段是像秦始皇时期使用的，并不适合管仲的政策。

接下去，就是把那些死难的齐国士兵的遗体运回来，四匹马拉的战车排成了长龙，飘着白色的旗帜，哀泣声连绵不绝。百姓们在痛苦地哭泣，失去亲人使他们在这种混战的年代里更加悲伤和绝望。

其实，现在最痛苦、最悲伤的是管仲，他在政治上丢了郑国的局势，整个中原的大半局面在短时间内崩溃了，等于自己白忙了一场。而且，一下子死了那么多兵士，百姓产生了怨恨，又屠杀了遂国的上千号人，遂国人也在心中怨恨他，相当于"内忧外患"。

在这个时候，管仲为齐国写了一张公告，也算是自责。他写着写着，泪水盈眶，滴在了绢帛上，化开一团微微透明的水花。

管仲反省自己的称霸战略。在一个天下分封、以周天子为共主的时代，兼并他国真是难啊。齐国只是吞并了那么一个小国，就遭受如此惨痛的代价，可想当时人们的本土意识还是很强的，也再次证明吞并天下在当时是几乎不可能的事情。

其次就是人心，管仲真正看到，无论诸侯还是百姓，很多都是口服心不服的，这样的人随时会变脸，随时会反击。而管仲要的不是这个，他要的是人心，"仁义"争取的对象就是人心，使人们团结在一个核心当中，而吞并战略的对象是土地，它们是截然不同的。

刚刚平定了遂乱，周王室又闹腾起来。

原来，齐桓公十年（公元前676年），周僖王驾崩，太子姬阆即位，为惠王。惠王二年，朝廷便暴发内乱。周惠王求助于郑国。郑厉公派出大军对叛乱者进行血腥镇压，很快平定内乱。部分作乱者逃亡到卫国，在卫国的协助下拥立公子颓为周王，与周惠王抗衡。卫国并派遣大军攻打周室朝廷。至此，郑、卫两个大国，一家帮助惠王，一家扶植公子颓，争战不休，结下了新怨。

自北杏会盟以来，一直与齐国交好的陈国也不平静。陈宣公以蓄意谋反罪杀了公子御寇。与御寇关系密切的公子敬仲受到株连，只身逃往齐国。敬仲的贤德博得齐桓公的赏识。齐桓公便从中斡旋，欲使双方合好，陈宣公不允。齐桓公便将敬仲留在齐国为官，由此而得罪了陈国。齐、陈两国也存下了芥蒂。

齐国国内也并不安宁，北戎、东戎乘齐军四处征伐不服，趁国内空虚之机，不断袭扰齐国边境，杀人放火，抢掠财物，捉走男丁、女人，闹得人心惶惶。

整个天下，并不因有了盟约而稍有安定。齐桓公在管仲的辅佐下，不急不躁，打着周王室旗号，或施之于德，或施之于武，或德武兼用，四处征伐，八方安抚。先后平定了北戎、东戎，解除了后顾之忧；又兼并了不驯服的纪、郭、徐等若干个小诸侯国，齐国国势更加强盛。

幽地会盟

公元前670年秋天，鲁庄公娶哀姜，齐鲁两国再添联姻之好，盟约更加巩固。齐桓公、鲁庄公二位颇有作为的国君，集两个大国的军队，联手征伐不服，威势大振。这才渐渐地收服天下，连最不驯服的郑国也见齐国势大，开始真心实意地考虑结盟之事了。

此时，郑厉公突已死，郑文公即位。最初，郑文公对于是否与齐国结盟之事举棋不定。这也是大国之君惯有的一种矛盾心理：如主动请求结盟，齐人肯定以为郑国人胆小如鼠，而小觑了郑国，郑国到底也是个曾称雄一时的大国啊！如不请盟，齐侯对郑国背盟与楚国交好一事耿耿于怀，决不会善罢甘休，有朝一日势必兴师问罪。如果大军骤至，郑国国势不振，兵无斗志，无力抗拒齐军乃至诸侯联军，除了请降之外别无他路。如若被逼走投无路而屈辱请降，还不如现今请盟……

郑文公正在左右为难之际，齐国使臣到来，送来齐桓公的一封书信。郑文公不知何意，忐忑不安地展开观看，却原来是一封表示修好的书信。文公见书信中言辞恳切，有理有节，字里行间没有一丝一毫盛气凌人的霸气，确实表现出一副中原盟主的风范。郑文公大为感叹，对群臣道："素闻齐侯心胸博大，更有满腹韬略的管仲辅佐，将齐国治理得有声有色，颇有称霸天下的气势。今日只见一书信，便可窥见全豹，确是非同凡响。郑此时不与齐结盟，等待何时！"当即修书一封，让齐使带回，表示深怀结盟之心。

齐桓公得到郑国愿意结盟的消息，非常高兴，当晚摆下酒宴，与管仲、鲍叔牙、隰朋好好庆祝了一下。几个人正喝着酒，有陈国的书信送到，陈宣公也表示愿重修旧好。

齐桓公大悦，道："寡人今日双喜临门啊！"管仲等人纷纷向他道贺。

君臣几人当即商定，当年夏天在幽地会盟诸侯。此时的齐桓公，已非北杏会盟时的齐桓公了。他经过千锤百炼，又耳濡目染地受着管仲的影响，处理内政、外事都越发老练、达观了。

对于会盟的地点，管仲认为，不要设在齐国的土地上，选在宋国为好，就在幽地吧。

齐桓公本来想借机展示一下齐国的兵威，听管仲这么一说，就问为什么。

管仲说:"这次会盟与宋国无关,但仪式选在宋地举行,宋君是东道主,必定参加会盟。可借此机会调解郑、宋两国的新仇旧怨。"

齐桓公连连说好,又问道:"爱卿以为,当约请哪几个诸侯国?"

管仲略一思索,道:"约请鲁、陈、宋、郑四国诸侯可矣。"

齐桓公问:"陈、宋、郑三国参加,是理所当然之事,为何要约请与会盟毫无关系的鲁国呢?"

管仲道:"请鲁国参加,则是因为现今齐、鲁两国关系亲善。那三国之君多反复无常,请来鲁侯也算是做个见证人吧。"

齐桓公赞道:"还是爱卿想得周到。会盟之事就这么定了!"

君臣的心沟通了,行起事来更加顺利、快捷。周惠王十年(公元前667年),在幽地的会盟果然十分简洁,只有齐、鲁、陈、宋、郑五国。齐是主盟国,郑、陈是请盟国,宋是东道主,鲁为见证国。

这次会盟参与的国家虽不多,但意义绝非往昔的会盟可比。这次既不凭借王命,又没有大军威逼,是真

春秋时期的战车

正意义上的结盟。五国君侯谈笑风生,席间觥筹交错,管弦丝竹,气氛融洽。总之是一次成功的大会。

正当各国诸侯在酒筵上皆大欢喜、其乐融融之时,竖刁进来向齐桓公禀报道:"大王,天子陛下使臣召伯廖到了。"

齐桓公大为惊讶地啊了一声,扫视了众君侯一眼,忙道:"快请!快请!"

宏图初展

管仲站起身来，将周室上卿召伯廖迎进帐来。召伯廖上前拜见各君侯。

齐桓公见周室使臣乍然而至，不知发生了什么事，脸上本来带着些许的惶惑和不安，但见召伯廖进来时一脸的喜悦之色，立时放下心来，问召伯廖道："本公召集中原诸侯会盟，以示修好，天子陛下可有旨意？"

召伯廖解下书简，向齐桓公施礼道："特来向大王报喜。"

"噢？喜从何来？"齐桓公忙问。

召伯廖道："天子陛下赐名您为'方伯'，继承太公的职位，并执掌对天下诸侯的征伐大权。这还不可喜可贺嘛！"

"啊！"齐桓公一听，顿时喜形于色，眼睛大放异彩。

众君侯也一齐看向齐桓公，纷纷道贺，但目光中更多的还是羡慕。

齐桓公立即命重新设筵，留下各国君侯一并盛情招待召伯廖。席间，气氛更加喜庆了。

齐桓公打着"尊王"的旗号，足足折腾了十几年，"盟主"称号也叫得滥了，这却是首次获得周王室正式承认。到今日方称得上是上应天时，下顺民心，四野归服，整个黄河下游地区的大小诸侯国，在齐国"尊王"旗帜下，结成了一个庞大的集团。齐桓公也才真正成为名副其实的中原霸主。

当然，这大多是管仲的功劳！

讨伐卫国

幽地会盟后，齐桓公仍陶醉在喜悦之中，对管仲及众文武道："我等君臣呕心沥血，苦苦拼搏十数载，今日方可称之为大功告成！这都是众位爱卿的辅佐之功啊！从今往后，寡人终于可以松一口气啦！"

众臣也都个个面露喜色，称颂赞美之词不绝。只有管仲脸上没有丝毫喜悦的表情。齐桓公诧异地问道："如此大喜之事，仲父为何不悦？"

管仲神色严肃地道："听闻惠王天子十分精明，决非庸君。而这样的有为之君，怎么会平白无故把讨伐天下诸侯的大权拱手送与大王呢？臣百思不得其解，故此喜不起来。"

"嗨！寡人以为是什么了不起的事，害得仲父闷闷不乐呢！"齐桓公不以为然道，"这怎么会是平白无故地送与寡人的呢！从兴霸大业开始之日起，寡人就用的是仲父的策略，打着'尊王'的旗号，确确实实给周王室增辉不少。比之以前被众诸侯视作破履一般撇在一边不理不睬，周室朝廷现在的处境比之以前，不是有天渊之别嘛！寡人身为中原盟主多年，还不该有讨伐不服的权力嘛！"

管仲笑道："大王的中原盟主当然给周室朝廷增辉不少。但大王您明白，微臣等明白，而周王天子并殿前诸位大臣也一定会明白，齐国不过是一种托词，并非真的要'尊王'啊！"

齐桓公听罢管仲所言，突然放声大笑起来，道："这都是拜仲父所赐嘛！难道还要寡人真的尊王不成！"

"当然不会啦！"管仲也笑道，"但，既然大王您要利用周王室，周王天子就送个顺水人情来了。不过，微臣断定，周王天子一定会有新的'谕旨'接二连三地飞来！"

齐桓公正对管仲所言将信将疑之时，忽有侍从来报，说天子陛下的使臣单伯到了。齐桓公一听，瞅着管仲愕然道："果如仲父所言，真的来啦！"

单伯进殿拜见齐桓公。

齐桓公命赐座。待单伯坐下后，蹙眉问道："召伯廖大夫前脚刚刚离去，单大夫后脚就到了，莫非又带来了天子陛下新的谕旨？"

单伯道："正是。天子陛下请大王您代他征讨卫国。"

齐桓公惊异地问："为何？"

单伯道："当初陛下刚刚即位时，王室内乱迭起，卫惠公曾援助忤逆公子颓，与陛下抗衡。过去整整十年了，卫国也没有得到应有的惩罚。这事成了陛下的一块心病，一想起来就食不甘味，夜难成寐。遍观天下诸侯，只有大王您一心一意地尊崇王室，所以只有请您代为惩治卫国啦！"

齐桓公一边听一边心里暗道："这惠王也太小家子气了吧，十年了，还耿耿于怀，非要旧怨重提！"

其实不然。周惠王初立之时，公子颓及其同党发动的篡位叛乱，虽然一时得手，但很快就被平息了。公子颓等逃到了卫国，得到卫惠公短时的庇护。叛乱并没有形成气候，也没有对惠王的地位构成多大威胁。再说，当时在位的卫惠公已死，现在是卫懿公在位，根本用不着再去小题大作。周惠王所以有此谕旨，只不过是想试探一下齐桓公口中说得那么悦耳动听，是否真的"尊王"？也乘机试一下自己这个堂堂天子陛下是否还有权威。

听单伯说完，齐桓公看了一眼管仲，见管仲向他点头示意，便明白了，对单伯道："请大夫回禀陛下，小白不才，当亲率大军讨伐卫国，为天子陛下雪恨！"

送走了单伯，齐桓公看着管仲，心悦诚服地赞道："仲父真乃神人也！"

翌年（公元前666年）春，齐桓公准备伐卫。

齐桓公与管仲商讨，问道："此番讨伐卫国，邀哪一国诸侯之兵为好？"

管仲却一反常态，说道："大王不是一直要显示一下齐国的兵威吗？伐卫正是时机。"

齐桓公疑道："怎么？仲父莫非要齐军一家去讨伐卫国？"

"正是！"管仲胸有成竹道，"臣已打探属实，卫懿公乃是个平庸之君，平时只知吃喝玩乐，整日耽于酒色。有其君，必有其将，卫军必然不堪一击，齐军足可以一举踏平卫国！"

齐桓公闻言大喜，当即点齐精兵八千，兵车五百辆，亲自率领出征讨伐卫国、这是齐桓公称霸以来，第一次真正遵照周天子的谕旨，讨伐不驯服的诸侯。卫懿公于周惠王九年刚刚即位，时间还不到两年，没有经过大风大浪．尚不知道齐军的厉害，听说齐桓公亲率大军犯境，不问青红皂白，昏头昏脑地率军应战。结果，犹如鸡蛋碰石头，两军刚一交锋，卫军即溃败。齐桓公率大军乘胜追杀，直逼城下，隰朋大声宣读周天子的讨伐谕旨，数落卫国罪状时，懿公方才猛醒，明白了为何受到讨伐，便大呼冤屈他认为那些事都是先君惠公干下的，与他没有丝毫干系。于是，备下五车金银玉帛，命长公子开方送到齐军大营，请求讲和、免罪和入盟。

齐桓公问管仲："仲父以为，此事该当如何处置？"

管仲道："周王朝有制度，本人有罪不牵累子孙。卫国既然愿意遵从王命，加入盟约，应该答应他们的请求为是。"

"好。"齐桓公点头答允，"就依仲父之见。"

齐桓公接受了卫国的讲和，一面派使臣向周惠王报捷，一面准备班师回国。

齐桓公从即位七年（公元前679年）后开始正式称霸，在长达十三年的时间里，会盟诸侯，德、武并举，东征西讨，建立并巩固了兴霸大业。这一时期，由于全面实行管仲制定的内政外事策略，兴霸事业蒸蒸日上。到周惠王十年的幽地会盟，周王赐号，以王师伐卫大胜，终于大功告成，一统中原。

就在齐国大军离开卫国前，出现了一个插曲。插曲虽小，后果却很严重，将来直接影响齐国国政的兴衰，不得不提一下。

原来，卫懿公的长公子开方，眼见齐国的强大和齐桓公的威风，十分眼红。于是恳求齐桓公带他到齐国，赐给他一个小小的官职。

管仲并不熟悉这位公子，便亲自叫来询问道："你是卫公的长子，论次序当继承卫国君位，为何舍弃一国之君不当，却要抛离家乡，跑到别的国家去做一个臣子呢？"

开方回答道："盟主是天下最贤明的君侯，开方如能够执鞭随镫侍奉左右，那就太荣幸了，当一个小国的国君有什么滋味儿？"

开方回答着管仲的问话，眼睛却温情脉脉地望着齐桓公，一副献媚的神态。管仲听了他的话，便知此人是个是非之人，想劝说齐桓公拒绝带他回齐国。但此时的齐桓公由于一连串的胜利，早已飘飘然，听到开方的赞美之词，不由得眉开眼笑，当即答应了开方的请求。

管仲还没来得及劝说，见齐桓公已经允诺，当着众人的面，再难启齿，只是紧蹙眉头，叹息一声，心中暗想："大王身边已有竖刁、易牙两个阴险刁钻小人，现今又多了一个媚气十足的开方。如不早加防范，齐国江山恐怕要败在这三人手上了。"

齐桓公将开方带回齐国，拜为大夫。由于开方善言词，有心机，没多久便与竖刁、易牙打得火热，并受到齐桓公和众位娘娘的宠爱，齐人称之为内宫"三贵"。有管仲在，这"三贵"不敢造次。等到管仲一死，便开始兴风作浪，把个好端端的齐国江山，折腾得乌烟瘴气，从盛极走向衰落。

第四章

尊王攘夷

齐桓公执政以来，在管仲的辅佐下，经过了内政经济军事多方面改革，有了雄厚的物质基础和军事实力，适时打出了『尊王攘夷』的旗帜，以诸侯长的身份，挟天子以伐不服。

『尊王』，即尊崇周王的权力，维护周王朝的宗法制度。『攘夷』，即对游牧于长城外的戎、狄和南方楚国等对中原诸侯的侵扰进行抵御。齐桓公实行的『尊王攘夷』政策，使其霸业更加合法合理，同时也保护了中原经济和文化的发展，为中华文明的存续做出了巨大贡献。

讨伐山戎

自齐桓公十九年（公元前667年）幽地会盟以后，黄河下游地区各诸侯国出现了一个相对安定的时期。大大减少了诸侯间的仇杀争战，各国也很少出现内乱。黎民百姓在饱经战争之苦以后，终于可以安居乐业，休养生息了。

齐桓公的霸业日趋稳固，再也用不着在中原诸侯中东征西伐了。由于解除了后顾之忧，在管仲的精心谋划下，开始了兴霸的又一伟业——攘夷。

管仲提出首先要讨伐以中原诸侯为敌的狄、戎夷族，而齐桓公则想讨伐楚国，君臣二人再次意见相左。

齐桓公急欲伐楚自有他的道理。

原来就在齐桓公征伐中原，建立霸业之时，另一个强硬的对手——楚国也正在悄悄崛起。楚成王任用子文为令尹，改革政制，治兵重武，任贤用能，经过几年的治理，楚国逐渐强盛起来，越发狂傲不羁，不再向周王室进贡寸物，并常常露出觊觎中原的野心。

此时，齐桓公的兴霸大志早已不仅仅局限于中原。南有强楚与之抗衡，齐桓公总感到霸王之位受到威胁，他这个中原盟主做得也不舒坦。

这一天，他对管仲说道："中原盟约诸侯国中，独有郑国最为反复无常，为何？就因为郑国与楚国毗邻。有强楚在后掣肘，才使郑国总是不敢放开手脚加入中原盟约，与齐国交好。因此，寡人想乘气势正盛，联合中原诸侯大军，远征楚国，一举挖掉这块心病。仲父以为如何？"

管仲对此早有深谋远虑，听了齐桓公的话，便回答道："楚在荆襄之地称王，疆土广大，国势强盛，早就不把周天子和您这位中原盟主放在眼里。现在又任用子文执掌国家大政，越发势不可当。如要征讨楚国，绝不会如对付中原诸侯那样，或凭周天子一道谕旨，或派一舌辩之士进行游说，或大军压境，就可以制服的。大王以为，远征楚国有必胜的把握吗？"

"必胜的把握嘛，倒是没有。"齐桓公坦率地回答。

管仲严肃地说道："大王要在这乱世中站稳脚跟，每一战事都必须做到运筹于帷幄之中，决胜于千里之外方可。大王既然尚未有必胜的把握，怎敢轻率地深入虎穴，去捋楚国这只猛虎的胡须！"

"但我一个堂堂的中原盟主，总不能知难而退吧！"齐桓公蹙眉说道，"再者，他楚国是一只猛虎，我不可以做一个打虎英雄吗？仲父不是常说，谋事在人，成事在天吗？怎么今日反倒缩手缩脚起来！"

管仲道："可事尚未谋，天又怎会庇佑大王成功！"

这句话大概过于刺激，齐桓公的脸上现出不悦之色，低着头默默无语。

管仲暗道："不好，可不能把事情弄僵了。"想到此，他立刻转换了一种委婉的口吻道："大王想想，多年的煎熬，才换来盟主之位的稳固，诸侯心悦诚服，黎民百姓也安居乐业，再也不想战争了，只想平平静静地享几年太平日子。在这人心思安之时，如果不是发生关乎某一盟国兴衰存亡的大事，而轻易兴师动众，劳民伤财尚是小事，恐怕还会再次失去诸侯的拥戴。俗语说，覆水难收。人心一失，再想收回来就难上加难了。"

他见齐桓公脸色转缓，续道："依臣看来，现今最为稳妥的做法，当为树立权威，广积德义，继续富国强兵。至于伐楚，那是迟早之事，必须坐等良机，不出兵便罢，一出兵必胜！"

齐桓公低着头仍不说话。自管仲入相以来，辅佐他治理齐国，齐国政纪肃然，秩序有条；征伐诸侯，所向披靡，诸侯归服；统领大军，驰骋中原，傲视天下；出谋划策，神机妙算，百无一失。天长日久，管仲在他的心目中已占据至关重要的位置，否则他以堂堂的大国之君、天下盟主身份，怎会口口声声"仲父"长、"仲父"短地叫着呢？所以他虽急于伐楚，在管仲面前却没有坚持己见。管仲的一席话，说动了他的心，但他仍不想服软，看了一眼管仲，以半是赞同半是牢骚的口吻道："好吧，既然你仲父认为此时伐楚不合时宜，那就等吧。只怕要等到寡人头发花白，身躯臃肿之日再去对付楚国啦！"

管仲微笑道："不会的。今日臣说句狂话，总有一天，臣一定要让楚国臣服大王！"

齐桓公道："好。寡人记住仲父这句话啦！"

中原之大，祸患之多，是不会让齐桓公这个"盟主"消闲下去的。就在伐楚举棋不定时，燕国的使臣到了，带来了一个惊人的消息：夷族山戎连连侵袭，燕国危急！

燕国使者当然是来搬救兵的。

齐齐桓公远征南方楚国未成，又见北地燕国前来告急，斗勇好胜之心陡起。他本想立即答应派兵救燕，又不知管仲是何想法，便召管仲商量。

齐桓公说了燕国势危之事，问道："仲父以为，此事该当如何处置？"

管仲断然道："讨伐山戎，救助燕国！"

齐桓公一听管仲所言，大惑不解，愕然问道："寡人欲讨伐楚国，仲父以为楚国路途遥远，伐楚必劳民伤财，无功而返。现在却又赞同征伐山戎，山戎不也同样路途遥远吗？赞同讨伐山戎而却不赞同伐楚，是何道理？"

管仲微笑说："当今天下，南楚、西狄、北戎（即山戎），都是周王朝乃至中原的祸患，也是齐国的强敌。大王既身为中原盟主，当为天下铲除三害。"

"是啊。"齐桓公接言道，"楚国不也是三害之一吗？"

"楚国是三害之一，"管仲回答道，"但做任何事情都要分清轻重缓急。楚国国势强大，甲兵数万，兵车数千辆，大王远讨强楚，势必两败俱伤，即使侥幸胜楚，也会使齐国元气大伤。到那时，能够维系中原安定已很不易，狄、戎再乘机作乱，更是无能为力了。由此可见，此时伐楚有百害而无一利。"

"那讨伐山戎救燕呢？"

"讨伐山戎则又不同。"管仲答道，"山戎所以猖獗一时，正是大王连年将心血用于中原，无力顾及北方，才养虎为患。此时齐国军队经过养精蓄锐，士气正盛。即使山戎按兵不动，大王都要征伐，更何况其侵扰燕国。正可乘机出师，一举将这股祸水清除掉。再者，燕国与齐国皆同属周室朝廷，现今有夷族侵犯燕国，大王乃是中原盟主，焉能袖手旁观！能救而不救，若燕国有失，岂不大大折损了大王的威望！"

齐桓公又问："可大军讨伐山戎，楚国乘机侵犯中原怎么办？"

管仲道："楚国虽然强悍，但要进取中原，必须跨越郑、宋这两道屏障。现今郑、宋新与大王结盟，楚国一时无法图谋中原。大王可放心北征，如能收复山戎，则既解除了北方的后顾之忧，又能添一强燕成为盟国。到那时，大王或南征楚国，或西讨狄夷，都将无忧无虑，随心所欲，天下无人能敌。这就是之所以能伐山戎，而不能伐楚的道理啊！"

但齐桓公绝不是一个人云亦云的君主，听了管仲细致入微的分析，

管仲纪念馆远景

仍心存疑虑，又问道："燕国远居北地，寡人和仲父对燕国和山戎却是一无所知啊！寡人听说，为祸燕国的除了山戎之外，还有冷支、孤竹两个夷族小国，其骁勇善战，举世闻名。齐军如征讨山戎，耳不明，目不清，仲父又怎能断定会一举平定山戎呢？"

管仲微微一笑，胸有成竹地道："不是微臣口吐狂言，山戎的一举一动尽在臣的掌握之中。"见齐桓公投过来惊异的目光，管仲便将山戎的习俗、特点和袭扰燕国的情况一一道来，竟是如数家珍。

原来，燕国都城为蓟，它的北部紧靠山戎部落。山戎人剽悍骁勇，能骑善射。但他们自己不从事耕田种粟，而是靠围猎、抢掠为生。抢掠目标便是燕国东北部地区。

山戎人人都善骑马，每次南下，不光抢掠粮食、财物，甚至连青年男女也一并抢去，男人被迫做苦役，女人则被迫成为山戎男人的妻妾。燕国东北部百姓被骚扰得苦不堪言。

燕庄公屡屡派兵截杀，可山戎人路熟马快，忽而旋风般骤至，忽而潮水般隐去，飘忽不定，行踪诡谲。往往是燕军听到示警匆忙赶去时，山戎人早已不见踪影，更别说剿灭了。燕军刚刚撤去，山戎马嘶人吼，复来袭掠。燕庄公百般无奈，也曾试着命大军进至山戎的巢穴清剿，但山戎左有冷支国，右有孤竹国，三方互为掎角。且该地区山高林深，地势险要，能攻宜守。山戎又常将抢劫到的财物、女人送与冷支、孤竹为礼。三家关系甚为密切，一有风吹草动，互相策应。所以进剿的燕军常常有去无回。由于长期受其劫掠，燕人闻戎变色，成人常以山戎来吓唬三尺顽童。

管仲说到这里，见齐桓公听得目瞪口呆，又给他打气儿道："不过，大王不必担忧，夷戎虽然强悍，在臣看来，却不过是一群乌合之众，只要齐国大军一到，必作鸟兽散……"

齐桓公之所以吃惊，并非听到山戎的强悍和凶残，而是管仲对山戎行动之熟悉。在齐桓公看来，管仲为相后，跟他南征北战，几乎寸步不离左右，竟将远在北地的山戎了解得如此透彻，真是不可思议。他忍不住问管仲："仲父自拜相后，一直紧随在寡人身侧，从未到过北地，却怎么会对远燕和夷戎的争战如此了如指掌呢？莫非仲父真是神人？"

管仲微微一笑道："此事并非微臣所能，臣更不是什么神人。所以做到这一点，却是因为大王善识人，肯任贤啊！"

齐桓公越发困惑，问："这和寡人又有何关系？"

管仲道："大王难道忘记了吗？当初正是您派遣大夫晏尚长驻燕国的！晏尚临行之时，臣曾有过吩咐，要他身在异地，切切不可参与燕国的任何政事，只暗中观察燕国和山戎的一行一动，做一个不惹人注意的闲客。有了晏尚，燕国和戎夷的举动，自然尽在微臣掌握之中啦。"

齐桓公听了，不由得感叹道："仲父这才真正叫作运筹于帷幄之中，决胜于千里之外呢！真是寡人的魂魄啊！"

齐桓公二十三年（公元前663年）冬春之交。齐桓公按照管仲的谋划，不征召别国诸侯的一兵一卒，只率齐国精锐之师开始了远征戎夷的壮举。

大军晓行夜宿，数日后到达济水。济水是齐、鲁两国的交界处。鲁庄公听说齐桓公出征讨伐山戎，亲自率众迎到济水来为齐军壮行，并献上牛羊和大军应用物品，犒劳齐军。

齐桓公见鲁庄公亲自前来，脸上顿添光彩，向鲁侯深表谢意。他向鲁庄公细述了燕国求救之事。鲁庄公慷慨陈词道："君侯亲率大军救助燕国，蠲除外寇，鲁国也同样受益啊！山戎猖獗之时，也时常南下袭扰鲁国的北部疆界，祸害百姓。齐国有此壮举，鲁国也绝不会袖手旁观，君侯如若需要，寡人也愿率鲁军助一臂之力。"

齐桓公大为感动，但想到齐国精锐之师如果连一个小小的山戎也平定不下，何以威服天下诸侯？他正要婉言谢绝，管仲却早已抢上一步，向鲁庄公稽首施礼，客客气气地说道："山戎虽小，却极其凶狠强悍，且远居北地，道路崎岖，地势险峻，又有冷支、孤竹两国为援，很难平定。我家大王原不敢惊动大王您的大驾，但大王既然有此美意，如若拒绝，却显得对大王有失恭敬。大王果有诚意，齐军愿在前与戎夷厮杀，鲁军可做后应，以壮中原大军的声势。"

鲁庄公听了脸色微变，显然是对管仲这番话表示不快，但是他有言在先，无法反悔，只好点了点头，沉声道："如此甚好，鲁军必当效劳。"

齐桓公与鲁庄公拱手相别，率大军继续北行。

路上，齐桓公问管仲："大军出发前，仲父曾说，此次征伐山戎，只靠齐军就足够了，却为何又答应鲁侯为后援？"

管仲微笑道："以鲁侯的老谋深算，自然知悉大王这次远征，不欲惊动别国诸侯，于是才有了这番话。依臣看来，鲁侯决非出自真诚，而只不过是一番客套，做一个空头人情罢了。如果大王拒绝，鲁国不动一兵一卒，齐国也算欠了鲁国的人情。如若顺势答应，鲁侯却是有苦难言；如若按兵不动，则是他有负于大王。他对大王有了负疚之意，日后大王再与鲁侯共事，就可进可退，更加应付自如。同样的事情，却有不同的结果，大王何乐而不为！"

齐桓公恍然大悟，感叹道："真是人心叵测啊！"

齐军到达燕国之时，山戎连续践踏燕国已达两月有余，抢掠走了大量粮食、财物、牲畜，更掳走年轻男女不计其数，燕国东北部已是一片荒凉。

齐国大军刚到，山戎人便闻到风声，呼啦啦席卷而去。没有厮杀交锋，燕国的危机便已解除。

深入不毛

齐桓公率大军进至蓟门关，燕庄公率众迎接。燕庄公感谢齐桓公以盟主之尊，亲率大军解燕国之危，设下盛筵为齐桓公接风洗尘。

席间，燕庄公在千恩万谢之余，不时地流露出忧虑之情。

燕庄公的表情变化自然逃不过管仲的眼睛。管仲也当然明白燕庄公之所以忧心忡忡，是因为燕国危机虽暂时解除，但山戎毫发未损，齐国大军一旦撤走，山戎人自会越发凶狂，复来骚扰。齐军虽然势大，却不能长住燕国，所谓远水不解近渴，也是无可奈何！这是三尺孩童也明白的道理，燕公如何不忧！

于是，管仲瞅了瞅齐桓公，点头示意，方对燕庄公道："外臣管仲见大王时时面露忧色，莫非还有什么难言之隐？大王但说无妨，燕国如有所难，只要齐国力所能及之事，必当倾力相助。"

燕庄公见管仲一眼看穿他的心事，不由得苦笑一声，吞吞吐吐地道："管相国果然目光锐利，寡人确有担忧之事。戎夷虽然退走，但并未丝毫受损。齐军一旦撤离，燕国……"燕庄公终归也是个大国之君，过分求助于齐国的话实在难以启齿，所以话说到半截儿，又吞咽了回去，只是无奈地摇着头。

管仲点了点头，表示明白了燕庄公未尽之言，而后慨然说道："大王请放心，我家大王亲率大军到此，并非来游山玩水。而是早已定下雄心，此次进兵必将扫平戎夷，以绝燕国后患。"

齐桓公自然明白了管仲的示意，也随声附和道："是啊，戎夷近在咫尺，可以朝出暮归，对燕国一日骚扰一次。可燕、齐两国路途遥远，齐国即使一年出兵一次，也是不可能之事。所以，寡人既然来了，决不能无功而返。否则岂不使戎夷以为中原无人，越发猖獗了吗？"

燕庄公一听齐国君臣均做出重诺，大喜，久久悬着的心顿时放了下来，连连称谢，道："果真如此，那可实在是燕国百姓之福啊！齐国的大恩大德，燕国永世不忘！"他说着，变成了歉疚的口吻："寡人身为燕国国君，不能励精图治，富国强兵，以使燕国的百姓免遭戎夷骚扰之苦，深感惭愧。在这关乎燕国存亡的危急之时，寡人愿率燕国军队为前锋，以减轻齐军的重负。"

齐桓公见燕庄公十分诚恳，便安慰他道："燕军屡屡和山戎厮杀，已经损伤很重，寡人如何忍心让他们再去打头阵？"

燕庄公摇头，坚定地道："不！齐国士卒为了燕国，舍家抛业，千里迢迢来到北地争战厮杀，我若是坐在后面观望等待，既对不起君侯和齐军，也无颜面对燕国百姓！"

齐桓公不再说话，却向管仲示意。

管仲点点头，对燕庄公道："大王果然心诚，燕军就作为后军吧，既可壮大声势，又可随时为齐军后援。对付山戎蛮夷，声势越大越能奏效。有了熟知戎夷之情的燕军相助，必能将其一鼓荡平！"

燕庄公道："如此甚好。就依相国之见。"

燕国偏居北地，平素与中原诸侯交往甚少，但近几年来，燕国上下还是沸沸扬扬地传说着中原发生的大事。燕庄公也早已耳闻齐桓公和管仲乃是天下少见的明君贤相。齐桓公重用管仲，才治国强兵，兴霸中原。今日一见，果然非同凡响。尚未与戎夷交锋，只是听了管仲的一席话，可谓胜负已判。还有齐桓公的大度，管仲的睿智，鲍叔牙、隰朋、宾须无、王子成父、仲孙湫等一干文臣武将的气势，以及大军的威严肃整，无一不让他深为折服。燕庄公深自惭愧自己同为一国之君，却强国无方，抗夷乏力。同时，又暗自庆幸有强齐相助，燕国的安宁终于有望。于是殷勤敬酒，与齐桓公开怀畅饮。

管仲对燕庄公道："还有一事相求，请大王相助。"

燕庄公正喝得痛快，听了管仲的话一愣，忙问："相国欲求何事？寡人无有不允。"

管仲道："大王您率燕军殿后，随时接应齐军。但齐军初来北地，人生地不熟，须请大王派遣一位熟知戎夷巢穴地形的将军率一小队人马作为向导。"

燕庄公一听，面露难色，沉吟良久，方道："不瞒相国说，寡人屡派燕军到戎地进剿，但多是有去无回。寡人也曾亲自讨伐，但见戎地山路崎岖，水道回还，时而山壁陡峭如削，时而深谷大雾弥漫，燕军进去，如陷入迷宫，别说剿灭山戎，能逃得出来就是万幸。不是寡人拒绝，燕将中委实没有可作向导之人。"

见管仲皱眉不语，十分为难的样子。庄公又道："不过，由燕国东去约八十里的地方，有一个叫无终的部落，虽也是山戎的一支，但部落首领却十分看不惯四处烧杀抢劫的强盗行为，不齿与袭扰燕国的同族为伍，反与我燕国交往甚厚，并时常往来。只有他们熟悉戎地的地形，相国如果不以他们是戎夷而担心，可请其作为向导。"

管仲一听转忧为喜，道："既与大王交好，一定是坦诚厚道的人，外臣岂有信不过之理！请大王快快派人去请。"

燕庄公立时命人备下礼物，派遣一名大夫并带齐将隰朋一同前往无终部落。

无终部落的首领是一位仁厚长者，早已对其同族闹得天昏地暗、四邻不安的行径而深恶痛绝，见燕、齐两国重礼来请，欣然答应，当即命头目虎儿斑率领五百骑兵前往助战，并作向导。

齐桓公在蓟城休兵数日，命虎儿斑率部下兵马为先行军，燕军为后军，自率齐军为中军，三路兵马向山戎部落进发。

燕君请求与齐桓公同行，以便于随时商讨征戎大事。齐桓公正想让他领略一下中原盟主的风采，便欣然答应，带他和管仲等自统中军。

齐、燕大军向东北行进二百余里，来到一个道路曲折、地势陡峻的险要去处。管仲问燕庄公到了何处。燕庄公向周围扫视一眼，道："此地名叫葵兹，是戎夷袭扰燕地的出入要道。"

管仲请齐桓公和燕庄公下车稍为歇息。他前前后后察看一番地形，对齐桓公和庄公道："此地道路狭窄，地势险要，宜守难攻。大军过后，戎夷有谋之士如若在此设下一支人马，就将断了齐燕联军的退路和粮草接应。到那时，联军虽众，也会不战自乱，任凭戎夷宰割，不得不防啊！"

燕庄公听了管仲的分析，不由得暗自惊叹，钦佩地说道："管相国真乃神人也！不瞒君侯和相国，寡人当初征讨戎夷未果，回军时正是在此地被断了退路，险些命丧荒野。寡人身边如有管相国这般足智多谋之人，戎夷安敢欺我！"

管仲听了赞美，一笑置之。他与齐桓公谋划一番，即传命齐军将粮草辎重大部分屯集此处，命鲍叔牙率部下人马驻守，务必保得齐、燕大军退路无忧，并兼负转运大军粮草和伤病士卒。

鲍叔牙极想随军厮杀，听管仲述说葵兹谷口之得失关乎大军的生死，便欣然受命。待管仲将一切安排停当后，齐桓公和燕庄公方率军继续进发。

山戎部落的首领名叫白芦花，是一个凶残狡诈的家伙，曾手持利斧一口气杀死燕国数十名俘虏，心肠之狠毒，手段之残忍，令杀人不眨眼的戎兵也为之咋舌惊呼。这次他率骑兵倾巢而出，深入燕国腹地数百里，恣意横行，连续抢掠七十余日，夺得粮食如山，金银珠宝成堆，美女无数。听得齐军一到，便撤回巢穴，他以为齐军不可能久驻，粮草用尽必然撤走。

这一日白芦花忽听齐国大军杀奔而来，顿时慌了手脚，召集众头目商讨对策。二首领花儿狐献计道："大哥不必惊恐，如果在燕国地方交锋，或许齐军有所作为。现在齐军既然远道来到我们的地盘，一路攀山越岭，绕谷涉水，必然疲惫不堪。我可在险要之处事先埋伏，趁其立足未稳，突然四面冲出，杀他个措手不及，必获大胜。"

白芦花大喜，命花儿狐率三千骑兵，见机行事。

花儿狐当即点齐三千兵马，在齐兵必经之路的山谷中三面埋伏，自领二百骑兵在谷口巡逻诱敌。

虎儿斑率本部五百骑兵先到。

虎儿斑是一个勇夫，只顾一味进兵，果然中了花儿狐的诱兵之计，被三千骑兵冲得七零八落，无终骑兵自相践踏，死伤无数。虎儿斑奋勇厮杀，左冲右突，终于寡不敌众，坐骑也被乱兵刺伤倒地。虎儿斑眼看要被乱刃分尸，恰好齐桓公、管仲率大军赶到。管仲见情势紧急，来不及排兵布阵，让人快救虎儿斑。王子成父、宾须无、仲孙湫等大展神威，拍马冲进戎阵，一阵砍杀，杀散花儿狐的戎兵，救出了虎儿斑。

虎儿斑眼见自己精心操练的五百嫡亲精锐骑兵，顷刻间变成一群残兵败将，心中一阵凄楚，不由得暗自落泪。见到齐桓公时，更是低头掩面，无地自容。

齐桓公安慰虎儿斑："胜败乃兵家常事，将军无须自责，寡人定当替你报仇雪恨。"说完，命随从挑选了一匹良马送与虎儿斑为坐骑。虎儿斑感激涕零，雄心陡升，再三恳求齐桓公仍派他打头阵，以雪此恨。齐桓公嘉其神勇，欣然答应。

大军继续东行三十余里，到了伏龙山。

这时天色已晚，齐军在山上、山下安营扎寨，营寨周围用战车排列成围墙。管仲把王子成父和宾须无叫到跟前，伏耳低言，如此这般地嘱咐一番。二将点头，依计而去。管仲布置停当，方才安歇。

第二天清晨，白芦花向花儿狐俯耳低言，如此这般地嘱咐一番。花儿狐点点头，率领一支山戎军悄悄离去。白芦花亲率五千骑兵前来攻营。

管仲严令只准紧守营寨，不许接战，违令者斩！

山戎骑兵呜嗷怪叫着连连向齐营冲击，一直攻打到中午时分，齐军营寨仍坚如磐石，岿然不动。突然，阵前喊杀声沉寂了下来，山戎兵一个个解甲卸鞍，在草地上东倒西歪，有的在吃干粮，有的在指手画脚，有的大声谩骂齐兵孬种，不敢接战……

管仲始终站在高处，观望阵前动静。见戎兵攻杀正急，突然停住，队伍松散，斗志衰竭，显出不堪一击的样子，不由得嘿嘿冷笑，自言自语道："三尺小儿的把戏，又岂能骗得了管某！"

他转过身来，对站在旁边的虎儿斑道："将军报仇雪恨的机会到了！"他为虎儿斑补齐五百骑兵之数，命他下山冲杀戎兵。

虎儿斑见白芦花的山戎兵如此狂傲，早已气得青筋暴露，虎目圆睁，一接管仲命令，当即打开营门，率领人马呼啸着冲下山去。

隰朋在旁却看出了情势不对，忙提醒管仲道："相国小心，恐怕是戎夷的诱兵之计。"

管仲望了隰朋一眼，赞许地道："将军所言极是，必是诱兵之计。"接着他冷笑一声，不屑地道："蛮夷的小小花招，又岂能瞒得过我？我正要将计就计，将军准备杀敌立功吧！"

隰朋不知管仲用何计策，但见管仲神色坦然，一副成竹在胸的样子，顿时放下心来，前往寨前巡视，准备出战。

虎儿斑率骑兵旋风般冲到白芦花阵前，白芦花率戎兵虚晃几个回合，便丢盔弃甲，争相逃窜。虎儿斑拍马追杀，就听到一声尖厉的呼哨，花儿狐率领伏兵从斜刺里杀了出来。白芦花骑着一匹高头大马，自以为得计，哈哈狂笑，长刀一挥，两路山戎兵顿时将虎儿斑围在核心。

虎儿斑正在危急之际，齐营中突然战鼓"咚咚咚"擂得震天响。

只见王子成父和宾须无各率一支人马仿佛从天而降，从两边山坡背后呼啦啦掩杀过来。

管仲令旗一挥，隰朋从正面山上率齐军潮水般冲了下来。几支人马又将白芦花和花儿狐的戎兵围在核心。戎兵虽然强悍，却哪里见过这等阵势，自以为是神兵天降，立时溃不成军，自相践踏，呼爹喊娘，纷纷夺路逃窜。齐军大开杀戒，直杀得戎兵尸横遍野，血流成河。

齐军大获全胜。

原来山戎利用伏兵之计，侥幸取胜一阵后，便有些忘乎所以，以为齐兵也不过徒有虚名。仗恃着地形复杂，再也不把齐军放在眼里，便仍想以诱兵之计将齐军引进埋伏圈，一举全歼。

岂料想强中自有强中手，活该白芦花遇上了足智多谋的管仲。齐军小折一阵之后，管仲便从燕庄公、虎儿斑口中探知，戎兵设伏作战乃是其惯用伎俩，常常使燕军防不胜防。于是，料知白芦花率戎兵取胜一阵之后，必定故伎重演。于是来个将计就计，以其人之道还治其人之身，以伏兵截杀戎夷的伏兵。当晚便命王子成父和宾须无各率一支人马埋伏于山坡背后，只闻击鼓声响，从两边杀出。此计果然奏效，白芦花手下戎兵死伤过半，再也不敢小觑齐军了。

白芦花遭到惨败后，尝到厉害，再也不敢正面与齐军交锋。于是，凭借天险之利，占据了齐军继续前行的必由之路——黄台山谷口，以重兵固守，挖掘陷坑，在两边悬崖上准备下滚木礌石。可谓一夫当关，万夫莫进。齐兵到后，攻打数次，死伤无数士卒，黄台山谷口却岿然不动。

齐、燕大军上万之众，也是一筹莫展，难越雷池一步。

更为恶毒的是，山戎在濡水河上游筑坝断流，以切断齐、燕联军的水源。

伏龙山方圆数十里，没有山泉，没有水井，当地百姓长年累月全靠汲取濡水河的水饮用。水源一断，齐、燕大军顿时军心骚动，惶惶不安。

白芦花知道齐、燕联军水源已断，便令戎兵在黄台山山头泼水取乐，白花花的水在空中闪亮，被阳光照耀着现出七色彩虹，煞是壮丽。他们这一快活不打紧，却引得齐军更觉口干舌燥，一个个头晕眼花，浑身疲惫无力……

齐桓公眼见大军被困，愁绪满怀，召来管仲商讨如何解困。

一见管仲，齐桓公就愁容满面地问道："大军被阻，情势如何？"

管仲坦率地回答："必须设法尽快越过黄台山这道屏障，否则二日之内得不到水源，大军只能束手待毙。"

"下一步如何行动，仲父可有良策？"

"回禀大王，臣对此也正大伤脑筋呢。这不是在中原，更不是在齐国，对于地形地势，对方兵力虚实，及至军队的士气，统军将领的作战特点容易摸得清，可以做到知彼知己，百战不殆。这是在生疏、荒僻的崇山峻岭，蛮夷之地，可谓处处陷阱，步步荆棘。不瞒大王说，眼下无论是如何越过黄台山，还是如何获水源，臣均无良策。"

齐桓公一听连足智多谋的管仲都一时束手无策，顿生退意，迟疑着问："仲父有否考虑暂时退兵？"

"没有考虑。也绝不能退兵！"管仲断然道。

"为何？"齐桓公的问话软绵绵的，显得底气很不足。

管仲神色严肃地说道："大王也知道，这不是一次平常的争战，失败了可以卷土重来。讨伐山戎的成败，将直接关系到兴霸大业的兴衰。因为'攘夷'是大王为兴霸打出的一面大旗。如果大王亲率这支驰骋中原的大军讨伐小小的山戎，却铩羽而归，凄凄惶惶回到中原，对周王天子和中原诸侯做何交代！大王还有何颜面称霸于天下！"

齐桓公忧虑地道："寡人也知道仲父说得对。可进又进不得，退又退不得，如之奈何！"

管仲豪气地道："有矛就有盾，只要功夫到了，任何难事都有解脱之法。大王尽可放心！二日之内，臣必想出解困妙策！"

齐桓公稍感欣慰，轻声道："那就拜托爱卿啦！"

事关成败，管仲不敢有丝毫轻视。离开齐桓公后，立即找来虎儿斑，问道："你这位小头领在这儿土生土长，可知这黄台山能否绕道或攀援过去？"

虎儿斑回答道："在下离此地很远，未曾试过。但曾听老人说过，此处和黄台山虽相距咫尺，但如绕道过去，必须攀过山高谷深的芝麻岭，大军最快也要数日方能到达，而且必须要有向导，否则，一旦迷路，大军再也绕不出来了。当年一支燕军就是在黄台山迷了路而全部葬身谷底。"

"嗯。"管仲面无表情地点点头，"你或你的部下，可有人能做向导？"

"没有。"虎儿斑摇摇头，"在下已经询问过了，无人识得此路。"

"好。你去吧。"管仲对虎儿斑道，"和你的士卒就地寻找水源。"

"是！"虎儿斑答应一声，匆匆离去。

管仲仍一筹莫展，看看太阳西斜，天色尚早，便带上隰朋和几名随从由侧旁潜入黄台山，欲探查出一条新路。

山上树木茂密，荆棘丛生，每走一步都很艰难，人马兵车又哪里过得去！寻觅半天，几个人的衣物都被荆棘撕扯得稀烂，却连个道路的影儿也没有找到。这时阳光已经落山，黄台山上变得一片昏黑，山风一吹，呜嗷呼啸，令人不寒而栗。隰朋小声道："仲父，看来无望啦，可不要迷了路呀。"

这时，他们发现一个当地农民，那人见大军至此，胆战心惊。经过沟通，才知他是燕人，被山戎掳掠至此已有数年。他答应给齐军带路。

这时，大军还面临一个严重问题——缺水。此地异常干旱，掘地三尺也不见一点湿土，更别说有什么江河湖泊了。

管仲看着隰朋，叹道："向导有了，眼下只有水才是当务之急啊！"

"是啊。"隰朋点点头，"没有水，大军将寸步难行！"

管仲略一沉吟，道："这事恐只有将军才能胜任，明早，你率部分士卒，带上礼物，到当地百姓中探问水源；同时，传出悬赏令，命士卒凿山取水，寻到水源者重赏百金。"

"是！"隰朋郑重回答，"在下一定设法找到水源！"

"那就拜托将军啦！"

翌日晨，士卒们为了重赏，更为了存活，忍着焦渴开始四处凿山。顿时，"咚、咚、咚"的凿石声响彻山谷。

管仲站在高埠，遥望凿山的士卒，脸上不动声色，但心中却是火烧火燎。到了中午时分，各路不时有消息传来，凿山取水一无所获。管仲的脸色变得更加凝重了。

傍晚时分，隰朋带回一个白须老者。老者看到漫山遍野的士卒凿水，轻轻摇了摇头，不以为然地一笑。

管仲早已看在眼中，当即向老者躬身施礼，恭恭敬敬地道："大军饮水将尽，眼看就要渴死，您老人家可否教我取水之法？晚辈感激不尽！"

老者见管仲把实情相告，又有礼节，顿生好感，捋着花白的胡须道："蚂蚁虽小，却依水筑巢，寻找有蚁穴之处挖掘，自然可以得水。"

管仲惑道："在下也知道蚂蚁知水之说，可凿山一天，竟是没能找出一个蚁穴。难道这偌大一个伏龙山竟是没有蚂蚁，也没有水源？"

老者捋须微微一笑，道："将军只知其一，不知其二。蚂蚁冬日为了取暖，在阳坡挖穴；夏日为获阴凉，在阴坡筑巢。现在虽是春暖花开季节，但蚂蚁仍喜日光，尚未搬迁。现将军在阴坡扎寨凿山，便是把大山凿穿，恐怕也见不到一个水星儿啊！"

管仲恍然大悟，连声道谢，忙令士卒转过坡去寻找。果然寻得蚁穴数个，深深凿下去，泉水喷涌而出，味道清冽甘甜。大军顿时欢呼雀跃，士气大振。

管仲感叹不已，便带着老者来见齐桓公。

齐桓公听说依着老者的方法找到了泉水，大悦，看着那老者，由衷地赞道："老伯真是圣人啊！"

齐桓公命重赏老者。老者却不肯受赏，道："小老汉只想求恳大王一件事，如能答应，小老汉感谢不尽，胜过受赏百倍、千倍！"

齐桓公道："老伯请说，寡人无有不允。"

老者道："白芦花一伙人作恶多端，死不足惜，只求恳大王攻进部落后，只除首恶，不要伤害无辜。"

齐桓公满口应允，故意说道："寡人本欲荡平山戎部落，杀个鸡犬不留。今日看在老伯的金面，不伤及一个无辜就是了。"

老者谢过，告辞而去。

齐桓公一时高兴，赐名山泉为"圣泉"，赐名伏龙山为"龙泉山"。

白芦花派人打探齐军是否受到水困退走，得到的却是齐军水源充足的消息。不由得大惊失色，连呼："齐兵莫非真有神助！"

白芦花虽然心惊胆战，但从他的部落到此地，只有黄台山这一道险要去处了，此关一旦被攻破，便门户洞开，他的戎兵就只能被齐军任意宰割了。所以他别无良策，只能固守黄台山，等待齐军粮草不给，自行退军。

解决了向导和水源，管仲心中大感快慰，便从容设谋。

他命宾须无率一支人马，回葵兹搬取粮草；命隰朋率领一支人马由那个当地人带路，从芝麻岭翻山绕路直插戎夷侧后，并约定以六日为期，到第七日晨，听到擂鼓声杀出，夹攻戎夷；命王子成父率领一支人马轮番佯攻黄台山，以迷惑和疲怠白芦花之兵；又命虎儿斑率领麾下五百士卒，每人准备一囊，囊中装满沙土，以做备用。

转瞬间第六日到了。夜间，正巧西北大风起，直刮得飞沙走石，山呼林啸。管仲望天祝祷："真乃天助我也！"

他命虎儿斑的五百士卒三更造饭，五更出发，背着沙囊悄悄潜到谷口前面，将陷坑填平。再挑选两千精兵随后进发，埋伏在谷外的树林中。

第七日凌晨，大风渐歇。管仲命擂起战鼓。

"咚、咚、咚——"

齐营中顿时鼓声大作，喊杀声震天动地。

山戎兵的美梦被惊醒，白芦花听说齐军已攻杀进谷口，登时惊慌失措，马不及备鞍，人不及披甲，睡眼惺忪，率兵仓皇应战。仗着地形熟悉，山戎人马渐渐又占住有利地势。但立脚未稳，就听背后喊杀声起，一支齐军仿佛白天而降，从侧后冲杀过来。白芦花心胆俱裂，顿足长叹："老天啊老天，何以助齐兵，而亡我白芦花！"

白芦花见退路已被截断，知道再也回不到自己的老巢，遂不敢恋战，与花儿狐拼命杀开一条血路，率残军投奔孤竹国搬救兵去了。

这一战，白芦花戎兵折损十之七八。

齐军大获全胜，缴获大批马匹、器杖、帐幕和牛羊。在白芦花、花儿狐的老巢，更解救出燕国女子和被奴役的男丁不可胜数。

齐桓公、燕庄公率众来到山戎部落，齐桓公颁下严令："不许抢掠袭扰普通百姓，不准杀戮山戎降兵！违令者斩！"既表现了齐、燕联军为仁义之师，又报答了山戎老者解齐军水困的恩德。

远征孤竹

齐桓公、管仲从山戎降兵口中获悉：白芦花率残兵投奔孤竹国去了。君臣二人商量，既然孤竹、冷支两国助纣为虐，索性一不做二不休，扫平两国，以绝后患：并决定齐军在山戎部落休兵三日，补充粮草、兵器；而后先征孤竹、后平冷支。

这里我们要介绍一点。孤竹人原为商先族旁支墨胎氏氏族，商部落迁回南下中原时，逐渐与部落联盟分离，开始独立生存。疆域在今天的滦河流域，辽宁锦西、河北迁安一带。

孤竹国是这一带的大国，早在商朝时就建立了城郭。周武王时的名臣伯夷、叔齐，便是孤竹国人。齐桓公率齐、燕大军浩浩荡荡向孤竹国进发。一路上高山峻岭，怪石嶙峋，树林茂密，荆棘丛生。齐军攀山越岭，移动缓慢，宛若蜗牛爬行一般。从山戎部落向东南方向行一百余里，整整走了两天，方进入孤竹国的地方。

齐军渡过卑耳大河后，到了一座山下安营扎寨。

齐桓公、燕庄公及管仲、隰朋、王子成父、仲孙湫、宾须无等一干人等和几十名随从上得山来。

齐桓公见山上林木葱茏，花草遍野，环境十分幽静，不由得赞道："好个修身养性的好去处！"

管仲道："此山唤作双子山。"

齐桓公问："双子有何寓意？"

管仲道："这里就是埋葬伯夷、叔齐遗骨的地方。"

齐桓公惑问："寡人知道伯夷、叔齐是周室重臣，却不知为何埋在此处？"

管仲道："大王有所不知，这伯夷、叔齐正是商末孤竹国国君的长子和次子，孤竹君偏爱次子叔齐，将君位传与叔齐。孤竹君死后，叔齐让位给伯夷，伯夷虽心中苦涩，可既有先君遗命，岂能违背！叔齐让之再三，伯夷坚不肯受。为逃避此事，伯夷便弃国而走，投奔周室。叔齐听说兄长外走，觉得对不起兄长，无心为君，便也抛却君位，随之投奔周室，与伯夷同为周臣。后来周武王讨伐残暴的商纣王，他兄弟二人极力反对。武王灭商后，二人更逃避到首阳山，不食周粟而亡。后来，孤竹人念二人忠义，将其遗骨迁移至此。由此，而称此山为双子山。"

"是吗？"齐桓公诧道，"没有想到，这深山老林的蛮夷之中还有这等事？虽然有点儿愚忠，不值得仿效，但终归算两个人物啊，看来寡人得对孤竹刮目相看啦！"

燕庄公道："既然到了此山，君侯何不前往拜祭一番，也可求得两位先贤的庇佑。"

齐桓公笑道："两位先贤若是在天有灵，恐怕也得先庇佑他们的孤竹子孙吧。"说得大伙儿都笑起来。

君臣一行数人边说边来到了伯夷、叔齐二贤人的墓前，轮番拜祭了一番。

正在这里，突然战鼓齐鸣，周围响起了一片喊杀之声。

众人大惊失色。

隰朋、王子成父、仲孙湫、宾须无并众随从赶紧拔出随身携带的兵刃，护住了齐桓公、燕庄公和管仲。

燕庄公神色慌张地看了一眼管仲，沮丧地说道："咳！到底还是中了孤竹人的奸计！我等性命休矣！"

这时，孤竹军已经包抄过来，大声呐喊着："不准犯我孤竹"！"活捉齐、燕二君！"边喊边一齐放箭。如果此时孤竹军掩杀过来，齐桓公等十数人只有束手就缚，成为孤竹人的阶下之囚。但奇怪的事情发生了，双方相距如此之近，那箭如飞蝗般飞来，却在离齐桓公等一干人前面约一丈远的地方纷纷落地。

管仲便知其中必有蹊跷，急命隰朋等护着二位君侯火速下山。

孤竹军也不追赶，只是摇旗呐喊一阵，便远远地去了。

这时山下大营中的齐军听到呐喊声，已赶来护驾。齐桓公等已跑得浑身大汗淋漓，见白白捡了一条性命，皆抚额庆幸。

齐桓公摸摸自己的脖子，戏道："这颗头颅还长在颈项上吗？"接着对管仲哈哈一笑道："这便是仲父所说的化干戈为玉帛吗？"

管仲却丝毫没有难为情的表情，沉思着说道："据臣所知，孤竹军个个骁勇善战，真要围杀我等，我等早已成了刀下之鬼，岂能如此便宜！看来孤竹军此番行动，似有示警之意。"

齐桓公惑问："为何要示警？"

管仲摇头道："臣也不知何意，只能走一步看一步啦！"

齐桓公等人回到齐营，立即布置攻城。

翌日晨，齐国大军将旌旗招展的孤竹城四面包围，开始攻城。这时更奇怪的事情又发生了，孤竹城竟是一座空城，齐军不费吹灰之力就打开城门，浩浩荡荡地开进城来。

在城里，他们发现一个受伤的人，在地上呻吟，便把他带到齐桓公、管仲面前。

那人自称是孤竹国大将魁豹，因不忍看到孤竹国生灵涂炭，力劝国君与齐、燕修好，而受到责骂。北戎大将白芦花和花儿狐在旁极力撺掇孤竹国君，侮辱魁豹。他一时性起，挥剑杀了白芦花和花儿狐。却惹恼了国君，被重重鞭笞，直到昏死过去。醒来才发现，城已空了，齐燕大军已到眼前。说罢，他拜伏在地，放声大哭。

齐桓公等人莫辨真假，一时不知如何是好。

那人又说，他知道国君有一座行宫，想必国君正躲在那里。他愿意带大军前往行宫，只求保全他国君的性命。听他拳拳之意，倒也不像假的。

管仲说，且让他带路，我们大军严加防范，料想不会有差。

齐军凌晨出发，向东北方向追赶了一天，却越走越荒凉，没有人烟，渐渐连鸟兽也不见了。眼看天色昏黑下来，只有茫茫的一片黄沙，哪里有什么行宫的影子！大军奔波一天，已是人困马乏，再也走不动了。

　　齐桓公想在此安营扎寨，却发现由于急促赶路，已进到了一片沙漠里。眼前天地一色，黄沙弥漫，已无法辨别方向，连个打桩拴绳支帐幕的地方也没有。这时又刮起了大风，风卷着黄沙呜嗷呼啸，令人毛骨悚然。

　　齐桓公被风沙吹打得晕头转向，忙问管仲到了什么地方。却见管仲正呆呆地凝望远方，似乎没听见他的问话。再让人去找魁豹，早就没有影儿。

　　众人顿足道："大事不妙，中了魁豹的苦肉计啦！"

　　管仲懊悔地说："看到这滚滚黄沙，我才猛然记起，孤竹东北方有一个地方叫'旱海'，方圆数千里净是大漠黄沙。我们分明是陷入了'旱海'！"

　　这时，天色完全黑了下来，风越来越大，天气也越来越冷，士卒们又饥又渴又冷，有的已坚持不住，瑟瑟地倒下，顷刻间就要被沙子掩埋，士卒们只好你拉我扯，互相搀扶，抵挡着风沙。

　　齐桓公哪里受得了这般苦楚，深夜之时终于倒了下来，昏迷不醒。

　　管仲见齐桓公倒下，更加焦虑不安了，他虽然嗓子似冒火一般，但还是把自己仅存的一点儿水也保留了下来，不时地喂给齐桓公喝。

　　管仲正在走投无路之时，突然，有一匹老马"咴咴"嘶鸣几声，晃晃欲倒，但它蹬达几下蹄子，支撑着身子缓慢地调转方向，方颓然倒地，眼睛却还在贪婪地瞪视着前方。

　　它发出的"咴咴"声渐渐衰弱，变成了哀鸣，在呜嗷怪叫的风中尤显凄厉。挣扎了一会儿，它头一歪，四蹄一蹬，一命呜呼。

　　管仲凝视着倒下的老马，突然想起一事，情不自禁地大叫一声："有办法啦！有办法啦！"

　　齐桓公在昏迷中听到管仲的喊声，清醒过来，喃喃地问道："仲父有、有何办法？快、快——"

管仲兴奋地道："大王，臣记起来了，有书中记载：狗能记住三千里的路，猫能记住八千里的路，马更通灵，必具有记路的本领。军中有许多马是扫平山戎时补充进来的，又有无终国虎儿斑将军带来的马，都该熟悉这一带的道路。"

齐桓公一听，一下子清醒了许多。管仲赶忙又喂了他一口水。他沙哑着嗓子小声问道："果真如此，那就太好啦！请仲父赶快一试！"

这时，管仲同样又是饥渴又是疲惫，眼看就要支撑不住了。但他知道自己是齐桓公的"智囊"，更是全军的"灵魂"。在此千钧一发之际，别说倒下，只要稍稍露出惊恐之色，便会引起慌乱。在这茫茫荒漠之中，军心一失，大军顷刻土崩瓦解。到那时，即使神仙到此，也是无能为力了。于是，他咬紧牙关坚持着，脸上始终带着平静的神色。

其实管仲只隐约记得古书上曾有动物善记道路的记载，想到马的灵性更胜过猫狗，且从那匹老马倒地而亡前的动作、神态看，分明是挣扎着转向来路的方向，目光中更是充满着求生的欲望。这才使他猛然得到启示，让老马引大军走出沙漠。是否能成功，他心中却也无底。但眼看再过几个时辰，大军将困死大漠，无一幸免，别无良策，只有抓住这根稻草了。

正所谓"谋事在人，成事在天"。事已至此，管仲也只有听天由命了。

事不宜迟，管仲立即让隰朋、仲孙湫从齐国带来的马匹中挑选出几匹，又让虎儿斑从无终国和俘获山戎的马匹中挑选几匹，共十几匹老马。管仲命给老马卸去笼头，解开缰绳，放它们自由行走。

老马们本来已困乏得垂头弓腰，无力行走。突然获得自由，立时振作起来，仰起头"咴咴"嘶鸣几声，开始或左，或右，或前，或后，胡乱地转着圈子，渐渐地十几匹老马都朝向一个方向，迎着狂风飞沙，扬起了老蹄……

全军将士仿佛看到了救星，顿时齐声欢呼起来。

管仲命大军出发。士卒们紧紧跟在老马的后面，你搀着我，我扶着你，迈动着沉重的步子，不敢落开寸步。

数千军士的生命，齐国的强盛，齐桓公的霸业，管仲的英名，乃至燕国今后的安宁等，犹如一根蛛丝，全都拴系于这十几匹老马身上了。

月黑天高，阴风森森。在黄沙弥漫的大漠之中，一队队的黑影，稀稀落落地向前移动，时而发出马嘶声和人的呻吟声。声声色色，倒也十分悲壮。

老马果然不负众望，齐军约从午夜时分出发，到五更天时，东方渐渐放亮，风息沙平，依稀可见路旁有了稀疏的荒草和灌木丛。

士卒看到了希望，脚下越发加快。再往前行不多远，逐渐可见到树木越来越多，更可听到野兽呼唤、鸟雀啼鸣了。大军终于看到一个山湖，湖水碧波荡漾，清澈透明。士卒齐声欢呼着奔向湖水。管仲这才如释重负，长长地嘘了一口气。

从此"老马识途"的美谈，流传千古。

最终，大军找到了孤竹国贵族们的藏身之处。国君妫伯和魁豹见齐桓公他们竟然能走出旱海，叹服不已，认为他们必有神助。他们表示，孤竹本来就是商族旧邦，愿与中原霸主齐国结盟。

当天，大军回到孤竹的都城。齐桓公将孤竹君引见给燕庄公。燕庄公听了事情的经过，也是感叹不已。

当晚，孤竹君大摆酒筵，招待齐国君臣。席间欢声笑语，甚是融洽。

席间，众将纷纷向齐桓公举杯祝贺。孤竹君臣更是赞颂不绝。齐桓公被恭维得飘飘然，如入云间。燕庄公虽然觉得有些面上无光，但齐军终归帮助燕国平定夷戎，也是感激不尽。

管仲虽在饮酒，但仍在思索着如何征服冷支。他举起酒盅向孤竹君敬酒道："大王大勇、大义、大智，使百姓免除刀兵之灾，并从此与燕、齐修好，永为睦邻，臣不胜钦佩。但不知大王与冷支君交情如何，可否修书一封，并派能言善辩之士前往冷支，劝导冷支君仿效大王您，化干戈为玉帛，与燕、齐修好，以免杀伐之后再遗留后患，亦不失为一桩美事。不知大王意下如何？"

齐桓公、燕庄公一听管仲的话，期待的目光一齐投向孤竹君。

孤竹君却苦着脸摇头道："不瞒两位大王和相国，在齐军到达孤竹之前，我便与冷支君多次书信、使臣来往，力劝冷支君不要受山戎白芦花、花儿狐的蛊惑和挑拨，与齐、燕讲和，永修睦邻。但冷支君十分狂傲无理，大骂本公软骨头，并将书简投入火中焚烧，把孤竹使臣的耳朵割去，扬言从此与孤竹绝交。所以，这事要让管相国失望了。"

管仲听了，一时默言不语。

齐桓公听了却大为恼火，慨然道："在寡人的眼里，冷支国已如秋末枯草，如再敢与齐、燕大军相抗衡，无异于灯蛾扑火，自取灭亡。既然冷支昏君如此不识抬举，就休怪我不义了。大军休整三日，乘士气正盛，一举荡平冷支！"

燕庄公闻言大喜，慌忙离席，向齐桓公及众将敬酒致谢。在入席之时，他最害怕齐桓公口中吐出"撤军"二字。他心中明白，齐军连日征战，伤亡很大，亦很疲劳。但总算苍天不负，灭山戎，服孤竹，为燕国平息了两处祸患。此时，齐桓公如言退兵，他绝难出口挽留。虽留下冷支一国，却是主力军，又有山戎部分残余逃到冷支，如斩草不除根，来春必又复生。等其养精蓄锐，羽毛丰满之后，冷支、山戎卷土重来，燕国又将重蹈覆辙。今日亲耳听到齐桓公答应乘胜征讨冷支，众将也摩拳擦掌，纷纷响应，自然心中欣喜。他以期待的目光注视着管仲，只要管仲说一个"是"字，燕国从此可以高枕无忧了。

管仲听着齐桓公慷慨陈词，却坐在那里一言不发，等酒宴上喧哗声渐息，他才面无表情地道："我国大王应燕国之请，亲率大军长途跋涉来到北地，伐戎助燕。人不解甲，马不离鞍，攀险山，涉恶水，扫平山戎，又与孤竹结盟，现今只剩下冷支孤掌难鸣，料难成就气候，凭燕国大军之威，小小冷支已不足为虑。中原多事之秋，我家大王离国时日已久，该是齐军撤离北地回中原的时候了。"

管仲的一番话，不亚于晴天突然炸响一声闷雷，本来欢声笑语的筵席顿时变得鸦雀无声，只有粗浑的喘息声和投向管仲的数十道惊讶而又困惑的目光。

燕庄公正在欣喜之际，猛听管仲此言，仿佛头上被猛击一闷棍。他和齐桓公一起相处数十日，已清楚地看出，管仲是齐军中举足轻重的人物，称得上是齐桓公的"魂魄"。他如主张退军，齐军十之八九是难以留下了，他的一颗刚刚热起来的心，又渐渐变得冰冷。但管仲所言合情合理，挽留之语实是难以启齿，于是瞅着齐桓公，一时默默无语。

齐桓公也万万没有料到管仲会突然说出如此惊人的话语。对于管仲，齐桓公心中最是雪亮。当初，极力促成北伐山戎，救助燕国之举的是管仲；自始至终主张斩草除根，以绝后患的，也是管仲。此时离大获成功只差一步之遥，而管仲却突然一改初衷，提出要半途而废。

齐桓公如坠雾中，怔怔地望着管仲，半晌方讷讷吐出六个字来："仲父莫非戏言？"

"绝非戏言！"管仲面无表情地道，"大王请只管饮酒，此事再议不迟。"说罢，又转脸看着燕庄公，略带歉意地道："齐军退兵之举，实是迫于无奈，大王日后便会明白管仲的苦衷了。此事还望大王见谅。"

燕庄公面带苦笑，唯唯应答。

酒筵不欢而散。

讨伐冷支

有一天，齐桓公接到一个惊人的消息：齐国发生内乱！

顿时，这一消息不胫而走，沸沸扬扬传遍了齐营、燕营和孤竹城的大街小巷。齐军人心惶惶，思归心切。

救乱如救火，齐桓公再也无心恋战，也顾不上助燕国讨伐冷支了。安抚了一下孤竹君臣，而后率领齐国大军仓皇撤离孤竹城，日夜兼程，过双子山，渡卑耳河，经山戎部落，出葵兹谷口，回到燕地。顾不上进燕国都城，就地稍事休整，便分兵数路，向南开拔。

燕庄公也率领燕国疲劳之师，悄悄地返回都城蓟。

征战厮杀，喧闹了数十日的北方战场，顿时沉寂了下来。

但这沉寂只保持了两日，便风波再起。突然有大队冷支铁骑在山戎残兵的引导下旋风般出了葵兹谷口，一进入燕土便开始烧杀抢掠，气势汹汹，直逼燕国都城蓟。

燕国人的劫难又开始了！

原来，当初冷支国国君见山戎部分残兵来投，方知山戎已全军覆灭。他对此不屑一顾，答应出兵为山戎报仇雪恨。但还没有来得及出兵，又闻孤竹国与齐、燕结盟，大怒，口吐狂言："吾不将齐军杀个片甲不留，誓不为人！"

他知道齐军下一个要讨伐的必是冷支国了，于是一边派人到孤竹国方向打探消息，一边调兵遣将，在所有的险要关口重兵布防，严阵以待，只等齐军自投罗网。

冷支君正密切关注齐军动向，忽有探子来报，齐国发生内乱，齐桓公被迫率大军草草撤离孤竹城，返回齐国去了。冷支君一听大喜过望道："真乃天助我也！"

冷支君稍一停顿，又狂妄道："本公一直想与齐军一较高低，看看齐桓公这个中原盟主是不是三头六臂！可惜，齐军撤走了，这实是本公的一大憾事。齐军既撤，只有拿燕国出气啦！"

冷支君当即命各要道、隘口设防的人马全数撤回。而后，倾巢出动，率领八千骑兵，风驰电掣般杀奔燕国。

冷支铁骑出了葵兹谷口，果然见到一片清寂，只有齐军留下的破残营寨和锅灶。冷支君环顾左右，哈哈狂笑道："为白芦花君报仇的时刻到了。"

冷支君当即下令：见人即杀！见物即抢！

此令一下，数千铁骑顿时变成一群强盗，呼啸着冲进燕地，开始了劫掠和杀人。

冷支铁骑片刻工夫，已深入燕境三十余里，来到一座山下，已是中午时分。冷支君命稍事歇息。骑兵已跑得累了，一听命令，纷纷下马，横七竖八躺了一地。有的在饮水，有的在查点战利品，一片零乱。

突然间，周围鼓角齐鸣。接着，伏兵四起。齐国大军犹如自天而降，呼啸着掩杀过来。燕国军队也乘机杀回。数路大军将毫无戒备的冷支军和山戎残兵围在核心，犹如砍瓜切菜一般。冷支军和山戎残兵登时大乱，来不及上马，便四窜奔逃。

冷支君由几名大将保着，杀开一条血路，逃到一荒僻之处。冷支君环顾左右，见八千铁兵已所剩无几，不由得仰天大恸。这时齐、燕追兵已渐渐逼近，冷支君再不敢在燕地久留，率领残军败将，向着来路方向逃窜。

眼看到了葵兹谷口，后面追兵已远。冷支君惊恐的心才稍稍安定下来。只要过了此谷，就是自己的天下了。冷支残兵逃命心切，纷纷夺路进谷。

突然，谷口两边呼呼啦啦旌旗招展，齐国大将鲍叔牙威风凛凛地站在旗下，山头上乌压压排满了齐兵，擂鼓高呼："冷支昏君速速下马投降！否则死无葬身之地！"

冷支君见断了退路，正仓皇无计，背后齐、燕大军在王子成父率领下又尾随而至，将冷支残军团团包围。

冷支君眼见大势已去，知道今日决难生还，突然豪气大发，环顾左右道："诸位且看，齐兵能奈我何！"说罢，将坐下马一拍，呼喊着单人独骑冲进齐阵，将手中开山大斧，舞得风车一般。齐兵被他的神勇一时惊得呆了，纷纷退避，竟也被他连连劈死劈伤数人。待齐兵清醒过来，又呼啦啦拥上来时，冷支君已满身鲜血，拍马跃回阵中，仰天大喊数声，拔剑自刎而亡。

冷支残兵见国君一死，纷纷下马投降。

齐桓公钦佩冷支君神勇，令冷支降兵将其厚葬。

这便是管仲设下的连环大计。

原来，在荡平山戎之后，管仲一边谋划攻打孤竹，一边派人秘密潜入冷支国打探消息。知道了冷支君臣欲凭借险要地势，与齐军决一死战，防范甚严。便认为冷支只可智取，不可力战。否则齐军即使取胜，也必伤亡惨重，得不偿失。从那时，管仲就开始谋划智取冷支之策，于是想出了这一套连环之计。

为了做到以假乱真，在收服孤竹国后的庆功筵上，管仲故作撤军姿态。接着，假传谣言，说齐国发生内乱，仓促撤军。而管仲已打探清楚，冷支君刚愎自用，好大喜功。料定这样的人听到齐军已撤，必定坐立不宁，迫不及待地向燕国报复。那时，管仲便可大施手段，一举荡平冷支。

齐军按管仲之计，始终摆出一副仓皇的样子，到了燕地，即分兵数路，白日南行，夜晚又在夜色遮蔽下掉转回头，绕个大圈子到预定地点埋伏。又命鲍叔牙在葵兹谷口两边树林中潜伏，只等冷支铁骑一过，即封锁谷口。

管仲严令埋伏的军队不准大声喧哗，不准随意走动，不准狩猎，不准生火造饭，只以干粮充饥，以免走漏风声，暴露行踪。只要冷支铁骑一通过葵兹谷口，即成为瓮中之鳖，插翅难飞，只有任凭宰割了。

管仲奇谋，连齐桓公、燕庄公等都料想不到，冷支君又如何识得透？果然中计，迫不及待地倾巢而出。结果，白白送了自家性命不说，也葬送了八千铁骑，国家遂亡。

冷支国灭亡了，燕国北部、东部的祸患也全部平息了。

燕庄公见祸患已除，松了一口气，感激之余，再三邀请齐桓公率齐军回到燕国都城，好好尽一下地主之情，以答谢齐桓公救危之恩。但齐桓公离开齐国已数月之久，正归国心切，便婉言谢绝。燕庄公甚不过意。

齐桓公大赏三军，命在葵兹谷外安营扎寨，就地安歇，对受伤生病的士卒加紧疗伤治病，三日后班师回国。

燕庄公无法，只好命燕军就地向百姓买得数百头牛羊，尽数宰杀，以款待齐军。

这次北征，由于管仲的奇谋，齐国兵将损伤极微，但收获颇丰。夺得了大片土地，缴获了大批牛羊牲畜和奇珍异宝。在归国之际，齐桓公与管仲商讨如何处置这些土地和财物。齐桓公问："仲父以为，冷支、山戎两地疆土，该如何处置才好？"

管仲对此早有思索，对齐桓公道："遂国覆辙，不可重蹈。"

管仲指的是当年齐国占领了小国遂国，尽派齐国戍卒守卫该国，后来戍卒全部被遂人杀死的事件。

齐桓公何等精明！当即会意，并与管仲商定了处置方法。

这时，虎儿斑前来辞行。齐桓公予虎儿斑及其部下以厚赏。并将夺得的山戎土地五十余里尽数拨归无终，由无终首领统一管辖山戎部落，以答谢无终首领的慷慨助战。虎儿斑大喜，满载而归。

齐桓公又置酒款待燕庄公。席间，齐桓公对燕庄公道："赖天相助，托君之福，总算平定了山戎和冷支，又与孤竹结盟，燕国从此当可无外患之忧，寡人也可安居中原啦！所得冷支二百里土地，全部归属燕国，由君侯来整顿治理吧。"

燕庄公诚惶诚恐，连连摇头道："燕国屡屡惨遭戎夷蹂躏，正是凭借大王的威严，管相国的谋略，齐国众将士的神勇，才得以保全燕国社稷和边塞的安宁，寡人已心满意足，感激不尽，绝不敢再有丝毫奢望：齐国大军远征千里，拼命厮杀夺取来的土地，自当归于齐国。大王可留下一支齐兵戍守，燕国定当鼎力相助，决无二心。"

齐桓公已受过管仲点拨，遂国惨事亦记忆犹新，遂国靠近齐国，尚且无力顾及，更何况千里之外的北地？此事正该做个顺水人情。想到这里，便恳切说道："大王不必推辞。北部边陲，是兵家要地。戎患消除之后，以大王的贤德才能，燕国必然大治。北地有强盛的燕国作为屏障，寡人在中原亦解除了后顾之忧，这岂不是一件天大的美事！更何况，齐国、燕国本就亲如手足，此次共同讨伐山戎，更是亲上加亲，寡人又何必舍近求远？大王只管收下好啦。"

燕庄公见齐桓公一片诚心，只好拜谢领受。

齐桓公班师回国，燕庄公为齐桓公送行。二君经数十日联手平夷，已引为知己，一路上推心置腹，谈论国事、天下事，越谈越投机。路也是送了一程又一程，不知不觉已进入齐国纵深五十多里。

管仲对燕庄公道："送君千里，终有一别。大王就此留步吧。"

燕庄公方才恋恋不舍地挥泪告别。

这时，齐桓公猛然记起周室延续下来的一项礼节，对燕庄公道：

"古礼有约，国君相送，不能越境。"

燕庄公道："您我情同手足，何必拘于古礼？"

齐桓公说："寡人不才，为中原盟主，如率先破坏古礼，何以约束众家诸侯？"他一时拿不定主意，与管仲耳语一番后，方对燕庄公道："就依仲父之见，把此地定为齐、燕的国境。大王走过的这五十里土地一并割让给燕国，就由大王您来治理吧。"

燕庄公苦苦推辞，无奈齐桓公执意而行，只好接受下来。为了答谢，燕庄公命在此地筑一小城，定名"燕留"，意指要将齐桓公的恩德永留燕国土地上。

自此，燕国东北方增土地五百余里，南部增加土地五十余里，成为北方疆土辽阔的大国。燕庄公又深受齐桓公、管仲的影响，勤修内政，富国强兵，国家日渐强盛。

齐军再向东南行，已接近了鲁国边界。

齐桓公对管仲道："果不出仲父所料，鲁侯口出大言，说要出兵相助寡人讨伐山戎，却哪里见到鲁国一兵一卒？寡人自以为与鲁侯交好，却偏偏是交好的人背信弃义，有负寡人，实是令人着恼。此番大军途经鲁国，寡人想乘机率师问罪，以示惩戒。且看鲁侯何以面对寡人？"

管仲摇头道："不然。臣当初的用意并非为了今日与鲁国兵戈相见。大王千里迢迢北征戎夷，所为何来？不正是为了讨伐楚国时，免除后顾之忧吗？刚刚平定了山戎，却又和鲁国反目为仇，这岂不是舍近而求远吗？俗语说，远亲不如近邻。大王对远燕尚且那般宽容大度，对近鲁又何必太过苛求呢？"

齐桓公仍愤愤不平，道："如仲父所言，难道寡人就这样甘心被戏弄不成？"

管仲微微一笑道："正好相反，臣正要大王扬名天下呢！"

齐桓公道："何以扬名天下？"

管仲道："大王此次讨伐北方夷戎，获得珍奇珠宝无数，多是中原极为罕见之物。大王分出一半珠宝，送与鲁国，以作为进献给周公庙的祭品，岂不是再好不过！"

齐桓公没想到管仲会出此下策，眉头一皱，冷笑一声道："仲父何出此言？鲁侯背信弃义，有负于寡人，不加惩戒倒也罢了，反倒给予馈赠，天底下哪有这般道理！"

管仲道："这便是臣常常提及的以德报怨之法。鲁侯本来有负于大王，大王非但不罪，反而另有厚赐。此举必使鲁侯羞愧交加，自此以后，臣保准鲁侯死心塌地尊奉大王为盟主；再者，这些珍奇珠宝虽为稀贵，却是身外之物，以身外之物，换取紧邻大国的诚心，岂不妙哉！"

齐桓公思索了一下，终于点头赞同管仲意见。

果然，在济水二君再次会面时，鲁庄公面带愧色，言谈举止十分拘谨，生怕惹恼了齐桓公。但齐桓公的心结已被管仲所解，言谈举止很坦然，非但没有丝毫责怪鲁庄公之意，反而送上一批珍奇珠宝。

鲁庄公原以为齐军此时气势正盛，以鲁背约为由，一鼓作气攻下鲁国也并非难事，所以才小心行事。他做梦也没有想到会因祸得福，得此厚赐。乍然见到这一堆金光灿烂的宝物，他的眼睛为之一亮。随即想到这是无功受禄，顿时又诚惶诚恐，感激涕零。

确如管仲所言，鲁庄公终究不是反复无常之君，为了赎罪感恩，次年齐军伐莒时，鲁庄公下令征召全国男丁充军，连五尺童子也动员起来，援助齐军伐莒。这就是管仲对中原诸侯施以德政所结下的丰硕之果。

鲁庄公后来知悉，齐桓公之所以没有向鲁国兴师问罪，正是听了管仲的力劝，方才化干戈为玉帛。于是对管仲愈加感激和敬重，特意征召鲁国的能工巧匠，在管仲的私邑小穀建造了一座美轮美奂的小城，以表感激之情。

中原诸侯先是听说齐桓公仅率齐国之兵，剿灭山戎，平定冷支，结盟孤竹，势如破竹，威震北方。夺得大片土地却不留寸土，尽数归于燕国。因燕侯入境，为循古礼，毅然割地。对鲁侯以德报怨……这一连串壮举美谈，在诸侯中引起巨大震动。一些距离齐国较远，或尚与齐国存有嫌隙的诸侯，纷纷派遣使者向齐桓公表示修好结盟，齐国威望大增。

百余年后，孔子谈到管仲劝齐桓公对鲁国以德报怨的事，还十分感慨地说道："人们说圣人能够转祸为福，以德报怨，说的正是管子所做的这种事情啊！"

燕国也一心一意地加入了与齐国的联盟。至此，整个中原诸侯联盟日渐强大，齐桓公的霸主地位也越来越牢固了。

 存邢救卫

周惠王九年，卫惠公的儿子赤继位，称卫懿公。他在位九年，懈怠朝政，不恤百姓，只顾吃喝玩乐。在卫懿公所嗜好的名目中，他最为津津乐道的就是鸟类中的鹤了。

因为鹤颜色鲜亮洁白，鸣声清脆而又擅长舞蹈，卫懿公就特别喜爱鹤。就因卫懿公对鹤情有独钟，凡是给他献鹤的人都有重赏，那些不务正业的人便千方百计地搜罗各种鹤，争着来到卫国宫廷给卫懿公献鹤。有时献鹤的人多了，得排成长队，有序进入宫廷。

卫国宫廷的园林里，到处喂养鹤，到处是鹤的鸣叫声，大大小小的鹤不下千余只。

卫懿公按鹤们的品位把它们分成等级，依级别都有相应的待遇，品位最高的享受朝廷大夫一样的俸禄，次等的享受士的俸禄。如果卫懿公出外游玩，就让鹤们陪同，将鹤分成队列，用华丽的大车载上它们，并指挥鹤们在前面开道。卫懿公亲昵地称这些得宠的珍禽为鹤将军。

宫里有专门养鹤的人，他们也有优厚的俸禄。为使鹤们有足够的粮食吃，卫懿公便加重赋税，在百姓中强行征收，而遇到灾荒的年成，不知多少人家饥寒交迫，卫懿公照样要百姓们交纳赋税。

卫国大夫石祁子是当时名臣石碏的后代，他的父亲叫石骀仲，以前也是卫国大夫。石祁子为人正直敢言，在卫国很有名气，他和宁庄子的同掌卫国朝政，两人都是卫国的贤臣。他们多次劝谏卫懿公不要玩物丧志，要爱护百姓，关心民间疾苦，但卫懿公只把他们的忠言当作耳边风。

公子毁是公子硕与卫惠公的母亲宣姜婚配后所生，公子硕为卫惠公的庶兄，从公族来说，公子毁算是卫惠公的侄子，是卫懿公的庶弟了。公子毁看到卫懿公那样昏庸，感到他迟早会把卫国弄亡，就找个借口跑到了齐国。齐桓公觉得公子毁人品不错，便把自己宗室的一个女孩嫁给他为妻，将公子毁留在了齐国。

因急子和公子寿都没有儿子，公子硕已亡，黔牟的后代绝迹，只有公子毁是个贤德的人，卫国人都盼望公子毁能够成为国君。当卫懿公继位，把民间疾苦抛到了脑后，公子毁又出奔齐国时，卫国臣民就对现任国君怨气冲天了。

早在周文王的时候，北狄族的獯鬻部落就开始强盛起来，狄主曾出兵威逼周文王把都城迁往岐地。周武王统一天下后，周公南征荆、舒等地，北伐戎、狄族，中原各地才有了长期的安宁。一直到周平王迁都洛邑，南方的荆楚，北方的戎、狄族又抬起了头，不服周王室的管辖，再度不断侵扰中原周边的诸侯国。

单说北狄主名叫瞍瞒，他倚仗手下拥有数万骑兵，常有深入中原内地的企图。当听到齐桓公亲率大军讨伐山戎的消息时，瞍瞒一拳击在餐桌上，环视了一下众臣说："齐兵大老远跑去攻打山戎，太没把我狄人放在眼里了，今天我们就先发制人，给他们点厉害瞧瞧！"

说完，瞍瞒就下令调拨二万铁骑，亲自统领人马奔袭邢国，仅一天便击破了邢国都城，狄军到处杀人放火，掠夺人、畜和财物。

一天，瞍瞒得到齐军正在策划前来援救邢国的情报，知道卫懿公不修国政，就移兵转向卫国去了。

那时卫懿公刚想带着鹤出外游玩，忽然，情报人员回来告诉他："狄兵已杀进我国境内了。"卫懿公猛吃了一惊，慌忙召集人马，筹办军备，准备迎战狄兵。但百姓不愿投入战斗，几乎都逃往野外去躲避起来了。

卫懿公就叫担任司徒的官员派人抓捕逃散在外的百姓，把他们集中在一起。一会儿衙役就擒拿了一百多人，司徒将他们带到朝廷，卫懿公问道："你们为什么四处躲藏，却不肯保卫国家？"

那些被逮住的人一致说："君只要把一件东西用上就足够抵抗狄兵了，我们这些百姓还起什么作用呢？"

"有这样的东西？那是什么？"卫懿公惊奇地说。

"鹤。"众人回答。

"鹤怎么能退敌呢？"卫懿公觉得有些离谱。

"鹤既然不能同敌人作战，不能救国家于危亡，那就是没用的东西了。但君耗费有用的钱粮来供养那些无用的鹤，弄得民不聊生，这就是我们百姓们不愿去前方打仗卖命的原因。"

听到这儿，卫懿公既愧疚又后悔，低了头说："寡人明白自己的罪过了！现在愿把鹤都放出去，以后一定勤政爱民，可以吗？"

在一旁的石祁子连忙说："君就尽快行动吧，只怕这时候有些晚了啊！"卫懿公即刻遣人打开所有鹤笼，把它们往外赶，可那一千多只鹤因为长久被人精心饲养，习惯了舒适的生活，只在宫廷园林低空盘旋，都不肯飞走。

石祁子和宁速两位大夫亲自到街市上做宣传，向民众说明卫懿公的悔过表现，这才稀稀疏疏地聚集了一些从外地回来的人。

可这时狄兵已攻进了荥泽，片刻之间就有三四次告急文书传到卫国朝廷。石祁子向卫懿公请示："狄兵骁勇善战，我们切不可轻敌，就让臣速去齐国求救吧？"

卫懿公勉强挺挺胸说："齐侯上次奉周王命令前来讨伐我国，虽然不久退兵了，可事后我国没人主动地去和他们修盟结好，现在我们遇到了危难，他们怎么愿意来救我们呢？不如就和狄兵拼死一战，来决定卫国的存亡！"

宁速上前说："臣请求带领队伍阻挡敌人进兵，君在城中坚守吧！"

卫懿公面色黯然，沉重地说："寡人因养鹤犯下了过错，现在再不亲自奔赴战场，只怕没人会尽力保卫国家了。"便转过身，将一块玉玦递给石祁子说："卿当代理国政，一切事情就凭这块玦由你决断吧！"又交给宁速一支令箭，要他一心守卫都城。嘱咐他们："国家的事情，全拜托你们两位。寡人要是不能打败狄兵，就无颜回城了！"

石祁子和宁速知道卫懿公此去凶多吉少，禁不住洒下泪来。

卫懿公交代完国事，就调集人马，派大夫渠孔当大将，子伯做副将，黄夷为先锋，孔婴齐率后队，向荥泽进军。一路上，有许多将士仍然抱怨懿公养鹤误国。晚上，卫懿公在宿营地访察军情，听到一阵阵歌声传出帐外："鹤有俸禄，民食野菜；鹤乘华车，民赴战场。狄兵剽悍啊我无长物，力战强敌啊我们九死一生！鹤今在哪里啊，只有我们承受苦难！"

卫懿公听完这首歌，心中更增添了烦闷，便默默回到了中军营帐。

卫懿公在路途听到将士们歌中含怨，心里感到烦闷，而大将渠孔在军中实行过严的军规，弄得士兵们满腹牢骚，卫懿公又添新愁。将近荥泽，只见千余狄兵分成左右两路乱纷纷地奔跑，显得没一点阵法。

渠孔高兴地说："人们都说狄兵剽悍，不过是徒有虚名罢了！"便命令卫军擂鼓追击狄兵。

狄兵故意败走，将卫军引诱到峡谷，只听见一阵响亮的呼哨声划过天空，埋伏在丛林里的狄兵突然杀出，顷刻间，如山呼海啸似的，就把追来的卫军截成了三段，使卫军首尾不能救应。

卫军本来没有与狄兵战斗的决心，看到狄兵来势凶猛，都抛下战车，脱掉铠甲，各人只顾自己逃命，卫懿公很快陷入了敌军的重重包围之中。

渠孔看见狄兵如蜂蚁般涌来，对卫懿公说："形势万分危急了，请君把帅旗取下来，换上便服，然后下车混在士卒中间逃跑，或许可以脱离险境呀！"

卫懿公看着越来越多的狄兵说："卿等若能救出寡人，看到帅旗也好知道寡人在哪里，如果不能相救，扔下帅旗又有什么益处？寡人宁愿死在沙场，向百姓们谢罪，也决不苟活在世间！"渠孔只得回身杀入敌阵，力图为卫懿公杀出一条血路。

不久，卫军前后两端的人马就溃散了，先锋官黄夷战死，后路军主将孔婴齐不愿被擒，自刎身亡。狄兵便全部向卫懿公这边围过来。渠孔的副将子伯从车上中箭落地，随即被狄兵斩首。卫懿公和渠孔先后受到围攻，狄兵的乱刀将他们砍成了肉泥。至此，卫懿公统领的大队人马全军覆没。

最后，狄兵俘虏了卫国太史华龙滑和礼孔，把他们五花大绑押到暇瞒面前。暇瞒瞅了瞅他们说："这两个活物有什么用？给俺推出帐外斩了！"

华龙滑懂得北方的那些民族有相信鬼神的风俗，就哄骗他们："我们是卫国的史官，掌管天文历法，主持国君太庙的祭祀，让我们先回太庙给你们求得保佑吧，不然，会引起神鬼愤怒，你们就很难攻打卫国都城了。"瞍瞒以为华龙滑说的是真话，就同意他们俩上车回去了。

那时宁速正全身戎装在城墙上巡视防务，望见有一辆战车由远而近地驶来，认出是两位太史，心中一震，忙大声问道："你们怎么回来了？主公在哪里？"

两太史哀声说："主公全军覆没了！狄兵十分强悍，我们不能等着和都城一起毁灭，现在应当暂时避开敌军的锋芒，快些撤走吧！"宁速便命令门吏放他们俩进城。礼孔向太庙方向拜了拜，凄楚地说："昨天和君一同出城，而今不能和他一起入城，臣子的节义在哪里？我只有去地下侍奉国君了！"一道亮光闪过，礼孔拔剑自刎了。

华龙滑看到礼孔死去，擦了一把泪水说："我不能和兄一道殉节了，卫国这段历史得有人记载啊！"就独自驱车进入了都城。

宁速和石祁子计议停当，便带领卫懿公的宫眷和公子申，趁夜色驾小车出了城往东奔走，华龙滑携上一大包典籍跟在后面。城中百姓听说二位贤大夫都出城了，各自扶老携幼尾随他们逃命，哭喊声响成一片。

狄兵乘胜进军，一路无人抵挡，直冲进卫国都城。那些没来得及逃走和行动缓慢的百姓，十有八九被狄兵砍死。瞍瞒又派兵沿路追赶，石祁子保护卫懿公的宫眷走在前面，宁速在后面掩护他们，时而与赶上的狄兵激战，时而往后退走。跟在后面逃难的百姓半数以上死在狄兵的刀下。

即将到达黄河时，石祁子和宁速他们都感到疲惫至极，也觉得没路可走了。忽然看见河岸一队人马迎面奔来，原来宋桓公御说得到卫国沦陷的情报，遣兵来接应他们了。卫国臣民在宋军的帮助下，当晚准备船只，星夜渡过了黄河，这才有了喘息机会。

狄族的追兵见卫国臣民过了河，便转回去，将卫国府库与臣民的财物清洗一空，只留下一座废墟，满载而归。

当天，石祁子和宁速带领卫懿公的眷属们逃到了黄河岸边，石祁子先扶公子申等坐上船，宁速集拢跟着逃难的百姓，随后也赶来了。

众人到达漕邑，石祁子清点了一下青壮年男子人数，总共只有七百二十多人，大多被狄兵杀死了。石祁子和宁速抱着头哀伤了好久，都感到一道难题摆在面前：国不可一日无君，可眼下卫国的将士少得可怜，怎么样才能凑齐一个侯国最基本的兵员呢？

石祁子和宁速商议了半天，最后决定再从共、滕两处邑地抽取十分之三的人口充当兵役。这样，募得兵员四千多人，连同跟随众臣逃难的青壮年男子，才组成一支仅五千人的军队。

石祁子和宁速几经周折，在漕邑修建了简陋的房舍，扶持公子申即卫国君位，称为戴公。

宋桓公、许桓公听说卫懿公阵亡的事情后，都遣使到漕邑吊唁卫懿公。

戴公患有重病，即位才几天就去世了。宁速便前往齐国迎接公子毁回国为君。

齐桓公听宁速讲完卫国目前的处境，感叹了一会儿，说："公子从敝国回去，将继承君业，如果要强留他在齐国，那寡人就不近人情了。"便赠给公子毁一匹骏马，五套公侯用来祭祀宗庙的礼服，牛、羊、猪、鸡、狗各三百只。又赐给公子毁夫人一辆豪华的马车和三十匹上品锦，并派齐国大夫公子无亏统领三百战车送他们去漕邑。想到卫国的窘境，齐桓公又送了一批砖瓦和木料给公子毁，让他建造宫室。

公子毁回到漕邑时，众人就把弘演剖腹收纳卫懿公肝脏的经过详细地向公子毁禀告了。

公子毁感动得流泪，立刻差人准备下棺木去荥泽重新入殓卫懿公，同时给卫懿公、戴公发丧。为彰显弘演的忠义，公子毁对弘演追封了谥号，录用他的儿子仍为卫国大夫。

诸侯们受齐桓公的感召，也先后拿出钱财遣人送往卫国，支持新君渡过难关。

公子毁回到卫国即位的第二年春天正月初，便建立年号，称为卫文公。虽然诸侯们大多给严重受创的卫国捐献了财物，但杯水车薪，卫国仍然处在极度贫困之中。卫文公曾一度寄居民间，现有战车仅三十辆，受战乱的难民饥寒交迫，连粮食种子也匮乏，一片凄凉景象。

卫文公的衣帽都是粗布制成，吃的是平常人家的饭菜，他早起晚睡，到各地安抚百姓，无人不称他是位贤君。

公子无亏看到今日的卫国兵力空虚，就留下三千健壮的士兵协助卫国人戍守漕邑，防止狄兵再次侵犯，便带领多半人马回齐国了。公子无亏见了齐桓公就把卫文公生活如何俭朴，弘演怎样为卫懿公殉身的情形都做了汇报。

齐桓公感叹说："一个无道昏君，怎么也有臣子对他这样尽忠呢？看来卫国还是很有前景的啊！"

管仲向齐桓公献策："卫国目前贫弱，我国留兵帮新君守卫驻地也是盟主分内的事情，但长期下去，齐、卫两国都劳民伤财。与其在那里戍守，不如我们帮助卫国选择一个好的地方修筑都城，一劳永逸。"

齐桓公觉得这是个好主意，正想张罗诸侯们投入人力物力，一起重建卫国都城。忽然，邢国使臣来到齐国，一见齐桓公，惴惴不安地说："狄兵又打进敝国了，我们难以坚守，盼望盟主垂怜众生，尽早发兵救援啊！"

齐桓公让邢国使臣暂歇，私下问管仲："我们齐国眼前可以出兵给他们解围吗？"

管仲回答："诸侯们之所以拥戴主公做盟主，正是因为齐国能够在诸侯中扶危济困。前些日子，我们没来得及解救卫国，这次要是再不能援救邢国，那我国的霸业就会从此衰落下去了呀！"

齐桓公有些烦恼，咂了一下嘴说："可是，卫国的事情还摆在我们面前，邢、卫两国都翘首望着我们，先解决哪个的难处才好？"

"等平息了邢国的兵患，再去帮卫国建城，那是您成为霸主的千百年的功业啊！"管仲说。

齐桓公同意了管仲的主张，旋即向宋、鲁、曹、邾各国发出檄文，约定在聂北聚集，一同出兵解救邢国。

宋、曹两国的军队先到达聂北。齐桓公把管仲叫到营帐内，低声说："邢国形势危急，鲁、邾军不知什么时候才来，干脆让他们做后援。有三国的将士可以与狄兵一决雌雄了，我们是不是马上进军攻打狄兵呢？"

管仲皱眉想了想，说："狄寇现在正当凶猛的时候，但邢国尚可抵御一阵子，如果我们这时出击强敌，就要付出成倍的代价。而我们帮助还有一定抵抗力量的邢国，那是显不出多大功劳的事情，不如等等再说吧。若邢国支撑不住了，必然会溃败；狄兵若战胜了邢军，必然会疲惫不堪。到那时，我们驱逐乏力的狄兵，救助危亡的邢国，就省力而又功高了。"

齐桓公觉得这么做是狠心了些，可在眼下战事频繁的年代，既保存自己的实力，又获得更高的名声要紧，便接受了管仲这个主意。

于是，齐桓公托言等鲁、邾国的援军赶到了，就同时对狄兵发动总攻，并让人把这一意图传话到宋、曹国军营。三国军队便在聂北各自安营下寨了。

齐桓公又派出密探每天了解狄兵与邢军双方的局势。

齐、宋、曹三国在聂北驻军将近两个月的日子里，狄兵无所顾忌，昼夜围攻邢国都城。最后，邢军兵力衰竭，如房舍倒塌似的一下就混乱起来，各人只顾出城逃命。

齐国的密探将邢军溃败的情况报告给齐桓公不久，那些逃出城的百姓像河水一样都往齐国军营涌来，哀求齐桓公快起兵拯救陷入魔掌的邢国。

只见一人倒地就哭，一时不能站起。齐桓公认出他正是邢国国君叔颜，连忙把他扶了起来，安慰他说："都怪寡人没有及时救援，才弄得你们如此凄惨，这是寡人的罪过呀！你也不要太悲伤了，寡人马上就请宋公和曹伯共同商议一下，将会替你们赶走狄兵，夺回城池。"

当天上午，齐、宋、曹国的军队便拔营起寨，分成三路往邢国都城方向进发。

这时狄兵已把邢国掳掠一空，俘获人口、财物无数。瞍瞒得知齐、宋和曹国军队正向邢国境内迫近，一来害怕自己的军队将吃败仗，二来担心已抢夺到手的财物会失去，便在城中放起一把大火，指挥人马向北奔去。

齐、宋、曹三国大军赶到邢国都城时，只见宫廷和数以千计的民房大火弥漫，狄兵早没了踪影。齐桓公急忙传令所有将士迅速扑灭各处大火，又遣人抚恤遭劫难的百姓。

忙活了一会儿，齐桓公问叔颜："还能在这地方居住下来，仍把它作为都城吗？"

叔颜望着宫室的残墙与房梁的余烬，忧伤地说："逃出城的百姓大半去了夷仪，寡人想顺从民众的愿望，就以那里为新都吧。"

齐桓公二话没说，便下令齐、宋、曹三国备办各种建筑工具，全体将士迅速投入了紧张的劳动。一个多月后，就在夷仪修筑了坚固的城墙。接着给叔颜建起祖先的庙宇及朝堂，并为他添置了房舍。大量的砖瓦和牛、马、粟、帛之类的物资从齐国源源不断地运到夷仪。邢国君臣迁居夷仪的那天，如同重归故里，欢呼声响成一片。

宋公和曹伯看到邢国完事了，便打算向齐桓公辞行，带领各自的人马回国。齐桓公一摆手，笑着说："邢国的事情安顿下来了，可卫国还在等着我们呀。我们都是兄弟国家，现在帮助了邢国，而将卫国撂在一边，那卫国人会怎么议论寡人呢？"

宋公和曹伯都拱手说："我们愿听霸君的命令，您说怎么办就怎么办吧！"

齐桓公便号召各国将士随身携带畚箕及铁锹等工具，立刻向卫国进军。卫文公得知齐、宋、曹大军到来，亲自出城几十里地迎接。齐桓公目睹卫文公果然身穿粗布衣服，头戴帛布帽子，还是丧期的装束，心生怜悯，不由得眼眶有些湿润了。过了好久才说："寡人依靠诸君相助，想为君重修都城，但不知在哪里定都为好？"

卫文公再拜说："君的深恩，寡人一辈子也难报答啊！前几天太史已占卜过，认为在楚丘定都最适宜。但修建一座都城的费用，对我们亡国的人来说实在无能为力呀！"

齐桓公爽朗地说："这件事情就交给寡人办吧！"当天就传令齐、宋、曹三国将士奔往楚丘破土动工了，直到新修的宫室和太庙落成，他才回国。齐国给予很大帮助，大多建筑和生活物质也都从齐国运来，如卫国再造一般，史称"封卫"。

至此，齐桓公接连定鲁、救邢、存卫，连战皆捷，名声大振。天下大小诸侯，既称道齐桓公的武威，更钦佩齐桓公的仁义，纷纷来与齐国修好。

齐楚争霸

齐桓公在短短的三年中，靠着管仲的精心筹划，先后助燕、安鲁、救邢、存卫，剿山戎、服孤竹、灭冷支、歼北狄……势不可当，天下诸侯望风归附，连紧靠楚国的江国、黄国这两个小诸侯国也愿归附齐国。

春秋诸侯示意图

这使楚国感到巨大的威胁。

当时楚国君主是楚成王，是一个很有能力的人。他带领楚国向北渗透，也想染指中原霸权。

齐桓公早就想找个机会与楚国一决雌雄，一直苦于没有机会。

真是人算不如天算，恰在这时齐宫中发生了一件生活小插曲，却左右了齐桓公，提前促成了伐楚之举。

那是一个明朗的初秋日子，阳光灿烂，天空碧蓝，空气清爽。齐桓公被蔡姬缠着到宫廷后苑的清池中荡舟采莲蓬。蔡姬是蔡国君侯蔡穆公的胞妹，嫁于齐桓公为姬。齐桓公封其为蔡姬。蔡姬正当妙龄，美丽、聪慧而又有着江南女子的清灵之气，颇受齐桓公的宠爱。所以齐桓公虽心情不佳，被缠不过，还是答应了蔡姬。

111

荡舟时，蔡姬见蓝天绿水，清风轻拂，硕大的荷叶随风轻摇，不由得心花怒放，童顽之心大起，伸手撩起池水泼洒齐桓公。

齐桓公从小居于北方深宫，是个"旱鸭子"，十分怕水，于是惊慌失措地制止蔡姬。蔡姬年少顽皮，不知深浅，仗着齐桓公宠爱，越发一边颠簸小舟，一边撩水，将齐桓公溅得满脸水渍。

齐桓公颤颤巍巍地站起来，欲过来抓住蔡姬，谁知小舟猛地一晃，齐桓公站立不稳，举着双手摇晃了两下，"咕咚"一声栽入水中。蔡姬还在咯咯嬉笑着，见齐桓公在水中极力挣扎，眼看就要沉下去了，方知闯下大祸，顿时花容失色，大喊："救命啊！救命啊！快来人救救大王……"

有善水的侍从慌忙跳下清池，把齐桓公生拉硬拽地拖上岸来。齐桓公浑身湿透，伏在岸上"咳、咳"地吐着清水。

蔡姬也从小舟上下来了，跪在地上手颤抖着为齐桓公捶背，嘴里哆哆嗦嗦地呼唤着："大王、大王，您不要紧吧？您不要紧吧……"

齐桓公是一国之君，中原霸主，连大国的君侯、周王室的上卿都对他毕恭毕敬，被蔡姬如此戏要，又因怕水弄得甚是狼狈，觉得大失尊严。他吐完了清水，坐起身来，一把将蔡姬推个趔趄，黑着脸子怒道："婢子无理，不能侍奉寡人！"

蔡姬见齐桓公暴怒，忙跪倒在地上，连连叩头，哀告着："贱妾知错了，大王饶过贱妾吧……大王，贱妾再也不敢了……"

齐桓公不理不睬，在侍从搀扶下回到宫中，仍是怒气未消，不顾蔡姬啼哭哀求，派遣竖刁将她送回蔡国。

齐桓公本来很是喜爱和娇宠蔡姬的，送其回国并无绝情休她之意。只是由于自己前不久过度行乐，在国内、宫内引起一些非议，心中不快，一怒之下将她惩罚一下，以后自会再接回齐国。但齐桓公绝不会想到，事情却正是坏在了他一意宠信的竖刁身上。

竖刁这才想起大卫姬一直对齐桓公宠爱蔡姬妒火中烧，时常在他跟前诅咒蔡姬。他是个利欲熏心的小人，一听让他送蔡姬回国，暗自窃喜，心道："又是一桩美差！"

他想的是，现今齐桓公威名正盛，蔡穆公不敢轻易得罪齐桓公，必会想方设法挽回这门亲事，这样只有极力巴结于他，向他重金行贿，求他向齐桓公多加美言，接回蔡姬，这样他不费吹灰之力，就可大捞一笔。

竖刁正准备起程，大卫姬派侍女唤他过去，问他："听说大王要你送蔡姬回国？"

竖刁忙道："是，娘娘。竖刁正要向娘娘禀报呢。"

大卫姬媚眼儿一瞪，娇嗔道："怎么做，不用本宫娘娘教你吧？"

"不用，不用。"竖刁献媚地说道，"这等小事我竖刁都做不好，还劳您娘娘操心，竖刁还配做您的膝下臣子吗？竖刁好歹让姓蔡的一去不复返！"

"嗯，明白了就好。"大卫姬向他施个媚眼儿，"做得好了，回来本宫娘娘好好犒赏你一番也就是了。"

"谢娘娘恩典！"

竖刁告辞了大卫姬出来，伸了伸舌头，自言自语道："忘记这茬儿了，差点闯出大祸来。看来我竖刁得做一次无毒不丈夫了。人不能回来，该捞还得捞一把！这就要看我竖刁的本事了！"

竖刁怀着大捞一把的心情兴冲冲到了蔡国，谁知一见到蔡穆公，心顿时凉了半截，迎接他的并非是一张奉迎巴结的笑脸，却是一张冷若冰霜的面孔。竖刁说明送回蔡姬的缘由，蔡穆公冷笑道："一个堂堂的大国之君，为了一次戏耍，就如此绝情，哪里是中原盟主的风范！"

竖刁的美梦破灭，寸金未得不说，还受了一肚子的窝囊气。他顿时恼羞成怒，便从中挑拨，假托齐桓公之口，添油加醋，大泼污水，骂蔡国是不知礼仪的野蛮之邦；骂蔡穆公昏庸无能，冥顽不化；骂蔡姬无德无才，刁钻泼辣……言语之恶毒，无所不用其极。

蔡穆公见妹妹哭哭啼啼地被遣送回来，本就心中着恼，极欲发泄，听了竖刁的挑拨，勃然大怒，道："已经娶到齐国，又遣送回来，还如此侮辱本公，这不是欺人太甚吗？偌大个天下，难道寡人非要与他齐国结盟不成！"遂与齐国绝盟，并扬言要将他的妹妹嫁到楚国。

竖刁回到齐国，自然又编造了一套谎话。再次假借蔡侯之口，给齐桓公泼了一身的污水。齐桓公闻报果然大怒，骂道："老儿安敢欺我！寡人必雪此恨！"

竖刁见目的已达到，心中暗自得意，悄悄到大卫姬那儿邀功请赏去了。

齐桓公却陷入了苦恼之中。蔡姬是他的爱姬，却要被远嫁到楚国去了。他绝没料到事情会弄到这般地步，深感后悔，又觉得大受侮辱，恼恨之余，遂即决定讨伐蔡国，以雪夺姬之恨。

管仲听说齐桓公要为蔡姬之事，向蔡国开战，很是着急，匆匆来到宫中求见齐桓公。齐桓公一见管仲神色慌张地跑来，便知必是为伐蔡之事，便抢个先机，冷冷说道："仲父急匆匆赶来，莫非又是劝说寡人不要伐蔡？"

管仲见齐桓公一语挑明，也坦率地道："大王乃是大国之君，中原盟主，只为后宫私事就去讨伐一个盟国，如何说得过去？这样做，天下诸侯非但不会同情齐国，反而会暗中嗤笑大王。大王切不可因一时激愤而草率行事，以免误了大事。"

齐桓公深蹙双眉，瓮声瓮气地说道："仲父知道寡人的内心有多么痛苦吗？爱姬白白被夺走，不让蔡穆公老儿吃点苦头，寡人枉为人，又有何颜再为中原盟主？寡人伐蔡之意已决，仲父不必再言！"

原来，齐桓公因自己一时激愤失误而痛失爱姬之后，数日来，他食不甘味，夜不安寝，真是度日如年。他总觉得心中空空荡荡，没了一点情趣，其余姬妾也都突然间大失姿色，一个个变得俗不可耐。他的眼前总闪动着蔡姬的俏姿和丽容，耳畔鸣响着蔡姬清脆悦耳的娇呼和甜笑。

甚至当日惹他恼怒之时的泼水模样，也突然变得那么烂漫可爱，以致使他着魔一般，闲暇之时，常常独坐出神，自言自语："是寡人的错，都是寡人的错……泼吧，泼吧，泼一身水、两身水，便是把一池的水都泼到寡人身上又有何妨……"

真是痴情之君！

后来齐桓公与管仲议论起此事，还常常感叹不已，说终于明白了当初殷纣王为取悦妖妃妲己的欢心，而炮烙梅伯、挖比干心；周幽王为博得美人褒姒一笑，而戏耍诸侯以致亡国之事。他们均是心窍被痴情所迷，以致神魂颠倒，难以自拔。当时他也正是深深陷入了"情"的迷网之中，所以即使管仲所言，他也听不进一个字了。

管仲见齐桓公执意伐蔡，不便再言。但他作为执掌国家大政的宰相，总不能眼睁睁地让齐桓公因男女私情去讨伐一个盟国，何况是齐桓公失误在先，蔡穆公绝情在后。这样做，必然会影响到千辛万苦创立下的霸主基业。

管仲内心深处并无过多责备蔡穆公之意，他一直在怀疑，这事之所以弄到如此地步，说不定是竖刁那小子暗中做了手脚。管仲并非凭空怀疑，据他平时细加观察和宫中传出的风声，显而易见，竖刁乃是大卫姬的心腹之人，大卫姬在为齐桓公生子的娘娘中居于首位，妖冶而又精明，又擅弄权，时时露出独霸后宫且参与齐国政事的野心，她眼见蔡姬年轻貌美，性情活泼可爱，深受齐桓公喜爱，大有独专其宠之势，心中岂能不妒火中烧？蔡姬被遣回国，可说正中她的下怀。善猜度人意的竖刁既为大卫姬的心腹，又怎能让蔡姬重新回到齐国？所以，管仲觉得此事绝非如此简单，事关重大，眼下还是先设法稳住齐桓公，再作计较。

凡关乎某个国家生死存亡的大事时，管仲处置起来总是甚为慎重，均着眼于齐国的地位和齐桓公称霸所遵循的"尊王攘夷、救危扶困、征伐无道"的十二字箴言。此次征伐关乎蔡国的存亡，自然也不例外。所以，他根据蔡国的地理位置和背离齐国、投靠楚国的情势，细加思索，很快便想出一条以攻为守的绝妙之计。

管仲复见齐桓公，献计道："大王执意伐蔡，臣想出一个一箭三雕之策，好歹让蔡侯落入臣设下的套中。"

齐桓公还当管仲又来说服他呢，见他竟然同意伐蔡，又亲自设谋，喜不自胜，忙说道："有仲父亲劳，何愁伐蔡不成！仲父有何妙计，快告诉寡人！"

管仲断然说道："伐楚！"

齐桓公一听，以为自己的耳朵出了毛病，惊诧地问："伐楚？寡人是要伐蔡，仲父却怎么说到伐楚？莫非寡人听错了？"

管仲微微一笑，道："大王并没听错。此乃声东击西之法。"

齐桓公问："何为声东击西？"

管仲道："大王知道，楚国背逆周室朝廷，已有许多年没有向周王室进贡包茅啦。大王不是早就想讨伐楚国吗？此时正可打出周天子的旗号，召集天下诸侯之师，向楚国问不贡之罪。"

包茅是楚国应向周王室进贡的一种特有的菁茅草，又长又结实，周天子祭祀时，把菁茅捆成束，立于祭坛上。将酒从茅草梢间浇下，酒便顺着菁茅渗入地下，土地之神便可饮到人世间供奉的美酒。由于楚国多年寸草不贡，周天子已无法祭祀地下众神，大有怨恨楚国之意。

齐桓公还是不明白，问道："可伐楚与伐蔡又有何关系？"

管仲道："这个'关系'便是着眼在邀集天下诸侯共同伐楚这一事上。大王想，蔡国已与中原之盟离心离德，有投靠楚国之势。大王只充不知，仍以盟主身份代周天子的名义檄邀蔡国出兵，共同伐楚。蔡侯必不出兵，便是对周王室的忤逆不道，正给大王一个征讨的口实。只要师出有名，一个小小蔡国又何足道哉！大军伐楚之时，举手投足之间，便顺势将其收了。如此，既完成伐楚之凤愿，大煞了楚国的威风；又惩罚了蔡国,雪了夺姬之辱;同时又为郑、宋出了一口恶气,保住了郑、宋两国与齐国的盟约。所以谓之一箭三雕之法。"

管仲一席话,说得齐桓公大为叹服,当即决定伐楚。君臣二人商讨该邀集哪些国家出兵。齐桓公道:"刚刚结盟的江、黄两国,正与楚国紧邻。这次伐楚,可作为策应。"

管仲摇头道:"不可。"

齐桓公诧问:"为何不可?"

管仲道:"江、黄两个小国均为弹丸之地,远离齐国而靠近楚国,之所以能够长期生存下来,皆因没有得罪楚国之故。正因为如此,上次盟约才为密约。倘若暴露了两国与齐国结盟之事,这次又公然与楚国为敌,楚君必大为恼火,即使大王率军降服了楚国,又如何保得住日后不再反复?到那时,楚国想吞并江、黄,朝发暮至,唾手可得。大王即使想救援两国,也是鞭长莫及。可如若不救,又负了同盟之义,空惹天下人嗤笑。再说,大王曾邀集中原诸侯,五合六聚,次次大获成功,这次兴王师大举伐楚,又何必求助于国小力微的江、黄呢?"

齐桓公听了管仲的分析,觉得有理,遂罢了邀江、黄两国助战的念头。

征讨楚国,是齐桓公称霸中原数十年中的一次壮举。

在伐楚的全过程中,管仲自然是当之无愧的主谋人物。他在运筹帷幄,与楚国斗智斗勇的同时,也分出些许气力,小试牛刀,与竖刁在暗中展开了一番较量。

齐桓公十分看重这次伐楚之战。伐楚,是他身为中原霸主之后梦寐以求的一件事,认为齐、楚两雄迟早必有一场恶战。

但对于大战的胜负,他却心中无数,召来管仲商讨。

他问管仲:"仲父看,此次讨伐楚国的前景如何?"

管仲道:"从大战的前景看,楚国充分利用其地利,可与中原之师决一死战,胜则辉煌,败则可以罢战请和,所谓进可以战,退可以和;

而中原大军是以王师之名，如遭败绩，齐国威名扫地不说，更会'引虎出洞'。那时楚军乘势北进，直捣中原，当犹如无人之境。所以此次出征，齐军许胜不许败！"

齐桓公问："仲父预测，我军胜负成算几何？"

管仲道："制胜之道，靠的是天时、地利、人和，以及双方的国势、军力对比之中稳占上风。"

齐桓公问："仲父以为，我与楚的国势、军力对比如何？"

管仲道："楚国独霸荆襄之地，地广人众、兵精粮足，乃是齐国的强敌，绝非山戎、孤竹、冷支、北狄等诸夷可比；而齐国霸主中原数十年，国家富足，兵甲肃整，操练有素，更擅打恶仗、硬仗。两国、两军势力当在伯仲之间。"

"噢。"齐桓公点点头，自豪地说道，"可寡人有神机妙算的仲父运筹谋划，又有鲍叔牙、王子成父、隰朋、仲孙湫、宾须无等一干能征惯战的勇将冲锋陷阵，当可优于楚国吧？"

管仲道："统兵将帅，楚国也不弱呀。文有子文、屈完等，武有斗章、王孙游等。不过，子文等偏于文，斗章等偏于武，缺少文武双全之才，文武相制，则为兵家之忌。而我中原之师，以大王率军亲征，大王几十年来南征北战，已深谙兵家之道。正如大王所言，此一对比，我军稍占上风。"

"那地利上呢？"

"从地利看，楚军在本土作战，熟悉地形地势，又可以逸待劳；而中原之军则是千里征战，抵楚时已成疲劳之师，又是地形生疏，不服水土，此一比较，怕是楚优于齐。但中原之师可以兵众而弥补。"

"天时呢？"

"从天时上看，楚国称王僭号已愈三世，常常派兵袭扰中原盟国郑、宋等国，又不向周王室纳贡；齐国则以盟主为名，以'尊王'为旗号，邀集天下诸侯之兵，代周天子前往问罪。此则理在中原一方。"

"还有别的可左右胜负的吗？"

"有。"管仲答道，"诸如兵器的优劣，军纪的严弛，大军的士气，彼此双方运筹谋划等，都将决定大战的胜负。"

"对比如何？"

"我中原之师均优于楚军。"

"好！"齐桓公拍案道，"如此看来，与楚军大战，我军当立于不败之地！"

"筹谋在先，战则必胜，此兵家争战之道嘛！"

齐桓公心中有了底数，甚感欣慰，又说道："筹谋之事，全靠仲父啦！"

"感谢大王的信任，但还有一件大事须大王定夺。"

"还有何事？"

管仲道："事关重大，大王须派出重要文臣武将分赴各诸侯国，向其陈述伐楚之理，晓以利害，务使各国诸侯出兵助战。"

齐桓公豪气地道："仲父多虑了吧！少了个把国家，几百辆兵车、几千人马，寡人哪里放在心上！"

管仲正色道："少了个把国家，对伐楚来说确实微不足道，但令出不严，却是折损了大王的威望，影响甚大。更有另一重要关节，大王不是要孤立蔡国吗？只要蔡国对盟主之命置若罔闻，就可以堂堂皇皇地前去讨伐问罪。如再冒出一两个国家不服从盟主调遣，不肯出兵伐楚，如讨伐蔡国，便也要讨伐这些国家。一旦出现此种情状，用不着伐楚，中原恐怕要开始争战不休。齐国要自酿苦酒了。"

"好。"齐桓公点头表示赞同，"就由仲父决定人选吧。"

君臣二人商定伐楚后，管仲开始操练军队，修治甲兵，积蓄粮草。他在军队数量上亦不敢托大，以前南征北战，只靠齐国军队便可扬威天下，

尊王攘夷

或至多邀集三两家诸侯助威。这次竟邀集鲁、宋、郑、陈、卫、许、曹、蔡等八国诸侯，派出兵甲助战，连同齐军，号称天下王师。并定于翌年春，共同讨伐楚国。传檄邀请蔡国出兵，便是管仲设下的圈套。

管仲亲自选定出使各国的使臣：宁戚到宋国，王子成父到郑国，隰朋到陈国，竖刁到卫国，开方到许国，宾须无到曹国，公子无亏到蔡国。如此分派，管仲也是经过深思熟虑的，他想到宁戚曾说服宋国与齐国修好，王子成父曾助郑厉公复位等有利因素外，还考虑到竖刁是个无孔不入、极为贪婪的势利小人，于是偏偏派他到重建国家一贫如洗的卫国，且看他有何话说。

管仲分派完毕，问道："诸位有何异议？"

果然，管仲话音未落，竖刁即急切地说道："在下有异议！"

管仲蹙眉问道："有何异议？"

竖刁道："回禀相爷，在下以为，公子无亏曾助卫复国，而小人曾送蔡姬归国，熟知蔡国之情。所以应派公子无亏使卫，而小人出使蔡国最为有利。"

管仲心里冷笑，但脸上却对竖刁之议表现出很高兴的样子，夸赞道："嗯，想得周全，很不错嘛！"说罢，当即将二人对调。

竖刁脸上表现出很恭顺的样子，心里也在冷笑："别人都把你管仲捧得神乎其神，犹似天人一般，还不是轻易就中了本公的圈套！看来，尔也是徒有虚名，如此而已！"

他哪里知道，他的一举一动均早在管仲的预料之中！

竖刁想到他每次出使外国，多能获取一批重礼，一个穷得叮当作响、靠别

管仲射钩

国救济方能存活下去的卫国，又能榨得出多少油水？而蔡国就不一样了。蔡国土地肥沃，是久负盛名的鱼米之乡，数十年来，既无外患又无内乱，国家积蓄厚重，十分富庶。上次送蔡姬归国，他已感受到蔡国都城洋溢着一股富豪之气，甚是眼馋，自己却是分文未得，憋了一肚子的恶气。这次出使关系到蔡国的存亡，到时见机行事，略施小技，必使蔡侯乖乖地顺服，狠狠地敲诈它一把！于是，带上一名随从兴冲冲地去了蔡国。宁戚、隰朋、王子成父等也相继出发。

分派已定，管仲来向齐桓公禀报。

齐桓公诧问："为何鲁国没有派使臣前往？"

管仲道："大王可否记得当年拜臣为相之初，臣曾说过，既要称霸中原，就必须抵御外夷，征伐无道。而如有南征之举，根据地理位置和国家的势力，必须依靠西南紧邻的鲁国。"

齐桓公道："寡人记得呀，那又如何？"

管仲道："鲁国自内乱平息后，在鲁僖公的治理下，日渐强盛，已恢复了大国的地位。现在南下远征强楚，鲁国正可为强大的后援，作用举足轻重。派遣别的使臣，臣焉能放心？"

齐桓公诧道："怎么？仲父欲亲自出使鲁国吗？"

管仲微微一笑道："臣是要去的，但臣还想请大王您亲赴鲁国，明为抚慰，实为探明虚实，务必说动鲁侯出兵。"

齐桓公欣然道："好啊！寡人正憋闷得慌呢。"

齐桓公和管仲到了鲁国：鲁僖公是个重义之君，不忘齐桓公帮助平息鲁国内乱之情，更是感激管仲在鲁国几经危难之际，屡屡施之以德的恩义，对齐桓公君臣二人自是盛情款待。

齐桓公见僖公如此贤明有为，在短短的数年中将一个乱鲁治理得如此井然有序，也不由得心生敬佩之意。

酒筵上，宾主频频祝酒，气氛甚为和谐。齐桓公乘机说起伐楚之事，欲邀鲁侯共同出兵。鲁僖公慨然道："昔日，鲁国得蒙君侯和相国无私相助，方有今日的国安民富。君侯在剿灭狄夷，救邢、存卫之时，鲁国因内乱刚息，百废待举，无暇他顾。如今要讨伐楚国，本公执鞭前驱，助君侯一臂之力。"

齐桓公没想到如此顺利，欣喜之色溢于言表，道："有君侯相助，楚国何足道哉！"遂与鲁侯订立密约，翌年春择日伐楚。

就在伐楚紧锣密鼓地进行谋划筹措之时，楚国的探子已听到了风声，即刻飞报楚王。

楚成王大怒，即刻召子文商讨对策。

子文道："中原大军此番来犯，必定要与楚国一决雌雄。依臣之见，中原大军既于明春来犯，我可抢先下手，派遣大军一举降伏郑国，去掉中原的屏障，斩掉齐桓公的羽翼。当可煞一煞中原之师的锐气！"

楚成王采纳子文计策，当即调遣人马，向郑国大举进犯。

王子成父出使郑国，晓之以理，动之以情，刚刚说服了郑文公出兵伐楚离开郑国不久。楚国大军已兵临城下。

郑文公性情懦弱，见楚军来势凶猛，登时方寸大乱，意欲向楚国求和。

大夫孔叔极力反对，对郑文公道："大王不可如此行事！数十年来，齐桓公屡屡与楚国交恶，皆是为了郑国，甚至在楚国向齐国大献殷勤、要求修好之时，齐侯为了暗助郑、宋两国，以使中原盟约得以巩固，而对楚国的献媚不予理睬。齐侯有德有恩于郑，大王又刚刚答应王子成父将出兵助战，我若背弃与齐国的盟约，则为不信；屈服于楚国，则为不义：况且，中原大军不日将至，郑国如顺服楚国，齐侯必恼恨郑国胜于恼恨楚国，到那时郑国恐怕要大祸临头了。"

郑文公听孔叔所言甚有道理，便问："楚军骤至，爱卿以为寡人该如何行事？"

孔叔答道："依臣之见，不如坚守城池，一边抗击楚军，一边向齐国告急求援。如此，既可显示郑国并非等闲，谁也不敢小觑；又可在中原盟约国中一展大国之风范。以示齐侯、管仲为维系中原盟约之尊严，绝不会见死不救。"

郑文公沉思一下，方点头道："好！就依爱卿之见。"说罢，即派孔叔火速前往齐国求救，一边调集兵马迎击楚军。

谁知孔叔尚未出发，王子成父却去而复归。

郑文公见王子成父风尘仆仆，满面大汗，十分惊诧，问道："将军为何去而复来？"

王子成父道："我家大王和管相国闻听楚国出兵侵郑，生怕郑国再遭劫难，便向外臣授以密计，让臣火速返回郑国。事情紧急，外臣不敢耽搁，当即快马加鞭重返贵国。"

郑文公大喜道："管相国有何妙策可退楚军？"

王子成父道："可让贵国臣民四处传播，声言齐桓公率中原十万大军正火速向南进发，扬言，不荡平楚国，誓不回师。以扰乱楚军军心，延缓其进攻的势头，争取时间。并请大王约定日期，请郑国或君或臣，率领一支人马出虎牢关，屯于上蔡之地，等候中原大军一到，协力伐楚。"

郑文公和孔叔听罢王子成父的转述，见管仲安排得如此周密，不由得对管仲又是感激又是钦佩。郑文公一颗忐忑不安的心也才终于放了下来，抗击楚军之心更加坚定。

齐桓公三十年（公元前656年）春正月，齐桓公小白、鲁僖公申、宋桓公御说、郑文公捷、陈宣公杵臼、卫文公毁、曹昭公班、许穆公新臣，共八路诸侯联合伐楚。

不出管仲所料，蔡国没有出兵。齐桓公按管仲预先设谋，与另七路诸侯兵马会集后，先行讨伐蔡国，以示惩罚。

大军浩浩荡荡杀向蔡国都城，谁知竟是空空荡荡的一座死城。

齐桓公见状，大惑不解，伐蔡之事乃是他与管仲密谋之事，知道的人甚少，会集王师后，口口声声均是讨伐楚国，从未提到过伐蔡之事，又是何人何时走漏了风声呢？齐桓公独自坐在中军大帐中，恼恨不已。

管仲却不动声色，请齐桓公升帐议事，说对蔡人潜逃空城之事自有交待。齐桓公将信将疑，只召集齐国的谋臣将领议事。

众将陆续来到中军大帐后，管仲大声宣布蔡国君臣百姓先行潜逃，乃是有人泄露了军机，当以军法严厉惩处。

众将面面相觑，均不知是谁走漏了风声。竖刁也在角落中装作无事一般，眼角却不时地扫视着管仲，暗中窥测。

管仲向众文武扫视一眼，目光落在竖刁的身上，冷冷地问道："竖刁，你可知是谁泄漏了军机？"

竖刁身子一颤，接着嘿嘿干笑几声，故作镇静地说道："在下不知。"

管仲突然大喝一声："刀斧手，将竖刁拿下！"

两边众甲士一拥而上，将竖刁掀翻在地捆绑了个结实。齐桓公和众将都很惊讶，目光一齐投向管仲。

竖刁死乞白赖地喊道："冤枉！小人冤枉啊！"

管仲嘿嘿冷笑，道："不是你出使蔡国之时泄漏了伐蔡之事吗？何冤之有？"

竖刁大声抗辩道："竖刁在蔡国之时，守口如瓶，并无一字泄漏，此事赖到竖刁头上，岂不是天大的冤枉吗？！"说着，乞怜的目光瞅着齐桓公求救。

齐桓公果然迟疑着问："仲父说是竖刁泄露了军机，可有什么真凭实据吗？"

管仲郑重说道："此是人命关天的大事，大王以为臣能凭空捏造吗？"说罢，又盯视着竖刁冷冷地说道："看来，你是不见棺材不落泪了？"他向着帐外大喝一声："进来！"

帐外一人应声而入，向齐桓公叩拜。

众人看时，却是竖刁出使蔡国时的贴身随从。

竖刁一见其人，顿时瞠目结舌，面如死灰，身子瑟瑟颤抖如筛糠。

管仲瞅着那随从威严地说道："讲！"

"是！"那随从答应一声，便当着齐桓公和众文武的面将竖刁出卖军机之事一五一十地讲述一遍。直听得众文武个个怒火中烧，咬牙切齿地瞪着竖刁，恨不能将其一刀挥为两段。

原来竖刁到了蔡国，递上齐桓公檄邀出兵文书以后，见蔡侯不但仍冷冰冰地接待他，而且派人在他所居住的公馆周围潜伏，暗中窥视他的言行。到了晚间，竖刁独坐室中侧耳细听，听到窗外有动静，知道有人伏在窗外偷听，便将计就计，嘿嘿冷笑着自言自语道："咳！如此一个优美富庶之国，不日将要化为灰烬。想我竖刁虽有好生之德，也是无可奈何，可叹啊可叹！……"

竖刁此招果然奏效，暗探将竖刁之语飞报蔡穆公。穆公惊疑不定，派宰相到公馆探听虚实。果然，夜深人静之时，蔡国宰相亲自前来嘘寒问暖，并送上珠宝玉帛各一箱，以示慰问。竖刁欣然受之。

翌日晨，蔡穆公一反常态，毕恭毕敬地来见竖刁，竖刁则大模大样，显得极为傲慢。穆公心中虽然恼恨，但因有求于竖刁，亦不敢表露丝毫，强装笑脸道："大夫是盟主的心腹之人，一定尽知盟主的心思吧？"

竖刁大大咧咧地说道："略知一二吧，但不知大王要问什么？"

穆公哭丧着脸道："因小妹不懂规矩，得罪了你家大王。本公又一时糊涂而出言不逊，你家大王乃是中原盟主之尊，岂能善罢甘休！今日传檄出兵，一定另有蹊跷，望大夫教我如何方能脱解，本公必有厚报！"

竖刁乃是宵小之辈，夜里得到了价值连城的珠宝玉帛，听说还有厚报，便如饮下了迷魂汤，早已飘飘然，忘记了自己的身份，遂将齐桓公大会七路诸侯，先讨蔡、后伐楚的重大军情，点滴不漏地泄露于蔡穆公。

蔡穆公大惊失色，对自己的草率行事懊悔不迭，想到楚国此刻面临大军压境，已是自顾不暇，蔡国国小力微，如何抵挡得住中原大军？他当即露出重与齐国修好之意。竖刁却生怕蔡侯顺服齐国后，泄露其收受贿赂私通敌国之事，便恐吓道："我家大王已将大王您恨之入骨，屡屡发下重誓要将蔡城夷为平地，以报夺姬受辱之恨。不日各国大军将汹涌而至。大王还是及早逃遁至楚国，方为上策。"

蔡穆公万般无奈，只好收拾细软，率领宫眷，凄凄惶惶逃往楚国。百姓见国内无主，又听说中原大军将要屠城，顿时扶老携幼逃散一空。

竖刁自以为得计，携带珠宝玉帛回归齐营。

也是竖刁利令智昏，在做这笔无耻苟当之时，竟全然不避随从。随从在临行之前已受管仲重托，要他暗中监视竖刁的动静。竖刁自以为此事神不知鬼不觉，却不料一言一行均在管仲的掌握之中。

但竖刁终归是刁猾之徒，随着那随从的述说，他已渐渐冷静下来，想到那随从口说无凭，只要来个死不认账，又有齐桓公的祖护，管仲也奈何他不得。果然，管仲再问时，竖刁狡辩道："相爷不要听这人满嘴喷粪！这人一路上不安分守己，常做偷鸡摸狗之事，被在下多次严加斥责，所以怀恨在心，有意诬陷。望相爷明察，不要冤枉了好人。"

管仲冷笑道："我会明察的。"说罢，大声命令道："搜查竖刁的营帐！"

几名侍从应声而去，果然在竖刁的营帐中查获珠宝玉帛各一箱，与随从所说一般无二。管仲厉声道："人赃俱获，还有何狡辩？"

竖刁乞怜地瞅着齐桓公，身子早已委顿成一团泥。

管仲黑着脸转向大司理宾须无，冷冷地问："请问大司理，两军交战，接受敌国的贿赂，该当何罪？"

宾须无断然回答："斩首！"

"故意泄露军机大事，该当何罪？"

"斩首！"

管仲再不迟疑，大喝道："将竖刁推出去，斩首示众！"

竖刁没想到竟能致死，趴伏在地，向着齐桓公叩头如捣蒜，涕泣哀告："大王救命！大王救命啊……"

齐桓公终于心中不忍，骂了一声"混账东西"！转而对管仲求情道："竖刁私通敌国，罪该万死，看在他为寡人自戕身躯和一心一意侍奉众位娘娘的份儿上，请仲父饶了他的一条狗命吧。"

管仲当初答应调换竖刁出使蔡国，乃是知道竖刁利欲熏心，有大卫姬从中作祟，加之蔡侯的重金贿赂，必会泄露军机。如此，正可让蔡侯一走了之，避开一场杀戮，以免齐、蔡两国结下深仇大恨。又可乘机除掉竖刁。易牙、开方二人均看竖刁的眼色行事，乃是三恶之魁。打蛇先去其首，除掉竖刁，其余二人不足为虑，便可使齐国少了一大祸患。但齐桓公亲自求情，却又不能不顾及情面。于是，管仲喝道："死罪饶过，活罪难免！拖下去重责三百鞭！"

行刑士卒当即将竖刁掀翻在地，剥去上衣，开始行刑。这些士卒痛恨竖刁平日狗仗人势，作威作福，所以着力鞭打，"啪、啪"有声，一鞭一道血痕，直打得竖刁皮开肉绽，杀猪般号叫。

齐桓公不忍目睹，别过脸去。众将则暗暗称快。

打到后来，竖刁只有哼哼唧唧、哀号呻吟之声了。

打完鞭子，管仲命将竖刁送回齐国，责其永世不得参与齐国政事。竖刁虽怀恨在心，但知管仲不论在齐国，还是在齐桓公心中，均是如日中天，要想扳倒他，实如蚍蜉撼树。所以，只有在暗中咬牙切齿，诅咒管仲早死。不过，管仲在世期间，他确是收敛了凶焰，再也不敢为非作歹。

料理完蔡国泄密之事，齐桓公率大军正要向楚国进发，忽有许国率军大将宾虚啼泣着来报："我家大王不幸病薨于军中。"

齐桓公愕然道："昨日许公还好好的，怎么如此之快便去了？"

宾虚哭诉了事情的经过。

原来，许国接到齐桓公出兵助战之邀后，许穆公正抱病在身，听说各国均为国君亲自率师出战，自思也不可堕了许国的威风，同时也为表示许国忠于盟约，才亲自带病出征。没想到经此一路颠簸折腾，又染风寒，病愈发沉重，终于溘然长逝。这显示了许穆公守信之壮烈，却也证实了管仲一手造就的中原盟约现已稳如磐石。

齐桓公大为伤感，率六国诸侯为其发表，用高过穆公爵位两级的"侯"的葬仪，将穆公罩以衮衣安葬。这在当时并非破坏礼仪。周礼规定，凡为周天子作战而死于征途中，位加二等，可着衮衣安葬。许穆公为王师伐楚而亡，所以予以厚葬。

在举葬之时，齐桓公老泪纵横，痛致悼词："许公勤恳国事，一心事盟，小白敬佩至极而与公交厚，情同手足。公闻楚蛮肆虐中原，愤而抱病征战，不幸先薨，其勇其烈，可勉可嘉。原只望与公同为王室建勋，尚未出师，先折吾一臂。苍天何其不公！小白痛乎！哀哉！"悼罢，抚棺大恸。

众诸侯见齐桓公对一小国国君如此动情，均大为感动，方知盟主为人情深意重，盟约也决非一纸空文，事盟约之心愈加坚定。

辩士屈完

八国之师晓行夜宿，一路南进，直抵楚国疆界。齐桓公命安营扎寨，召众诸侯共同商讨攻楚之策，忽报楚国使臣屈完求见。

齐桓公一时默然无语，知道果然是竖刁泄露了伐楚军机。沉吟良久，方问管仲："楚使此来所为何事？屈完又是何等样人？"

管仲道："楚王早已知悉大王率师征讨其国，不以大军迎击，却遣来使者，以臣猜测，必是来游说大王。对于屈完，臣也略知一二。屈完为人刚直，善能舌辩，位居令尹子文之下，同为楚成王的左膀右臂。"

齐桓公又问："寡人如何应对？"

管仲慨然道："大王自可放心让其进见，臣当以大义相责，使其自感理屈惭愧，能不战而使其屈服那是最好不过。"

"好。"齐桓公答应一声，便命楚使进见。

屈完衣冠整齐，神色坦然，进入营帐后趋步上前拜见齐桓公："外臣屈完，拜见大王。"

齐桓公问道："屈大夫来此有何贵干？"

屈完道："我国大王闻知上国大军将临于敝邑，命下臣屈完在此恭候多时了。今日终于得见中原盟主和管相国风采，实是外臣之幸！"

齐桓公见屈完举止庄严，言语恭敬，便也和颜悦色地问道："屈大夫不会不知道吧，寡人率中原大军乃是来向楚国问罪的，你家大王还要大夫来此相候吗？"

屈完微微一笑，道："正是！我家大王要外臣在此相候，乃是有一事不明，要请教大王。"

齐桓公脸色一沉道："何事不明？道来！"

屈完道："齐、楚各居一方，齐国位居北海，楚国近于南海，可谓风马牛不相及。去岁，敝国也曾主动请求与贵国修好，却无回音。今日大王不问青红皂白，突率大军压境，敝国君臣实不知何故。敢请大王赐教！"

管仲见屈完神色恭敬，谈吐有致，但言词中隐含着强硬和辛辣，果然不愧是楚国第一舌辩之士，如不先行驳倒他，何以降伏楚王？

管仲想到这里，冷笑一声说道："些许小事，无须盟主亲答。管仲久闻屈大夫乃有智之士，该不会不知道，昔日周成王封吾先君太公于齐，并赐命征讨大权吧。"

屈完看了一眼管仲，心道："这便是闻名遐迩的管仲管夷吾了，我当小心应对，以免堕了楚国的威风。"

想到这里，屈完答道："在下略知一二。"接着背诵道："对于五侯九伯，如有忤逆朝廷之举，均可代行讨伐，以夹辅周室。其征伐范围，东至大海，西至黄河，南至穆陵，北至无棣。"

管仲见屈完对齐国的历史如此了如指掌，心中暗自佩服。但他脸上却神色不动，又问道："大夫可知，楚国当在征伐范围之内？"

屈完平静地回答："知道，但不知楚国犯了何罪，要大王率八国大军来讨伐？楚国总不能无罪而受伐吧！"

管仲冷笑道："楚国居于南荆之地，自应岁岁向王室进贡包茅，以助周王天子祭祀众神。可楚国久不进寸草，致使天子无物滤酒，无法祭祀，才使众神动怒，王室凋落，这是其罪之一；十数年来，楚国仗恃着国大兵强，屡屡侵扰郑、宋，使其两国穷于应付，社稷不稳，百姓不安，这是其罪之二；郑、宋乃是中原盟约之国，我家大王身为中原盟主，承蒙周天子之托，岂能见其盟国饱受战乱之苦而坐视不救吗？这又岂是大夫所言'风马牛不相及'吗？楚国此两大罪状，天下有目共睹，大夫还有何话说？"

屈完久闻管仲文韬武略皆臻化境，辅佐齐桓公霸主中原，长盛不衰，今日听其一番言词，引经据典，咄咄逼人，果然煞是厉害。但他最担心的却是管仲质问楚国僭号称王之事，若问，他实是无言以对。他不知管仲为何避而不谈，却以琐事相质。管仲不问，他乐得不答。他的语气虽然顿时和缓下来，但自知不能堕了楚国的威风，于是以守为攻地辩解道："管相国所言固然句句是实，却是只知其一不知其二：敝国朝贡久废确是实情，但却是周室朝廷失其纲常、无力统治天下在先，并非因缺了楚国包茅滤酒,触怒众神所致。何况,据屈完所知,天下诸侯又有几家朝贡了?岂唯南楚一家?虽然如此,听闻贵国君臣为事王室,不辞劳苦,千里奔波至敝国,敝国大王大为感动,欣然答允如常进贡包茅,特命微臣前来向中原盟主并各家君侯言明。此事已善为了结,大王总不会因一茅草而与敝国兵戈相向,杀个昏天黑地,涂炭生灵吧?"

管仲见屈完对答如流,也暗自佩服他的应变之才,接口说道:"朝贡之事,如大夫所言是实,那自是再好不过。可侵扰郑、宋之事,却又作何解释?"

屈完一时无言以对,稍一沉吟,方道:"管相国远居北地,又怎能偏听偏信郑、宋一面之词呢?"

管仲冷笑一声,紧追不舍:"诚如大夫所言,倒是郑、宋两国以其弱旅,屡屡欺侮强楚了不成?"

屈完到底不愧为楚国的雄辩之才,对于管仲的步步紧逼,仍能不慌不忙地回答道:"郑、宋两国左右摇摆,盟不终一,今日盟楚,明日盟齐,所以才招致兵祸。假若现今郑、宋背弃齐国,复与敝国结盟,齐国又岂能坐视不管,不来讨伐吗?"他不想再与管仲争辩下去,接着大声道:"敝国大王遣屈完前来,是为言明进贡包茅之事。至于郑、宋,既与齐国结盟,如彼不先滋扰生事,楚国自会与其相安无事。"

屈完说完这番话,即告退返楚。

齐桓公见屈完离去,问管仲道:"听屈完之言,仲父以为,楚国是决意一战呢?还是意欲求和?"

管仲略一沉吟道:"楚王欲图中原已久,楚军也颇为强悍,决非仅凭口舌之辩可以使其屈服。且,屈完所言乃是试探口风,并非屈服之意。依臣之见,仍以大军进逼为上,到时见机行事。"

齐桓公即传命八路兵马同时向楚地纵深进发,直至楚国腹地的陉镇,方才停顿下来。这时,大军已逼近汉水,只要渡过汉水就可直逼楚国都城郢。齐桓公下令："大军就地屯扎待战！"

齐桓公召集众诸侯至中军帐议事。

众诸侯皆对突然停止进兵不解其意，郑文公最是担忧，问道："大军已深入楚国腹地，正可趁势渡过汉水，与楚军决战，为何反而滞留此地不进？"

管仲解释说："楚国派遣屈完前来，一是试探，二是向中原之军显示，楚军早有防范。我中原之军虽声势浩大，但经过长途行军，跋山涉水，已是人困马乏。而楚军则是以逸待劳。我以疲惫之师攖其锋，必不利。"

郑文公蹙眉道："如管相国之言，八国大军知难而退，岂非前功尽弃了吗？"

"大王稍安毋躁。"管仲看着郑文公微笑道，"臣观屈完之意，楚尚在战与和之间游移不定，如仓促交锋，则不可复解，就只有决战一条路了。今我屯兵于此，遥张声势，正是为了迷惑楚军。楚既惧怕八国之兵势不敢主动交锋，又不知屯兵此地为何意。数万大军驻扎在国家的腹地，楚国君臣必是夜不安寝，食不甘味。日久，必将再次遣使前来，那时强楚即可降伏了。中原之师以讨伐楚国而大动兵戈，以不伤一兵一卒而降伏楚国，岂不是美事一件？诸位君侯只管安心等待，管仲自有平楚之计。"

楚成王听说中原大军到达陉镇后，便安营扎寨，再不见动静。楚成王不知何意，召集群臣商讨对策。斗章等一干武将主张要战，屈完等一班文臣主张要和，一时议决不下。最后还是子文献计道："管仲文韬武略，极善用兵，没有必胜之把握，决不会草率发兵至楚。今以八国之师，逗留于陉镇不进，管仲必有奇谋，我军决不可轻举妄动。"

楚成王虽口吐狂言，但真与八国诸侯大军交锋厮杀，他心里也实在没有必胜之把握，所以并不力主决战。听了子文所言，便问："如卿之见，寡人应如何行事？"

子文道："当派遣使臣再往齐营，待弄清其虚实和意向之后，大王或战或和，再决定不迟。"

楚成王点头同意，鉴于屈完能言善辩，且与管仲有一面之交，仍派遣他前往齐营。

屈完已深知管仲之能，又已见识到中原大军之盛，知道以楚一国之孤旅，决难与之抗衡，所以力主与中原各国请和修好。见楚成王仍派遣他去齐营，便提议道："由于楚国缺贡包茅，成为北军以王师之名问罪楚国的借口。臣前次见齐桓公，斗胆代大王承认其咎，并非示弱，而是意在罢兵修好。现今，大王如若有请盟之意，臣当再往齐营，勉力说项，以解除齐、楚两国之纷争。其余七国，唯齐桓公马首是瞻，齐国一和，七国不战自退。大王如欲与中原大军决一死战，恕臣口拙力微，请另行派遣能者吧。"

楚成王对屈完的爽直甚是嘉许，知臣者莫如君，他也深知屈完非等闲之辈，去齐营必不会堕了楚国的威风，于是鼓励他道："是战是盟，任卿见机而行吧，寡人授权于卿，决不相责！"

屈完这才欣然受命，再次来到齐营，请求觐见齐桓公和管仲。齐桓公不知屈完复来何意，问于管仲。管仲道："必是请盟，大王应以礼相待。"说罢，管仲亲自出帐相迎，与屈完互致问候，携其手进入大帐。屈完甚感亲切。

屈完拜见齐桓公。齐桓公答礼，问其来意。

屈完到了齐营后受到管仲热诚相待，和意更决，见齐桓公问，便不再绕弯遮掩，坦诚说道："因敝国不纳贡之故，致累大王兴师动众，千里南征，敝国大王深感其咎，今令屈完再来致歉谢罪，并有意与齐国修好。"

齐桓公看看管仲。管仲替齐桓公答道："但不知贵国有何要求？"

133

屈完道："没有大的要求。只是中原大军长驱直入敝国腹地，如城下请盟，世人均以为楚国乃是迫于威势而降服，我家大王还有何颜面见楚国百姓？屈完斗胆请大王屈驾退师三舍，以示尊重敝国，屈完一定说服我家大王与大王您握手修好，永不反悔！但不知大王对敝国有何要求，方能退师？"

齐桓公听从管仲之议，也有与楚国罢战讲和之意。见屈完所言甚是明快，便也说道："屈大夫贤明，辅佐你家大王再重修朝廷旧职，并复贡包茅，使寡人能向天下人扬言，楚国已尊奉周礼就可以了，其余复有何求？！"

屈完大喜，连连称谢。

齐桓公道："寡人已经答应与贵国结盟，下面就是你和管相国的事情啦！"

屈完即拜别齐桓公，由管仲相引到其帐中商讨结盟的细节。

屈完见管仲名贯天下，却无丝毫盛气凌人之态。大兵压境，却又不贪功冒进，统驭数万大军，竟能指挥若定，收发自如，不由得大为敬佩。管仲见屈完坦然自如，不卑不亢，做事更是当机立断，毫不拖泥带水，与自己性格大为相近，也是颇感亲近。二人虽各为其主，但互敬互重，秉烛夜谈，越谈越投机，竟大有相见恨晚之意，遂引以为友。翌日晨道别之时，更是互为勉励，由屈完说服楚王，由管仲说服齐桓公另七国诸侯。这才致礼相别。

屈完回到楚城，即向楚成王和令尹子文详述了出使齐营的经过，最后说道："齐侯已向臣做了重诺，八国之师即刻撤后三十里，以示对楚国和大王的尊重。臣则代大王允诺，即向周室朝廷复贡包茅，大王可不能失信啊！"

两日之后，屈完果然再入齐营他先去拜见管仲，送上两辆遮掩甚密的戎辂。再向齐桓公献上犒军之物。

齐桓公当着屈完之面，即命分派给八国诸侯。而后亲自验过包茅，仍令屈完带回，由楚国自行进贡。一切交接完毕，各自松了一口气。

齐桓公方得意扬扬地对屈完道："大夫可曾目睹过我中原大军？"

屈完一见齐桓公的口气和神色，便知何意，故意说道："屈完僻居南疆一隅，眼界狭小，无缘得瞻中原大军之声势，常引以为憾，如大王不吝，外臣愿借机一观。"

此言正中齐桓公下怀，当即命侍从备车，与屈完观赏八国大军的营寨。管仲亦知齐桓公的用意，悄声嘱咐道："屈完乃是楚国的贤明之士，大王且不可失了礼数。"齐桓公微笑不语。

齐桓公与屈完同登兵车，遍游八国营寨。

屈完见八国兵马各占一方，络绎数十里不绝，军纪肃整，旗甲鲜明，不由得暗自心惊，庆幸没有仓促与之交锋，否则以此声势，加上管仲、齐桓公统军之能，楚军安能不败！虽如此想，但他的神色仍很坦然。

兵车行至鲁营时，突然中军大营鼓起，另七方大营鼓声遥相呼应，顿时如万马奔腾，山洪倾泻，雷霆轰鸣，果然有着惊天地泣鬼神的威势。

齐桓公开始还将管仲的嘱托放在心上，言谈谨慎。他的目光不时地瞟向屈完，以观察屈完的反应，听到鼓声震荡四野，他终于掩饰不住心中的得意，看着屈完豪气地说道："寡人以此大军征战天下，谁能抵御？以此大军攻城，何城不克？以大夫观之，中原大军比之楚军如何？"

屈完面无惧色，微微一笑，语含讥讽，说道："据外臣所知，大王所以主盟中原数十年而不衰，乃是由于周天子的重托，大王的贤明豁达，管相国匡时济世的才能，三者缺一不可，又岂是因为仗恃此兵戈之威？以外臣浅陋之见，大王若能一如既往，以天下黎民百姓为重，广施德义于诸侯，有令则行，有禁则止，不怒而自威，天下谁敢不服？但若恃众逞强，别说中原诸侯未必肯服，便是偏小如楚国，有方城为城，以汉水为池，池深城峻，加上众人一心，大王虽有百万之众，千乘兵车，又能奈我何！"

齐桓公听了屈完之言，面露惭色。他这才明白不听管仲嘱托，果然是自取其辱。但他到底胸怀大度，见屈完浩然正气，不由得为之钦佩，脸色微微一红，口气登时转为谦和，说道："果如管相国所言，大夫果真大智大贤之才！"

次日午后，在召陵（今河南漯河）设立盟坛。

齐桓公执牛耳为主盟，管仲为司盟。屈完称奉楚君之命，与各家诸侯讲和修好。共定盟约："自今以后，楚国与中原齐、鲁、郑、宋、陈、许、曹、卫之国世通盟好，永不相欺。苍天可鉴！"

而后，齐桓公率先歃血，七国诸侯与屈完依此受歃，完成盟约仪式。

自此，由于管仲之谋、屈完之力、齐桓公之贤，终于避免了一场牵动十余个国家的南北大战。

葵丘会盟

周惠王的皇后原为姜氏，生子名郑，已立为太子。突然姜氏得病去世了，便由妃子陈妫继为皇后，史书上称为惠后。惠后也生有一子，名叫带。这母子二人工于心计，善于逢迎，因而王子带深受周惠王的宠爱，朝中呼为太叔。太子郑失去了母亲也就失去了内援。惠后却能在枕边耳畔百般滋润，逐渐地周惠王便有了废嫡立庶的念头。太子郑自然有所察觉，只是无可奈何，整日独自发愁，以泪洗面。

就在太子郑无计可施之时，恰巧齐国的大夫隰朋到周王室来报告召陵之盟的事情。他汇报完顺便向周惠王请求要见一见太子郑。这一要求按理来说是非常正常的，也是合情合理的，但隰朋却看到惠王满脸的不高兴，似有难言之隐。尽管不高兴，惠王却又不敢得罪大国的使者，只好让太子郑与王子带一起出来拜见隰朋。惠王在介绍时，主要夸奖了王子带多么聪明能干，对太子郑却没有任何介绍。聪明绝顶的隰朋见此光景，心中早就明白了八九分。回到齐国后他对齐桓公说：天子偏爱王子带，太子郑的位置恐怕保不住了。这样，周室又将乱了！齐桓公听罢心中不悦。他说："为了王位继承问题，王室已经发生了几次内乱，难道这样的悲剧还要重演吗？"于是他召来管仲商议弭乱的对策。

管仲说："世子不被周王喜欢，处境危急，同党之人必然很少。您可以上表天子，请太子出来参加诸侯的盟会。太子的名字一旦写进盟书里，君臣的名分就确定了，周王虽然想废立也就难了！"齐桓公按照管仲的意见派人约定各国明年夏天在卫国的首止（今河南睢县东南）会盟。同时再次派隰朋入周，对周惠王说："诸侯们都希望一睹太子的风采，请太子亲临盟会以表达诸侯们的尊王之情！"周惠王虽然不想让太子郑参加盟会，但因齐国势力强大，隰朋说得又名正言顺，无法拒绝，所以只好答应了。

第二年（公元前665年）春天，齐桓公派人先在首止修筑行宫以待太子驾临。八月初一，秋风送爽，瓜果飘香，齐、宋、鲁、卫、陈、徐、曹、郑等八国之君，齐集首止。齐桓公率领各位诸侯和太子郑一起登坛。齐桓公对太子行礼，太子郑一再谦让，坚持要用宾主之礼相见。齐桓公说："小白等愧在封国，见世子如同见王，怎敢不行稽首之礼！"于是齐桓公率八国之君歃血为盟，盟词为：凡我同盟，共翼王储，匡靖王室。有背盟者，神明殛之！太子郑作揖及地，十分感谢诸侯的拥戴大恩，众人慌忙沿阶而降，再拜于坛下，对太子行稽首之礼。第二天，太子郑整驾返周，八国诸侯率领车徒护送，齐桓公与卫侯又一直送出卫国国境，方才拱手，互道珍重，依依而别。周惠王见诸侯们都心向太子，废嫡立庶的念头就只能打消了。不久，周惠王病死了，齐桓公又应太子郑的约请，派隰朋率领各国大夫入周，会同王朝卿士共同拥戴太子郑继位，这就是周襄王。

周襄王元年（公元前651年）春祭之后，周襄王突然想起齐桓公安定王室的巨大功绩，想到自己之所以能保住太子之位，能继位为君，全凭齐桓公的巧妙安排与周旋，没有齐桓公，也就没有我周襄王。想到这里，他便唤过太宰周公孔来，要他作为自己的代表，把献于文王、武王灵前的祭肉分出一块，赐给齐桓公。按照当时的风俗习惯，这可是一种莫大的荣耀，所以早有探事者向齐桓公通报。齐桓公决定要乘机大力宣传，向天下夸耀。于是分头约请诸侯齐聚葵丘（今山东淄博），举行盛大的迎接祭肉的仪式。

相会之日，衣冠济济，旗帜如林，环佩叮当，鼓声雷鸣。诸侯们先让天子使者登坛，然后依次而行。坛上设置了天子的虚位，诸侯面北拜稽如同朝见天子一般，然后依次就位。太宰周公孔捧着祭肉面东而立，传达新王的命令：天子祭祀了文王与武王之庙，让小臣孔赏赐伯舅一些祭肉。齐桓公准备下阶拜谢、接收祭肉，太宰孔赶忙制止说："天子有命，因伯舅年迈，多加慰劳，无须下拜！"齐桓公正准备照此去做，管仲在旁低声道："天子对臣下谦逊，臣下更应对天子尊重才是。"齐桓公立即领悟管仲的用意，赶忙大声对众人道："尽管天子体恤臣下，但小白始终不敢忘记自己的身份，倘若不敬天王，上天的惩罚就不远了。"齐桓公急步走下台阶，再拜稽首，然后再登坛领受祭肉。诸侯们见齐桓公如此有礼，尊重天子，会场的气氛也因此变得更加肃穆。与祭肉同赐的还有彤弓矢和大路。彤弓矢原是指红色的弓和箭，大路是指诸侯入朝见周天子时乘坐的大车。在周代，这些都是天子最高军事指挥权的象征。襄王用这些赏赐齐桓公，表明周王朝已经正式承认齐桓公在诸侯中的领袖地位。这表明齐国的霸权不仅得到了周王朝的正式承认，也表明其霸权达到了顶峰。

齐桓公深切地感受到自己的威望已达到了巅峰，于是又率领诸侯重订盟约，要各诸侯共同遵守，盟辞的主要内容是：不准堵塞泉水，不准囤粮不卖，不准废嫡立庶，不准立妾为妻，不准妇人参政，不准杀戮大夫，不准赏而不报盟主等。这些规定有利于加强各国之间的团结互助，也有利于安定内部的统治秩序，因而诸侯们都乐于接受，大家一齐立誓说："凡我同盟，言归于好，订盟之后，共遵约束，毋背盟约！"

齐桓公回到临淄后，感到功德圆满，于是大建宫室，务求壮丽。凡乘舆服饰一切用器皆如天子，国人多议论他僭越。管仲见此，也在府中筑台三层，号为"三归之台"，意思是民人归，诸侯归，四夷归。又立塞门，以隔内外。设置反坫，以待列国使臣。鲍叔牙对管仲这些僭越的做法感到不解，就问管仲说："君王奢侈你也奢侈，君王僭越你也僭越，不应该吧！"管仲道："人主辛劳建功立业，也图快意为乐。如果总用礼法去约束他，他就会生懈怠之心。我之所以这样做，就是为国君分谤啊！"

管仲之死

公元前645年春，为自己的理想、为齐桓公的霸业而呕心沥血一生的管仲与世长辞，享年八十五岁。

管仲病危之时，齐桓公去探望，眼见管仲是难以痊愈了，于是同他谈起了谁能做他的接班人的问题。

齐桓公委婉地问道:"仲父的病很重了,这是毋庸讳言的。若不幸而此病不愈,国家大政我将转托给谁呢?"

管仲回答说:"可以转交给隰朋。隰朋的为人,有远大眼光而又虚心下问。我认为,给人恩德叫作仁,给人财物叫作良。用做好事来压服人,人们也不会心服;用做好事来熏陶人,人们就不会不心服。治国有有所不管的政务,治家有有所不知的家事,这只有隰朋能做到。而且隰朋的为人,在家不忘公事,在公也不忘私事;事君没有二心,也不忘其自身。他曾用齐国的钱,救济过五十多户难民,而受惠者却不知是他。称得上大仁的,难道不是隰朋吗?"

接着,管仲又对齐桓公的几个大臣分析说:"鲍叔牙为人耿直,但不能为国家牺牲其直;宾胥无为人好善,但不能为国家牺牲其善;宁戚为人能干,但不能适可而止;曹叔宿为人能说,但不能取信后就保持沉默。据我所知,按照消长盈亏的形势,与百姓共屈伸,然后能使国家安宁长久的,还是隰朋。隰朋的为人,行动一定估计力量,举事一定考虑能力。"

说到这里,管仲深深地叹了一口气说:"上天生下隰朋,本是为我作'舌'的,现在我身子都死了,舌还能独活吗?"

管仲知道齐桓公贪图享受,亲近小人。虽然他曾多次告诫齐桓公,要远离这些"城狐社鼠",但齐桓公一天也离不开他们。管仲健在之时,尚能控制这些小人,不至于祸国殃民。即便如此,也曾出现过齐桓公宠幸的阉人竖刁泄漏军情的恶性事件。投鼠忌器,管仲虽然足智多谋,对这些人也没有什么特别的办法。这些小人不去,他为齐桓公辛辛苦苦创下的霸业终将断送在这帮人手中。

正如管仲所料,在他这个"身子"去世后十个月,隰朋这个"舌"也去世了。齐桓公先是接受了管仲的劝谏,把易牙、竖刁和卫公子开方三个佞臣赶出了宫廷,但不久就感到少了这几人吃也吃不好,玩也玩不好，生活很不愉快，心想"仲父未免对这几人有成见"，于是又把这三人召了回来。

管仲、隰朋相继去世之后，齐桓公就以自己的方式去处理诸侯之事。就在管仲去世不久，楚国进攻新倒向中原的徐国。齐桓公召集鲁、宋、陈、卫、郑、许、曹各国国君在牡丘会盟，商量救徐之策。会上约定，各国之师在卫国的匡地集结，一同救徐，但在当年七月进攻楚的却只有齐国和曹国的军队，而其他诸侯实际上并没有参加救徐的行动。这在管仲在世时是没有过的事，说明这时齐国的号召力已大大降低了。楚国见除了曹国之外，其他中原诸侯都没有再追随齐国，估计齐、曹之师一时也难以攻下厉国，也就没有回师救援厉国，而是继续猛攻徐国，并于这年冬天在娄林打败了徐军。

就在齐、曹军队攻打厉国之时，宋国却趁曹国内部空虚，以曹国在三十七年前曾追随齐国讨伐宋国背"北杏之盟"为借口，出兵攻打曹国。曹国受到宋国攻击，只好回师自救，结果齐、曹攻厉之师无功而返。宋国竟然攻打唯一追随齐国伐厉的同盟国，确实是目无霸主，而齐桓公对这事也是睁一只眼闭一只眼。一来是因齐桓公与宋襄公关系很好，二来也是齐国的实力已大不如以前。

第二年夏，齐国又单独出兵攻打厉国，结果仍然是无功而返。为了挽回霸主的面子，齐桓公在返回时又打出了救徐的旗帜。管仲在世时，齐国的军事行动一般都有许多中原诸侯的支持，而齐国的这两次伐厉，第一次只有小国曹国参加，第二次则没有任何国家参加了，可见齐桓公的霸业在这时确实是日落西山了。

这年秋天，周襄王因为戎人不断对周进行骚扰，请求齐国援助，于是齐桓公召集诸侯戍周。不久，曾国又以淮夷的侵凌为由向齐国求援，齐桓公又召集鲁、宋、陈、卫、郑、许、邢、曹国国君在淮地开会，商量如何安定曾国。齐桓公本来打算让诸侯之师向淮夷的根据地进攻，大

尊王攘夷

概是由于各诸侯国都不太愿意，结果只是帮助曾国修筑城池。由于参加修筑城池的民工害怕瘴气，在一天夜晚爬到山丘上高喊"齐国有内乱"，城没有修好就匆匆撤退了。

第二年（公元前643年）春，齐国又与徐国一道进攻曾追随楚国攻打徐国的英氏，以报娄林之仇。在齐桓公召集诸侯在淮地开会之时，鲁僖公却乘诸侯把注意力放在曾国之上，悄悄派鲁军灭掉了项（今河南项城）这个小国。齐桓公见自己的女婿也敢和自己作对，大怒，把鲁僖公扣留了下来。鲁僖公的夫人声姜因其夫被执，就在这年秋天与其父齐桓公在卞地会面，请求齐桓公放了鲁僖公。

齐桓公有三个正夫人，即周王室的女儿王姬、徐国的女儿徐嬴和蔡国的女儿蔡姬，但都没有为他生下儿子。齐桓公是一个好色之徒，宫中妇人很多，其中受到宠幸的有六人，她们每人又都生有儿子。卫国的女儿长卫姬生公子无亏（武孟），少卫姬生公子元（后来的齐惠公），郑国的女儿郑姬生公子昭（后来的齐孝公），葛国的女儿葛嬴生公子潘（后来的齐昭公），密国的女儿密姬生公子商人（后来的齐懿公），宋国华氏的女儿华子生公子雍。由于没有嫡子，这些公子都有资格继承君位。管仲在世时，齐桓公曾与他商议立公子昭为太子，并把公子昭托付给宋襄公。

易牙因善烹饪，很得齐桓公宠爱，又有宠于长卫姬。易牙与竖刁及长卫姬相互勾结，说服齐桓公立长卫姬之子武孟为太子，齐桓公竟然也同意了。正因为如此，管仲去世后，上述的五个公子都在公开争夺太子之位。

管仲在世之时，齐桓公几乎把所有的政务都交给了他，自己则轻轻松松地坐在霸主的宝座上尽情享受。管仲去世之后，所有繁重的政务一下子全都压在逍遥自在惯了的齐桓公身上，使他喘不过气来。加之齐国在政治舞台上的地位日渐下降，而国内又陷入了最令人头痛、最为棘手的立嗣之争，这使年事已高又因好色而掏空了身子的齐桓公承受不住了。

公元前643年的冬天，齐桓公卧病不起。易牙和竖刁等趁齐桓公病重之际发动政变，把齐桓公住的寿宫的门窗全部封死，还在外面筑起一道围墙，不许人进去。有一个宫女冒险翻墙来到齐桓公住处，见到了已经很多天没吃没喝的齐桓公。齐桓公有气无力地哀告："我想吃点东西。"宫女悲伤地摇摇头回答："我找不到吃的。"齐桓公又哀告："那给我一点水吧！"宫女泣声道："我也找不到水。"齐桓公想到自己一世英雄，现在竟落得这般下场，全是因为没有听管仲的话，不禁老泪纵横，悲愤地叹道："哎呀！圣人真是高瞻远瞩呀！如果死者有知，我有什么面目去见管仲父！"遂蒙衣而死。

齐桓公死后，他的儿子们为争夺君位而相互厮杀，齐国的霸业则随着晋、楚的兴起而骤然衰落了。但是，由于管仲的变法改革比较深入，涉及的层面比较广，时机又比较好，所以尽管齐桓公的后继者一代不如一代，然至春秋之末，齐国仍然不失为东方大国。

第五章

管仲的政治思想

管仲的思想主要记录在《管子》这部书中。《管子》成书于战国时期，学者刘向编定《管子》时共86篇，今本实存76篇。

《管子》的政治智慧具有强烈的实践意义，至今仍具有很高的理论价值与现实意义。此书在诸子百家中占有十分重要的地位，是研究古代政治、经济、法律等各方面思想的珍贵资料。

三国五鄙

作为政治家的管仲深知治国必须首先具有稳定的社会环境，所以他实行政治改革的措施之一就是定民之居，整顿居民编制，实行"三国五鄙"制度，然后在此基础上发展生产，加强军备，为富国强兵创造良好的社会环境。

所谓"三国五鄙"是管仲制定的一项四民分业定居的措施。"国"指国都及城郊，"鄙"指乡村。当时的齐国，由于各种社会矛盾十分突出，有大量的无业游民和流民成为社会不安定的主要因素。不解决这个问题，国家很难安定，任何法令也无法施行。因此，管仲将国都政区分成三部分，分立三军：最高权力由国君统管，同时国君又分管其中的一部分，直接统率中军；其余两部分由两个监国上卿高氏与国氏分管，分别统领左军和右军。国都内共划分为二十一乡，其中军士乡十五个，工商乡六个。十五个军士乡也分为三部分，由国君和两位上卿各管五乡。军，属于军事组织，按军事建制分级管理。乡，属于行政组织，分层设立三官、三宰、三族等，进行行政管理。工商六乡只是地方组织，各守本业，免服兵役，只做行政管理单位。凡是乡都按五家为轨，十轨为里，四里为连，十连为乡，分别由轨长、里司、连长、乡大夫管理。这种管理体制实际上也是一种权力结构，权力与职责相联系，集中与分散相结合，对防止内乱与抵御外敌都具有重要意义。"鄙"指乡村，管仲将乡村分为五个行政编制，称为五属，是为"五其鄙"。它以家为基本单位，三十家为邑，十邑为卒，十卒为乡，三乡为县，十县为属，依次由邑司、卒帅、乡帅、县帅和属大夫分级管理。五属又设五正、五牧。

五正具有监督五属的职责，五牧具有监督各县的职责。他们定期考核属县，单独向国君或者属大夫报告各属、县的具体情况。五属大夫每年正月参加朝会，主要有两项任务：第一是向齐桓公报告自己所属的行政事务，第二是向朝廷推荐自己所属的贤能人才。地方官吏如果嫉贤妒能、压制贤能人才不向朝廷报告，发现后一律按"蔽贤""蔽明"之罪论处。这样便打破了以往贵族垄断政治的世卿世禄制，使大批基层的贤能人才脱颖而出，走上管理的行政岗位。

在实现"四民"分业定居的基础上，管仲在十五士乡建立了军备组织。五家为轨，十轨为里，四里为连，十连为乡，五乡一帅。故万人为一军，全国共分为中军、左军、右军三军。齐桓公率中军，国子、高子分别率左、右军。各级军事组织层层开展军事训练。由于以业定居，自幼熟悉，便于成为团结、战斗的整体，这样就增强了战斗力。

管仲的"三国五鄙"居民编制与行政组织对于振兴齐国具有重要的意义。首先，它重新建立起了齐国的行政管理体系，实现了"定民之居"制的行政区划，加强了国家的行政管理能力，并通过各级各类行政机构的建立，调整与理顺了各类职业之间的关系与每一职业内部人员的居住、生活、劳作等环境条件，从而实现了四民安居乐业的新秩序，为振兴齐国打下了坚实的组织基础。其次，它使社会分工职业化，从而实现了"成民之事"的组织保障，加强了国家对不同职业的专业化管理，使社会生产力得到极大提高。例如，手工业者集中定居，有利于提高专业化程度，更有利于选择精良器材，鉴别产品质量，交流生产技术，从而推动手工业的发展与技艺的提高。再次，它有利于士、农、工、商的全面发展。"四民"分业而居，各有其编制，使从业人员稳定，各自专业化水平不断提高。同时，这一措施有利于国家平衡各职业之间的关系，从而有利于国家的管理，有利于社会全面、协调发展。最后，在"三其国"的基础上建立三军，从而形成齐国的正规化军队组织，这有

管仲的政治思想

利于父子相教、兄弟相传，形成兵士的职业化，有利于进行军事训练，提高战斗力。这一措施增强了齐国的军事力量，为称霸诸侯奠定了坚实的军事基础。

顺应民心

管仲认为，人民是国家的基础，是根本，所以他说士、民、工、商四民为"国之石民"。认为民心向背关系到国家的兴亡，治国安邦的根本问题在于政顺民心，以人为本。有一次齐桓公问管仲，我想把自己的国家先治理好，再去谋求天下，行不行啊？管仲说当然可以。齐桓公问，治理国家应该从什么地方开始？管仲回答道："始于爱民。"爱护老百姓是占往今来有作为的政治家都必须遵循的原则。

管子认为，爱民并不是喊喊口号，做做样子就行了，而是要踏踏实实地行动，要为人民办好事，给人民实实在在的利益。因此，爱民的根本就是推行仁政，实现富民、利民、政顺民心的目标。管仲说："凡治国之道，必先富民。民富则易治也，民贫则难治也。奚以知其然也？民富则安乡重家，安乡重家则敬上畏罪，敬上畏罪则易治也。民贫则危乡轻家，危乡轻家则敢陵上犯禁，陵上犯禁则难治也。故治国常富，而乱国必贫。是以善为国者，必先富民，然后治之。"这显然是从富民与巩固统治秩序的角度来看待这一问题的。管仲深知无论是对国家

管仲纪念馆

还是老百姓而言，只有丰衣足食才能使一切都好办。百姓富有了，才能吸引他国的百姓前来投靠，国家贫穷、民生凋敝，百姓就只能往外逃，所以，治国必先富民。

那么，如何富民呢？管仲认为富民必须重本抑末。管仲所讲的"末"和后世的"末"含义不同，后来的"末"是指商业与手工业，而管子的"末"是指追求豪华、奢侈的刻镂、修饰之类。管仲为相之初，齐国国力衰弱，民生凋敝，大量人口外流。管仲最忧心的就是人民能否丰衣足食，安居乐业。富民的首要任务就是发展农业，粮食是国家的根本。所以管仲坚决反对动辄剥夺农时，反对在农忙时节抽调老百姓去服劳役，强调让老百姓安心地按时耕作，这样百姓自然会逐渐地富裕起来。同时，国家要坚决反对奢侈、华靡之风，"工事无刻镂，女事无文章，国之富也"（《立政》）。除"重本抑末"之外，管仲还主张"取于民有度"，尽量地减轻农民的负担。他认为有节制地征取百姓的财富，有限度地征募百姓的劳役，这样，即使国家很小也会安泰；无限度地搜刮百姓的财富，差遣百姓服劳役，即使大国也最终会走向灭亡。

管仲爱民的另一个特点就是利民。管仲认为趋利避害是人的本性，"民之从利也，如水之走下，于四方无择也"（《形势》）。利民是争取民众的重要途径，"得民之道，莫如利之"（《五辅》）。为民众谋利益，这是自古以来治国平天下的关键，所以他强调要为百姓兴利除害。《正世》说："夫五帝三王所以成功立名，显于后世者，以为天下致利除害也。"《治国》说："先王者，善为民除害兴利，故天下之民归之。"由此可见他对百姓利益的重视程度。

当然，富民、利民实质上都是为了争取民心，因此，在富民、利民的同时，还要使各种政令顺应民众的要求。管仲认为，百姓一定要得到他所需要的，然后才能听从上面的；百姓能够听从上面的，然后国家的政事才好做（《五辅》）。政令必须顺应民心，才能得到民众的拥护，

149

从而真正做到令行禁止，所以《牧民》说："令顺民心，则威令行。"

那么从哪些方面给百姓利益呢？在《五辅》中，管仲将惠民、利民政策概括为六项德政：一是开垦土地，建造房屋，重视种植，勉励士民，鼓励耕作，修缮墙院，这些是为了丰富百姓的生活物资。二是开发潜藏的财源，搞活积滞的物资，修筑道路，便利贸易，热忱欢送商客，这些是为百姓输送财货的重要手段。三是疏浚积水，修通壅塞的水沟，排除泛滥的洪水，清除淤积的泥沙，开通堵塞的河道，修筑渡口的桥梁，这些都是为百姓提供便利。四是薄收租税，轻征田赋，宽减刑法，赦免罪犯，宽恕小过，这些都是对百姓实行宽大政策。五是赡养老人，慈爱幼孤，救济鳏寡，问候疾病，吊慰祸丧，这些都是为百姓解救急难。六是寒冻之人给他衣穿，饥饿之人给他饭吃，帮助贫寒百姓，赈济衰落人家，资助面临绝境的人，这是救济百姓的穷困。

这六个方面，无一不是真心实意地从百姓的生计考虑，每一项德政措施都是非常具体的。项项落实，老百姓就会脱掉贫困的帽子，走上丰衣足食、安居乐业的道路。百姓人人安乡重家，国家自然就容易治理了。当然，管仲爱民、富民、利民的最终目的还是要"牧民"，就是使百姓容易统治。

整肃吏治

管仲在整顿居民编制的同时，层层设置了各级官吏，形成了与"三国五鄙"相适应的官吏系统。官吏是国家行政的主体，是各级政权机构的实际操作者，因此，吏治是国家兴衰的关键因素之一。吏治是否整肃、清明，是国家能否振兴的决定性条件之一。管仲深知其中的道理，所以他在"定民之居"的同时致力于整肃吏治。

管仲认为整肃吏治的关键是君主应该正人先正己,以身作则。这样上行下效,官吏们才不至于胡作非为。在管仲的眼里,礼义廉耻是关乎国家生死存亡的根本。但是,这些道德规范要真正变为人们行动的准则,发挥其维护统治的功能,就要求统治者首先要做到,所谓其身正不令而行,其身不正虽令不从。管仲认为统治老百姓的秘诀就在于想让老百姓做什么,君主就应该先做什么,把老百姓往哪条路上引,就看君主喜欢什么、厌恶什么。君主的言行对于老百姓具有很大的示范引导作用。

在《立政》篇中,管仲论述了君主在用人的问题上应当慎重对待的三种情况:德操不能与其位置相当,功劳不能与其俸禄相当,才能不能与其官位相当。这三种情况都是社会动乱的根源,而这三种情况大多都是由君主造成的,人们在抱怨的同时自然会联想到君主的用人不当。对于那些德行笃厚而地位卑微的人,人们会说这是君主的过失;对于那些德行浅薄而地位很高的人,人们会认为是君主的失误。这样一来,那些德行操守人们还不清楚的人身居高位,品质优良的官吏就不会为君主尽力;那些功绩不大的人享受较高的俸禄,勤勉辛劳的官吏就不思进取;那些无能的人做了大官,才能超群的人就不会为君主服务。因此,君主在用人时必须慎重从事,对于那些德行不厚的人不能将国家大权交给他们;见到比自己贤能的人不能谦让虚位的,不能让他处于高位;不能公正执法的人不能让他带兵;不重视农业、趋利胡为的人不能让他做地方官吏。

君主在任用官吏时必须举公废私,选拔那些以国家利益为重的人,"任公不任私""无私者可置以为政"(《牧民》)。君主与天下同心,以天下万民为重,社稷就会稳固。对于各级官吏来说,爱民无私同样重要。各级官吏上代表君王,下面临平民百姓,上令下达,下情上传,是君主与平民之间联系的纽带。如果他们心中没有国家社稷,没有为民谋利的意识,想到的只是谋取私利,投合君王的所好,尽量地搜刮

管仲的政治思想

民脂民膏，想尽一切办法往上爬，那他就不可能受到老百姓的欢迎与爱戴，对于这样的官吏必须清除。

管仲认为，如果国君举公废私，那么各级官吏就会望影随形，尽忠职守，不怀二心。对于各级官吏来说，不要侍奉君主左右的宠臣，要听从君主的任用升免毫无怨言，想国家利益之所想，勤勉尽力，遵循法制，明辨顺逆，推荐贤人，使邪佞之人不敢猖獗；侍奉国君有义，任用部下有礼，贵贱相亲，忠于国家，使上下之人各得其所。无论身处朝廷还是供职荒蛮之地，都尽心尽力完成职责，以义交人，以谦处事；执行公务，恪尽职守，遇到危难，九死未悔；不诽谤国君，不隐瞒观点；国君有过，直谏不疑；国君有忧，勇于承担。如此，则吏风清明，国家繁荣。

围绕整肃吏治，管仲采取了不少措施。首先，注重提高官吏的工作效率，特别是在反映民情民意上，要求迅速解决，决不允许扣押或者拖延不办，否则官吏就要受到严厉的惩罚。管仲主张，凡是平民要到乡里去陈诉事实的，官吏不准他们前往，扣押超过七天，官吏就要受到囚禁。士要与上面交往，官吏不准他们前往，扣押超过五天，官吏就要受到囚禁。贵族子弟要与上面交往，官吏不准他们前往，扣押超过两天，官吏就要受到囚禁（《大匡》）。

其次，管仲主张建立严格的官吏考核制度，由鲍叔牙负责对各级官吏的考核。对于那些劝勉国事无功而有过的，从政没有政绩缺乏能力的，原野荒废、办案骄横轻慢的，这三种官吏要严加惩处，决不姑息。在定期考核的同时，建立督导、儆戒制度，宫廷对官吏、上级对下级，层层督导，严加儆戒，使那些平庸者受到鞭策甚至丢官（《大匡》）。

再次，坚持以法治吏与民众监督相结合，广开言路，鼓励民众畅所欲言，发表意见，以补为政之失（《国语·齐语》）。管子通过这些行之有效的措施，整肃吏治，形成了奉公守法、清廉自律的官吏队伍，这对于富国强兵发挥了重要作用。

第六章

管仲的经济思想

管仲有高超的经济思想。齐桓公问管仲富国之策，并建议对房屋楼台、树木、六畜、人口征税，管仲一一否定之后，郑重提出了自己的富国之策：『唯官山海为可耳』。『官山海』就是把山川和海洋资源收归国有，也就是盐铁专卖的意思。管仲由此首次在中国历史上提出了盐铁专卖制度。

他还用优惠政策刺激商贸，通过鼓励奢侈消费拉动内需。

管仲任齐国相国时，居所富丽堂皇，极尽奢华。但司马迁著《管晏列传》时却说，尽管管仲比国君都富裕，生活标准也超过了他的行政级别，齐国人民却不认为管仲奢侈。他的真实主张是奢俭并重，即不一味强调节用，也明确提出『高消费』的主体是君主、统治阶级上层和巨商富贾。以现代观点看来，管仲所倡导的奢侈消费，只是让『富者散资于民』的一种手段，根本目的还是以消费促生产。

以农为本

农业是中国古代社会占绝对支配地位的核心产业，因而只要保证了农业生产的稳定，保证了农民的生产积极性，就基本上可以做到国富民足了。当然，管仲心目中的农业是泛指农、林、牧、渔，而非狭义的"农业"。这些都是社会财富的主要来源。

管仲认为土地和劳动是获取社会财富的基本要素。《问》篇说："力地而动于时，则国富矣。"就是说，按照农时季节辛勤耕耘，就会产生财富，国家就会富强。《八观》说："民非谷不食，谷非地不生，地非民不动，民非力毋以致财。"《水地》篇说："地者，万物之本原，诸生之根菀也。"可见，管仲将土地看作最重要的生产资料，是财富的基础。在《乘马》篇中，管仲还将土地看作政事之本，说："地者政事之本也，是故地可以正政也。地不平均和调，则政不可正也。政不正，则事不可理也。"这里所说的"地者政之本"，并不是说作为自然资源的土地本身可以左右政事、具有根本性作用，而是意在阐明，在合理分配土地、正确使用土地，以使土地最大限度地为国家带来财富这层意义上，才具有"政之本"的作用。因此，有了土地这个基础，通过劳动者按照农作物生长的四时季节辛勤劳作，财富便会源源而来。为了调动广大农民的生产积极性，就必须相应地制定按照土地肥瘠程度征收赋税的政策，使耕种不同土地的农民都有收成，都有收入和生活来源，这样才能保证广大农民尽心尽力地按时耕作，获取丰收。

发展农业，还要很好地解决水的问题。水是农业的命脉。中国是一个农业大国，也是一个水患频发的国度。齐国位于黄河下游，滔滔黄河横穿国中，奔流入海。除黄河之外，在齐国这片肥沃的土地上，还有济水、淄水等河流。这些大河为齐国的农业生产提供了丰富的水源。同时，因齐国地势低洼，黄河泥沙淤积致使河床增高，导致河水在雨季冲决河堤，造成水患，使老百姓无家可归。所以齐国发展农业生产的首要任务就是治理水患。治水首先必须有一个严密的组织和强有力的队伍。朝廷以司空为治水的最高行政长官，全面负责全国的抗旱、排涝、修渠、筑坝等事务。做到即使有水患发生，也不影响农业生产；即使旱灾频发，也不影响农业收成。司空之下，设立大夫、大夫佐各一人，领导、指挥校长、官佐和各类徒隶。在具体事情上还要挑选水工头领，勘察巡视水旱形势，安排水利工程的修缮事宜。挑选治水队伍是在每年秋后普查工作的基础上进行的。秋收结束后，官府进行土地、人口、户籍的普查，统计男女老幼的人数，对于那些不能参加治水劳动的，免除劳役；久病不能服役的，按病人处理；年幼体弱的，按半劳力处理。这样便组成了一支强有力的治水队伍，保证了治水工作的顺利进行，从而确保了农业生产、尤其是粮食的丰收。

粮食生产只是农业生产、增加社会财富的一个方面，要确保人民富裕，还必须发展多种经营，所以《管子》的《牧民》《五辅》《立政》等篇都论述了"养桑麻，育六畜"的必要性。这样，搞好粮食生产，老百姓就不会饿肚子；广种桑麻，多养六畜，老百姓就会富裕起来。春秋初期，随着大片荒地不断得到开发，山林湖泽逐渐得到利用，林牧渔业也逐渐地发展起来。管仲敏锐地注意到这种变化，于是将多种经营纳入自己的治国方略。他算了一笔账，证明种植瓜果蔬菜的重要性：假如一种粮食没有收成，就会缺少一种粮食，粮价就会上涨10倍；两种粮食没有收成，粮价就会上涨20倍。遇到这样的年景，国家就应该提倡以瓜果蔬菜来弥补粮食的欠缺。不仅如此，瓜果蔬菜还可以使人民的生活逐渐地富裕起来。他说，老百姓要填饱肚子，每人需要30亩地，一亩地一石，每人需要30石粮食，糠麸畜产相当10石粮食，则每人拥有50石粮食。再加上布帛丝麻和其他副业收入，老百姓手中有余粮，自然就会去换钱，日子就会富裕起来。

作为一位有远见的政治家，管仲的治国思路与胸怀都是十分开阔的。无论是发展农业、兴修水利、种植桑麻、发展畜牧业，都是为了满足人民的物质生活需要。抓住了这一点，就抓住了巩固政权、富国强兵的关键。这样，齐国离摆脱贫弱、走向富强、称霸天下的目标就不远了。

取民有度

管仲辅佐齐桓公的目的是使齐国成为中原霸主。为了达到这一目的，就必须使齐国拥有强大的军事力量和支持这一军事力量的雄厚物质基础。这种物质基础自然需要老百姓提供。但是，管仲的高明之处在于，他不主张对人民进行竭泽而渔式的索取，他明白那样做无异于自杀。为了保证财源，除了不断地开辟新的财源之外，对于人民要有节制地索取，这就是我们前面所讲到的取之有度，即先满足人民的基本生活需要，使百姓富足起来，再向人民索取。这就是他所讲的"予之为取，政之宝也"。（《牧民》）

所谓"予"，其实就是统治者在政治、经济上对老百姓采取宽惠的政策；"取"，则是获得百姓的部分劳动成果与支持，以期达到富国强兵、政治上称霸的目的。怎样才能做到"予之为取"呢？首先要了解民情，并使"令顺民心"。管仲从分析人们的心理入手，认为人们的普遍心理是：恶忧劳、恶贫贱、恶危坠、恶灭绝。（《牧民》）因此，为政者要顺应民心，就应该想办法使他们佚乐之、富贵之、存安之、生育之。只有这样，国家才能巩固，社会才能稳定，百姓才能安居乐业。所以，《国蓄》篇更直截了当地说："民予则喜，夺则怒，民情皆然。"老百姓对于给予他们什么总是高兴的，而对于夺取他们什么总是不满的。可见，管仲对人性的观察与分析是十分深刻的。

人首先是自然的动物，人要穿衣吃饭，要生存，还要繁衍子孙，这是人的自然本能。当然，人也是社会的动物，人除了生存的本能需要之外，总是生活在一定的社会关系之中，尚有精神与情感的需要。在社会关系当中，吃饭穿衣、繁衍子孙就不是一件简单的事情了。在大自然面前，在自然灾害面前，人们还是那样渺小，还是那样无能为力。旱也好，涝也罢，灾害不断，粮食就会歉收，生存就会受到挑战。在有限的物质面前，统治者总是千方百计地巧取豪夺，那么劳动者所剩余的就十分可怜了。

一般来说，面对统治者的巧取豪夺，老百姓只有敢怒而不敢言的份儿。但是，为了生存，为了生儿育女，繁衍后代，老百姓的忍耐也是有限度的。一旦他们最基本的生存权利都得不到保障，他们繁衍后代的基本要求都无法实现，那么他们自然会为了生存铤而走险，起来造反了。这样，国家就会走上亡国灭种的道路。为此，管仲否定只取不予的做法，认为这会引起百姓各种形式的抵制与反抗。这样就带来一个矛盾：一方面，滥取于民，人民会起来反抗，危及社会稳定与国家生存；另一方面，国家必须取于民才能获得和增加财政收入，否则国家没有足够的粮食、武器、车马，又怎么能够保家卫国、称王天下呢？为了解决这一矛盾，处理好"取"与"予"之间的关系，管仲强调指出，应该特别讲求"取"的方式方法，做到"见予之形，不见夺之理"（《国蓄》）。用今天的话来说，就是给老百姓好处要给在明处，取老百姓的财富要在暗地里进行。具体而言，可以通过以下几种途径。

一是寓税于价，通过商品交换的形式进行"取"和"予"（《国蓄》）。因为商品交换总是要为所取得的商品付出代价的，这种"取"总是会"见予之形"。但是，商品交换不可能只予不取，而且，商品交换的任何一方总是希望取大于予；商人从交换中取得利润，取大于予是商人生存的前提。

怎样才能使这种"取"让人看不出来呢？管仲认为，要善于利用商品价格的变化或几种商品比价的变化，从中取利。例如，国家可以通过价格手段调节粮食需求平衡控制物价，从而达到控制国力平衡，保证国家财政收入的目的。粮食是百姓与国家的生存之本，但粮食的价格在丰年与歉年、春季与秋季是有差别的。管仲主张在秋季和丰年粮食价格趋低之时，国营商业以比市场较高的价格买进粮食；在歉年与春季粮价趋高时以比市场稍低的价格卖出粮食。在这一进一出中，国家就会获得很大的赢利。但由于这两次交易是分两个时期进行的，单独对每一次交易来看，农民看不出是"取"，而是认为对自己有利（市场价低时国家高价收购，市场价高时国家低价销售），是"予"了自己。

此外，在农事繁忙、急需物资的季节，国家为百姓提供各种物资，包括种子、贷款，帮助老百姓从事农业生产；等到秋后粮食上市，货多价低，国家再将贷款、物资折成时价收回粮食，国家无形中又赚了一大笔。当然，在利用不同商品的比价变化方面，管仲又提出了"谷贱则以币予食，布帛贱则以币予衣"的主张。意思是：粮价低贱时，国有商业用货币收买粮食；布帛价低时，则用货币收购布帛等衣料。这样，国有商业既可利用廉价大批赚钱，又可使生产者按比较稳定的价格卖出自己的商品，防止私商进一步压价收买，使生产者感到国家"予"了自己。

二是通过放贷与预购从中获取利润。放贷指国家向百姓出贷钱、粮、物以取息；预购是指国家在农民缺钱时以低价向百姓订购农副产品，购价与市价之差相当于贷款的利息，所以预购也包括放贷取息的意义。放贷与预购都缓解了接受放贷、预购者的燃眉之急，表面上是

"予"，但实际上国家从中获得了大量的利益，是"取"。

三是实行盐铁专卖，提高盐铁价格，从中获得利益（《海王》《轻重甲》《戒》）。

管仲的"予之为取"具有重要的意义，这表明管仲将老百姓的利益始终放在十分突出的地位。他认为国君富有并不算真正的富有，只有老百姓都富裕起来国家才能真正富强。国家与君主要赢得老百姓的欢心，没有比给他们利益更好的了；给人以利益，没有比政府给老百姓以优惠政策更好的了。所谓"以民为本"，关键是要让老百姓得到多方面的实惠。老百姓与国家是鱼水相依的关系，民富是国富的基础，只有上下一致，同心协力，才能实现称王称霸的目的。其次，"予之为取"的做法，标志着统治智慧的极大提高。

无论是君主还是老百姓，谁都不喜欢强拿硬夺，"民予则喜，夺则怒，民情皆然"。通过"见予之形，不见夺之理"的方式，尽管也从老百姓手中夺取了大量的物质财富，但是不声不响，表面上看起来顺理成章，不会引起百姓的愤怒。这不能不说是统治术的极大提升，怪不得历代的统治者都称赞这一办法是"治国之宝"。

宏观调控

管仲认为，社会上存在着利益冲突，国家只有进行调节才能使社会经济有秩序地发展。因此，国家必须依靠政权的力量，运用强制性的政令、法令等手段，禁止某些商品的买卖，或者下达指令性任务，强迫豪强巨贾出售或者购买某种商品，从而控制与影响市场上的供求关系，以达到调控经济，使之持续、平衡发展的目的。那就是国家根据市场情况，通过商品的敛散吞吐，调节供求关系，控制商品流通。具体的操作要求是"敛积之以轻，散行之以重""以重射轻，以贱泄平"（《国蓄》）。也就是说，市场上某种商品供大于求时，这种商品的价格就会下跌，这时国家为了防止富商大贾乘机操纵市场，就必须适当提高价格并大量收购，使价格保持在比较合理的幅度之内；当某种商品供不应求时，其价格自然会上涨，商贾就会乘机囤积居奇，以牟取暴利，这时国家就应该将过去收购的商品以低于市场价的价格大量抛出。不但打击了不法商人的投机活动，平抑了物价，而且国家还会在收购和抛售商品过程中获得巨大的利润。国家的经济调控职能主要体现在两个方面。

首先，国家需要调节社会不同集团之间的经济利益，使彼此的利益冲突保持在"秩序"的范围之内。管仲明确指出："民富不刊以禄使也，贫则不可以威罚也。"意思是说，老百姓中很富有的人不会把国家的一点赏赐看在眼里，不肯为得到俸禄、赏赐而为国家出力效命。反之，过于贫穷而无法生活下去的人，则会为生计所迫铤而走险，干出违犯国家法律的事来。对这些贫民，国家的刑法是不容易起到禁止作用的。可见，太富与太贫的人存在，都会造成社会不安定，动摇国家的统治。法令之所以不能贯彻，万民之所以难于治理，其根源就在于贫富不均。因此，为了使赏赐和刑法真正起作用，就需要国家进行必要的经济调节，防止贫富悬殊，使百姓不太富，也不能太贫。

为什么只有通过国家的干涉才能得以调节呢？这是因为，人之常情是趋利避害。富商大贾绝不会自动地将利益让出去，这就需要国家依靠法令与政策进行强制性剥夺，或者借助于经济手段进行调节，以达到散发囤积的粮食，调剂多余和不足，分散所聚藏的货币的目的。发挥调节社会不同集团利益关系的职能，是经济发展和实现社会稳定对国家提出的基本要求。这一点古今中外概莫能外。在推进社会主义市场经济的今天，随着我国地区发展不平衡的加剧以及社会财富分配不均的日益严重，国家如何调节地区之间、社会集团之间的利益，已成为一个十分迫切的现实问题，管仲的论述至今仍有借鉴意义。

其次，国家需要调节个人和个别集团与国家之间的利益矛盾，以维护由国家所代表的"共同利益"。管仲一方面主张国家要崇尚功利，关心人民的物质利益；另一方面又主张按照一定的道德标准对经济现象和经济行为加以规范，对人们的私利加以约束。他认为国家要操纵予、夺、贫、富的权力，把一切经济利益之源控制在自己手中，实行国家垄断，做到"予之在君，夺之在君，贫之在君，富之在君"。在管仲看来，国家既是经济关系的调节器，同时也是社会关系的调节器。如果君主不设法调节民间的财富，让老百姓无节制地追求个人私利，那么国家就会贫穷，不能实现天下大治。

管仲主张国家要通过"轻重之数"，也就是懂得遵循市场运行规律，作为商品生产者和商品流通活动的直接担当者进入市场，按照商品交往的原则同私人工商业者往来，在竞争中控制、排挤私人工商业者，特别是那些同国有工商业者争夺市场控制权的"富商大贾"，夺取他们的一部分利润。同时，管仲又不主张国有工商业完全依靠经济手段同私人工商业展开平等竞争，而是要"藉于号令"，充分利用各种机会，采取各种方式以国家权力支持国有工商业，压制、排挤私人工商业，帮助国有工商业取得和保持垄断地位。

管仲认为，国家政令的缓急可以造成市场物价的剧烈波动，例如，君主要民间用货币缴纳税金，如果下令十天之内交齐，物价就会下降十分之一；下令八天之内交齐，物价就会下降十分之三；下令五天之内交齐，物价就会下降一半；限一天之内交齐，物价就会下降十分之九。因此，国家可以通过政令获得收入。政令紧急，促使市场物价下跌，国有商业乘机廉价收购商品，等到市场恢复常态后再待价抛售，就可从中牟取巨大利润。

《臣乘马》说，虞国国君为备战而需要购置兵器，因为国家财政困难，由国营商业企业按市场价格从私人手工业者手中购买兵器财力不逮。于是虞国国君想了一个办法：春天农民备耕资金不足时，由国家贷款给农民；秋收以后，五谷登场，谷价大跌时，国家对农民说，你们所借的钱现在就用粮食偿还。

这样，国家廉价获得全国半数的粮食，市场粮食供应因此少了，粮价随之上扬。于是，国家命令全国各地的手工业者都置备兵器，国家又对手工业者说，现在国家缺少货币，只能以粮食代替货币作为支付手段。这样，国家用廉价获得的粮食换得了手工业者的兵器，从而使国家从中获得了暴利。

刺激消费

在中国消费史上，可以说《管子》是最具特色的了。它一方面崇尚节俭，主张开源节流；另一方面，在特殊的情况下，又主张侈靡消费，第一次将侈靡消费理念展现于中国的思想家们面前，以至于被视为中国传统崇俭消费观的异端。这看似矛盾的消费理念，正表现了《管子》通达权变的谋略智慧与善于变革的精神。

崇尚节俭，反对奢侈，是《管子》的基本消费观。《管子》认为，从消费的基本原则来说，国虽富，但俭而不侈，这是正天下之本。从日常消费要求来说，应一切用度以"足"为准，坚持以节俭为治国之道。从消费引导来说，要崇尚节俭，反对奢侈，这是从政的当务之急；凡不明白这一道理的，不能使他管理国事。《禁藏》篇认为，对统治者来说，带头节俭，在百姓中树立简朴的形象，就会受到百姓的拥戴，其统治地位就会得到巩固。否则，不管百姓的温饱，骄奢淫逸，不但会导致社会风气的败坏，甚至关系着国家的兴衰存亡。

《八观》篇分析了"侈国之俗"，进一步强调了节俭禁奢的重要性，并将其作为"为国之急"。认为君主没有积贮而宫殿房屋华美，百姓没有积贮而衣着服饰讲究，乘坐车子的人讲究装饰的派头，步行的人讲究衣着的华丽，生活用品少而奢侈品多，这是

管仲塑像

奢侈国家的习俗。国家奢侈，费用就多；费用多，百姓就贫困；百姓贫困，奸诈的念头就随之产生，邪恶虚伪的行为就随之而出现。贫困的产生是由于奢侈，因此，禁止奢侈浪费是国家的急务。当然，管仲并非主张越节俭越好，而是主张适度消费，侈不离度，俭不伤礼。它从封建礼制方面规定了天子、将军、大夫、百工商贾、刑余戮民的消费标准。从中可以看出，崇尚节俭在其治国方略中占有重要的地位。

管仲和先秦诸子在消费理念上的最大区别就在于主张侈靡消费。当然，侈靡并不是绝对地主张奢侈消费，而是一种政策和策略，是一种特殊的理财之术。侈靡消费是因时制宜的，是根据现实社会中出现的贫富失度这一情况而制订的计策。侈靡消费具有以下作用：

一是扩大消费是人们的内在要求，是调动劳动积极性的重要手段。《侈靡》篇认为，饮食是百姓的欲求，侈乐是百姓的愿望，满足他们的欲求和愿望才能使用他们。如果只给百姓穿兽皮、戴兽角、吃野草、饮生水，谁能使用他们呢？提高生活水平是人们的基本愿望，如果长期处于极端低下的生活状况，就会挫伤人们生产的积极性，制约国家的发展，所以要提倡提高消费水平。

管仲的经济思想

二是扩大消费可以促进生产。管仲认识到生产决定消费，同时，消费可以促进生产。正是由于消费对生产的促进作用，管仲主张当社会财富有相当的积蓄时，为了进一步生产的需要，要鼓励侈靡消费。《侈靡》篇说："不侈，本事不得立。"他认为扩大消费，可以刺激与促进商品流通，从而推动农业以及其他行业的发展。管仲第一次阐述了消费、市场流通和生产三者之间相互依存、相互促进的内在联系，揭示了消费对于开拓市场、发展生产的重要作用。

三是侈靡消费也是经济调控的一种重要手段。《侈靡》篇说："夺余满，补不足，以通政事，以赡民常。"意思是说，财富有多有寡，民众有贫有富，富者侈靡消费，就不会积滞财产，而财产通过侈靡消费形成散财，从而使民众的日常所用得到满足，实现"夺余满，补不足"的目的。这一理论将侈靡消费限于富者范围，从一时来看，对夺有余、补不足会起到一定的调节作用。但社会是复杂的，富者散财之前必然会大量敛财，尤其是统治者会进一步加剧搜刮民脂民膏，因此，这一理论具有明显的局限性。

四是侈靡消费可以扩大劳动就业的机会。管仲认为当国家出现自然灾害而民失其本的时候，鼓励富者侈靡消费就会增加贫者的劳动就业机会，使贫者有工可做，有饭可吃，从而达到安居乐业。此外，侈靡消费可以使社会财富不会过多地集中在一小部分富人手中，使贫民有活干，有饭吃。贫民起码的生活条件有了保障，就不会因为天灾无食而背井离乡，流离失所，也就不会铤而走险去犯上作乱了。因此，在特殊情况下，侈靡消费有利于稳定社会秩序，维护统治者的统治地位。

管仲认识到了扩大消费可以拉动社会需求、增加就业机会的经济规律，但同时也应该看到，侈靡消费的范围只能是"君臣""富者"，提倡侈靡消费的目的是"财不私藏"，增加贫民的劳动谋生机会。可见，这一理论的实质是避免竭泽而渔，力图使经济进入"良性循环"的状态。

管仲的法制思想

管仲认为，法为治国的根本，只有实行法治，国家才能安定、富强。法是君主安邦定国的重要手段，是否实行法治是国家治乱的关键。

他认为，法出乎道，具有至高无上性；但是，法又生于君。那么，法与君之间又是什么关系呢？《管子》认为，君主出法制令，而一旦法令制定之后它就凌驾于君主之上，具有至高无上性。

以法治国

管仲是先秦法家的代表人物。他认为，要统治好人民，就必须重视法治建设。《管子》将君主以法治国同工匠以规矩正方圆看成是同样的道理，书中说："巧者能生规矩，不以废规矩而正方圆，圣人能生法，不能废法而治。"所以，"倍（背）法而治，是废规矩而正方圆也"。

首先，实行法治有助于树立君主的绝对权威，达到至德至尊。《正世》说："为人君者，莫贵于胜。所谓胜者，法立令行之谓胜。""凡君国之重器，莫重于令。令重则君尊，君尊则国安，令轻则君卑，君卑则国危。"君主立法行令可以约束群臣百官，使他们忠于职守，这样才能使君主居于至尊之位，更好地驱使群臣、控制百官。所以，《正世》说："法立令行，故群臣奉法守职，百官有常。"有了法才可以使百官有所遵循，办事才有章程。只有实行法治才可以有效地制约权贵，强化君权。《明法解》明确地指出：圣明君主，要求臣下尽力国事而以法守本分，所以臣下努力侍奉君主而不敢私顾他们的家；臣下君主的身份分明，上下的权位清楚，所以大臣各处在他们的职位上而不敢相互夸耀。如果国法废而私术行，君主就失去左右成了孤家寡人，臣子就成群结党组成派别。这样，君主的权势衰弱而臣子的权势强大，这就叫作动乱的国家。这就是说，只有以法治国才能使臣下守法安分，不敢以权谋私，从而树立君主的权威。

其次，实行法治可以使平民百姓安分守己，竭诚为国效力，也更有利于对百姓的统治。《明法解》说，君主都希望百姓为他效力。要使百姓为君主效力，必须建立法制推行政令。所以治国使用民众没有比法制更好的了，禁止放荡，制止暴行，没有比刑法更有效的了。《形势解》说，君主确立度量标准，公布分工职责，明确法度规则，用这些来统治百姓，而不是先乱发指示，这样百姓就会遵循正道。法律规定老百姓应该怎样做，不应该怎样做，让他们进退行止，唯法是从。如此，那么万民就敦厚诚实，返回务农而节俭勤劳（《正世》）。相反，如果国家缺少法度，那么百姓就不知哪些能做，哪些不能做，这样国家就会陷入一片混乱。《法法》篇说："法立，令行，则民之用者众矣；法不立，令不行，则民之用者寡矣。"只有以法治国，才能有效地驱使民众为国效力，达到富国强兵的目的。

再次，以法治国可以除暴安民，稳定社会秩序，巩固君主的统治。《正世》认为，法治不能实行，盗贼就不能得到有效的镇压；盗贼不能镇压，动乱就不会平息，以强凌弱，以众欺寡，这是天下的忧虑，万民的祸患；忧虑祸患不能解除，百姓就无法安居；百姓不能安居，那么天下就会对君主绝望。为了达到除暴安民的目的，必须实行法治。所谓"法禁不立，则奸邪繁""禁淫止暴，莫如刑"（《明法解》）。此外，实行法治还可以使国家通过税收政策、盐铁专卖等法规来调节民众的利益，保护矿产资源，防止贫富悬殊，有效地预防社会动乱。

《管子》不仅强调法的重要作用，而且还从法律形式的三种类型上强调了法的规范意义。管子认为，在上古蛮荒时代，为了平息纷争，辨别名分，法作为社会矛盾不可调和的产物就不可避免地出现了。社会中的那些圣贤制定出法令制度，法作为社会的最高准则是不能凭人的主观意志随意更改废止的。任何事情都需要用法来监督。因此，法必须具有客观性。当然，法作为全国都要执行的标准还必须具有规范性。任何人，在任何地方，干了违法犯罪的事情，都要予以追究。同样，社会中的尊卑名分、贵贱地位、是非曲直，都必须依据规范的法度来维护。此外，法还具有强制性。法令制度与道德不同，它是用强制性的手段来整饬社会秩序的，威慑暴行，制止纷争，法的主要手段和内容是刑法与诛杀。法是国君治国的法宝之一，君主正是靠法令与刑法才使那些不法分子不敢随便破坏社会秩序。法的内容一旦确定下来，它就具有公开性与公正性，是任何人都必须遵守奉行的，无论君臣，不分贵贱，都要自觉执行。法既然是人们都必须遵守的，因此它必然就有公开性，使任何人都必须知法才能做到守法。要想国家走向繁荣富强，就必须保持法的尊严。治国必须采用法律制度，这是不以人的意志为转移的。法的无情正如天地的无情一样，唯其无情才能保证国家与百姓的根本利益，才能使社会走向安定有序、富裕文明。

礼法并重

与儒、道、墨三家不同，法家极力反对以德治天下。商鞅认为，道德教化不仅不能治理天下、富国强兵，反而会导致国家势力的削弱，甚至会导致亡国的危险；韩非子也认为，仁义可以丧国，慈惠将会乱政。商鞅公开将儒家所提倡的仁、义、礼、智等道德要求讥讽为"六虱"，认为这些是对国家的六种危害而应该坚决消灭；韩非子也将儒家看作"五蠹"之一，反对德治，提倡法治。商鞅主张"任其力不任其德"，韩非子则主张"不务德而务法"。这些主张在当时都具有极大的进步意义和针对性，起到了巨大的历史推动作用。但从历史的长河中看，这些主张都不免具有一定的片面性。只有《管子》的礼法兼用主张才更适合历史发展的需要。

首先，《管子》从民本思想出发，认为立法行令，必须顺乎民心。《牧民》说："顺民心则威令行。"意思是，立法行令只有合乎民心才能顺乎天意，这种法令也才能畅通无阻。《形势解》说，法制确立，百姓高兴；命令发布，百姓奉行。法令符合民心，就像符节相互吻合，因而君主的尊严就得以实现。所以说百姓奉行命令是君主尊严的体现。君主推行法治，固然带有强制性，但是仅仅靠暴力及强制手段是不行的。只有合乎民心的法律，才能取得令行禁止的效果，从而树立君主的权威。立法行令合乎民心的关键就是以民之好恶为出发点。《形势解》认为，君主所以能做到令行禁止的原因，在于他的命令符合百姓所喜好的，而他的禁止也正符合百姓所厌恶的。百姓的性情无不乐生而恶死，好谋利而惧祸害。因而君主的命令有利于促进百姓的生存、谋利，就能推行；君主禁止的有利于防止百姓的死亡、祸害，就能实现。政令所以能推行，必然是百姓乐于君主的政治。所以君主立法必须考虑人民的承受能力。《法法》说，君主对百姓有三种欲望，对于这三种欲望不加以节制，君主的地位就有危险。三种欲望是什么呢？一是求取，二是禁止，三是命令。求取过多，能得到的反而少；禁止过多，能停息的反而少；命令过多，能执行的反而少。所以说上面苛刻，下面就不听；下面不听，就用刑罚来强迫，那么做君主的就要遭到众人的谋算了。君主遭到众人的谋算，虽想安坐龙椅，那是绝对不可能的。如果法令超过了人民的承受能力，虽用严刑重罚，强制推行，也不会使人民顺从，反而会遭到人民的反抗，使统治者处于危险的境地。

其次，法令与礼义道德是相互补充、相辅相成的，二者缺一不可。《管子》虽然十分重视法治的作用，但并不以法、势、刑、罚排斥礼义道德，而是将礼义道德看作是可以与法、势、刑、罚互相补充、相互完善的。《权修》说，君主见到合乎政令的就应该及时加以奖赏，见到不合乎政令的就应该及时加以处罚。君主见到的能赏罚分明，那么，即使他见不到的，人们还敢随心所欲吗？如果君主见到合乎政令的不及时奖赏，见到不合乎政令的不及时处罚，那么，要想让他所见不到的被感化，是不可能的。君主多向百姓施惠，百姓就亲近君主；君主说明是非礼义，百姓就能得到教化。君主以身作则进行示范，明确限制加以防范，设置乡师加以引导，然后再用法令进行约束，用奖赏加以勉励，用刑罚加以威慑，这样，百姓都会乐于实行政令。这明显是主张教育与惩罚相结合、恩德与威慑相补充，是典型的礼法兼重、德法并举。《任法》说："群臣不用礼义教训则不祥，百官服事者离法而治则不祥。"这显然是说德法不可偏废，而是相辅相成、互相补充的。《法禁》篇说："法制不议，则民不相私；刑杀毋赦，则民不偷于为善；爵禄毋假，则下不乱其上。三者藏于官则为法，施于国则成俗。"这里"三者"指的是"法制""刑杀""爵禄"，它们皆属于法的范畴。而"民不相私""不偷于为善""下不乱其上"三者属于礼义道德的范畴。它们相互联系，互相补充，二者缺一不可。严于法制，维护法制的权威，坚决按照法制办事，民众就不敢相互营私，这就是所谓"法制不议，则民不相私"。有过必罚，民众就不会为苟且之善，而是一贯为善，这就是所谓"刑杀毋赦，则民不偷于为善"。授爵赐禄与功德相当，臣民就不会反叛君主，这就是"爵禄毋假，则下不乱其上"。这三种因果关系，说明法可以维护与促进道德。"三者藏于官则为法，施于国则成俗"，就是说法的实施可以转化为习俗，但道德、习俗又具有依赖于法的一面。

再次，法制具有依赖于道德的一面，同时道德可以作用于法制。《正世》说建立法制和推行政治措施的过程是：古代想匡正世道治理天下的人，必定先观察国家的政治，清理国家的事务，考察民间的风俗，探求国家安定或者动乱的根源，了解得失所在，然后才从事治理，因此法度可确立而治理可施行。这显然是将民俗作为建立法制、制定政治措施的参照物之一，这表明《管子》认为道德习俗对立法是有影响的。所以《正世》又说，古代的所谓圣明君主，并非只有一位。他们设置的赏赐有薄有厚，他们确立的禁令有轻有重，做法不必相同，并非故意相反，都是随着时代的发展而变化，根据民间的风俗而变动。可见，他们认为，在法与俗之间，既有法施成俗的情况，也有依俗变法的情况，法与俗相互作用，相互转化，相互依存。

总之，《管子》之所以礼法兼重，德教并举，自然是为了维护其政治统治，在于使人们的行为有规则约束，服从专制统治。一方面，礼义道德可以用来区别尊卑、贵贱、长幼、上下等各种等级，要人们自觉遵守，不得逾越；另一方面，仅靠人们的自觉是不行的，还必须以法、势、刑、罚来维护君主的专制统治和国家机器的正常运转。因此，"安国在乎尊君，尊君在乎行令，行令在乎严罚"（《重令》）。必须承认，《管子》的这种思想，比儒家、道家和法家等其他诸子的观点更具有合理性、可行性和现实针对性。秦亡后，它逐渐占据了中国法文化的主导地位。

《管子》选译

牧民第一

凡有地牧民者，务在四时，守在仓廪。国多财，则远者来；地辟举，则民留处；仓廪实，则知礼节；衣食足，则知荣辱；上服度，则六亲固；四维张，则君令行。故省刑之要，在禁文巧；守国之度，在饰四维；顺民之经，在明鬼神、只山川、敬宗庙、恭祖旧。不务天时，则财不生；不务地利，则仓廪不盈。野芜旷，则民乃菅；上无量，则民乃妄；文巧不禁，则民乃淫；不璋两原，则刑乃繁；不明鬼神，则陋民不悟；不只山川，则威令不闻；不敬宗庙，则民乃上校；不恭祖旧，则孝悌不备。四维不张，国乃灭亡。

译文：

凡是一个国家的君主，必须致力于四时农事，确保粮食贮备。国家财力充足，远方的人们就能自动迁来；荒地开发得好，本国的人民就能安心留住。粮食富裕，人们就知道礼节；衣食丰足，人们就懂得荣辱。君主服从法度，六亲就可以相安无事；四维发扬，君令就可以贯彻推行。因此，减少刑罚的关键，在于禁止奢侈；巩固国家的准则，在于整饰四维；使人民服从的根本办法，则在于：尊敬鬼神、祭祀山川、敬重祖宗和宗亲故旧。不注意天时，财富就不能增长；不注意地利，粮食就不会充足。田野荒芜废弃，人民也将由此而惰怠；君主挥霍无度，则人民胡作妄为；不注意禁止奢侈，则人民放纵淫荡；不堵塞这两个根源，犯罪者就会大量增多。不尊鬼神，小民就不能感悟；不祭山川，威令就不能远播；不敬祖宗，老百姓就会犯上；不尊重宗亲故旧，孝悌就不完备。四维不发扬，国家就会灭亡。

国有四维，一维绝则倾，二维绝则危，三维绝则覆，四维绝则灭。倾可正也，危可安也，覆可起也，灭不可复错也。何谓四维？一曰礼，二曰义，三曰廉，四曰耻。礼不逾节，义不自进，廉不蔽恶，耻不从枉。故不逾节，则上位安；不自进，则民无巧诈；不蔽恶，则行自全；不从枉，则邪事不生。

译文：

国有四维，缺了一维，国家就倾斜；缺了两维，国家就危险；缺了三维，国家就颠覆；缺了四维，国家就会灭亡。倾斜可以扶正，危险可以挽救，倾覆可以再起，只有灭亡了，那就不可收拾了。什么是四维呢？一是礼，二是义，三是廉，四是耻。有礼，人们就不会超越应守的规范；有义，就不会妄自求进；有廉，就不会掩饰过错；有耻，就不会趋从坏人。人们不越出应守的规范，为君者的地位就安定；不妄自求进，人们就不巧谋欺诈；不掩饰过错，行为就自然端正；不趋从坏人，邪乱的事情也就不会发生了。

政之所兴，在顺民心；政之所废，在逆民心。民恶忧劳，我佚乐之；民恶贫贱，我富贵之；民恶危坠，我存安之；民恶灭绝，我生育之。能佚乐之，则民为之忧劳；能富贵之，则民为之贫贱；能存安之，则民为之危坠；能生育之，则民为之灭绝。故刑罚不足以畏其意，杀戮不足以服其心。故刑罚繁而意不恐，则令不行矣；杀戮众而心不服，则上位危矣。故从其四欲，则远者自亲；行其四恶，则近者叛之。故知予之为取者，政之宝也。

译文：

　　政令之所以能推行，在于顺应民心；政令之所以废弛，在于违背民心。人民怕忧劳，我便使他安乐；人民怕贫贱，我便使他富贵；人民怕危难，我便使他安定；人民怕灭绝，我便使他生育繁息。因为我能使人民安乐，他们就可以为我承受忧劳；我能使人民富贵，他们就可以为我忍受贫贱；我能使人民安定，他们就可以为我承担危难；我能使人民生育繁息，他们也就不惜为我而牺牲了。单靠刑罚不足以使人民真正害怕，仅凭杀戮不足以使人民心悦诚服。刑罚繁重而人心不惧，法令就无法推行了；杀戮多行而人心不服，为君者的地位就危险了。因此，满足上述四种人民的愿望，疏远的自会亲近；强行上述四种人民厌恶的事情，亲近的也会叛离。由此可知，"予之于民就是取之于民"这个原则，是治国的法宝。

　　错国于不倾之地，积于不涸之仓，藏于不竭之府，下令于流水之原，使民于不争之官，明必死之路，开必得之门。不为不可成，不求不可得，不处不可久，不行不可复。错国于不倾之地者，授有德也；积于不涸之仓者，务五谷也；藏于不竭之府者，养桑麻育六畜也；下令于流水之原者，令顺民心也；使民于不争之官者，使各为其所长也；明必死之路者，严刑罚也；开必得之门者，信庆赏也；不为不可成者，量民力也；不求不可得者，不强民以其所恶也；不处不可久者，不偷取一世也；不行不可复者，不欺其民也。故授有德，则国安；务五谷，则食足；养桑麻、育六畜，则民富；令顺民心，则威令行；使民各为其所长，则用备；严刑罚，则民远邪；信庆赏，则民轻难；量民力，则事无不成；不强民以其所恶，则诈伪不生；不偷取一世，则民无怨心；不欺其民，则下亲其上。

译文：

　　把国家建立在稳固的基础上。把粮食积存在取之不尽的粮仓里。把财货贮藏在用之不竭的府库里。把政令下达在流水源头上。把人民使用在无所争议的岗位上。向人们指出犯罪必死的道路。向人们敞开立功必赏的大门。不强干办不到的事。不追求得不到的利。不可立足于难得持久的地位。不去做不可再行的事情。所谓把国家建立在稳固的基础上，就是把政权交给有道德的人。所谓把粮食积存在取之不尽的粮仓里，就是要努力从事粮食生产。所谓把财富贮藏在用之不竭的府库里，就是要种植桑麻、饲养六畜。所谓把政令下达在流水源头上，就是要令顺民心。所谓把人民使用在无所争议的岗位上，就是要尽其所长。所谓向人民指出犯罪必死的道路，就是刑罚严厉。所谓向人民敞开立功必赏的大门，就是奖赏信实。所谓不强干办不到的事，就是要度量民力。所谓不追求得不到的利，就是不强迫人民去做他们厌恶的事情。所谓不可立足于难得持久的地位，就是不贪图一时侥幸。所谓不去做不可再行的事情，就是不欺骗人民。这样，把政权交给有道德的人，国家就能安定。努力从事粮食生产，民食就会充足。种植桑麻、饲养六畜，人民就可以富裕。能做到令顺民心，威令就可以贯彻。使人民各尽所长，用品就能齐备。刑罚严厉，人民就不去干坏事。奖赏信实，人民就不怕死难。量民力而行事，就可以事无不成。不强使人民干他们厌恶的事情，欺诈作假的行为就不会发生。不贪图一时侥幸，人民就不会抱怨。不欺骗人民，人民就拥戴君上。

　　以家为乡，乡不可为也；以乡为国，国不可为也；以国为天下，天下不可为也。以家为家，以乡为乡，以国为国，以天下为天下。毋曰不同生，远者不听；毋曰不同乡，远者不行；毋曰不同国，远者不从。如地如天，何私何亲？如月如日，唯君之节！

御民之辔，在上之所贵；道民之门，在上之所先；召民之路，在上之所好恶。故君求之，则臣得之；君嗜之，则臣食之；君好之，则臣服之；君恶之，则臣匿之。毋蔽汝恶，毋异汝度，贤者将不汝助。言室满室，言堂满堂，是谓圣王。城郭沟渠，不足以固守；兵甲强力，不足以应敌；博地多财，不足以有众。惟有道者，能备患于未形也，故祸不萌。

天下不患无臣，患无君以使之；天下不患无财，患无人以分之。故知时者，可立以为长；无私者，可置以为政；审于时而察于用，而能备官者，可奉以为君也。缓者，后于事；吝于财者，失所亲；信小人者，失士。

译文：

按照治家的要求治理乡，乡不能治好；按照治乡的要求治理国，国不能治好；按照治国的要求治理天下，天下不可能治好。应该按照治家的要求治家，按照治乡的要求治乡，按照治国的要求治国，按照治天下的要求治理天下。不要因为不同姓，不听取外姓人的意见；不要因为不同乡，不采纳外乡人的办法；诸侯国不要因为不同国，而不听从别国人的主张。像天地对待万物，没有什么偏私偏爱；像日月普照一切，才算得上君主的气度。

驾驭人民奔什么方向，看君主重视什么；引导人民走什么门路，看君主提倡什么；号召人民走什么途径，看君主的好恶是什么。君主追求的东西，臣下就想得到；君主爱吃的东西，臣下就想尝试；君主喜欢的事情，臣下就想实行；君主厌恶的事情，臣下就想规避。因此，不要掩蔽你的过错，不要擅改你的法度；否则，贤者将无法对你帮助。在室内讲话，要使全室的人知道；在堂上讲话，要使满堂的人知道。这样开诚布公，才称得上圣明的君主。单靠城郭沟渠，不一定能固守；仅有强大的武力和装备，不一定能御敌；地大物博，群众不一定就拥护。只有有道的君主，才能做到防患于未然，才可避免灾祸的发生。

天下不怕没有能臣，怕的是没有君主去使用他们；天下不怕没有财货，怕的是无人去管理它们。所以，通晓天时的，可以任用为官长；没有私心的，可以安排做官吏；通晓天时，善于用财，而又能任用官吏的，就可以奉为君主了。处事迟钝的人，总是落后于形势；吝啬财物的人，总是无人亲近；偏信小人的人，总是失掉贤能的人才。

形势第二

山高而不崩，则祈羊至矣；渊深而不涸，则沉玉极矣。天不变其常，地不易其则，春秋冬夏不更其节，古今一也。蛟龙得水，而神可立也；虎豹得幽，而威可载也；风雨无乡，而怨怒不及也。贵有以行令，贱有以忘卑，寿夭贫富，无徒归也。

译文：

山高而不崩颓，就有人烹羊设祭；渊深而不枯竭，就有人投玉求神。天不改变它的常规，地不改变它的法则，春秋冬夏不改变它的节令，从古到今都是一样的。蛟龙得水，才可以树立神灵；虎豹凭借深山幽谷，才可以保持威力。风雨没有既定的方向，谁也不会埋怨它。位高的人发号施令，位低的人忘掉卑贱，长寿、短命、贫穷、富有等，都不是无因而至的。

衔命者，君之尊也；受辞者，名之运也。上无事，则民自试；抱蜀不言，而庙堂既修。鸿鹄锵锵，唯民歌之；济济多士，殷民化之，纣之失也。飞蓬之问，不在所宾；燕雀之集，道行不顾。牺牷圭璧，不足以飨鬼神；主功有素，宝币奚为？羿之道，非射也；造父之术，非驭也；

奚仲之巧，非斫削也。召远者使无为焉，亲近者言无事焉，唯夜行者独有也。

译文：

臣下能奉行命令，是由于君主地位的尊严；臣下能接受指示，是由于君臣名分的作用。君主不亲自过问，人民就会自己去做事；手执祭器不说话，朝政也会普遍修明。天鹅发出动听的声音，人们会齐声赞美；西周人才济济，殷遗民也会被感化。对于没有根据的言论，不必听从；对于燕雀聚集的小事，行道者不屑一顾。用牛羊玉器来供奉鬼神，不一定得到鬼神的保佑，只要君主的功业有根基，何必使用珍贵的祭品！后羿射箭的功夫，不在射箭的表面动作；造父驾车的技术，不在驾车的表面动作；奚仲的技巧，也不在木材的砍削上。招徕远方的人，单靠使者是没有用的；亲近国内的人，光说空话也无济于事。只有内心里认真行德的君主，才能够独得治国的功效。

平原之隰，奚有于高？大山之隈，奚有于深？訾訾之人，勿与任大。譙臣者，可以远举；顾忧者，可与致道。其计也速，而忧在近者，往而勿召也；举长者，可远见也；裁大者，众之所比也；美人之怀，定服而勿厌也。必得之事，不足赖也；必诺之言，不足信也。小谨者不大立，訾食者不肥体。有无弃之言者，必参于天地也。坠岸三仞，人之所大难也，而猿猱饮焉。故曰：伐矜好专，举事之祸也。不行其野，不违其马，能予而无取者，天地之配也。

译文：

平原上的小坡，怎么能够算作高？大山上的小沟，怎么能够算作深？专挑好人毛病和专说坏人好话的人，是不能委以重任的。谋虑远大的人，可以同他共图大事；见识高超的人，可以同他共行治国之道。但是，对于那种贪图速效而只顾眼前利害的人，走开了就不要召他回来；注重长远利益的人，影响也就深远；器度宏伟的人，会得到众人的依赖；要人们感怀自己，一定要行德而不可厌倦。不应得而求必得的事情，是靠不住的；不应承诺而完全承诺的语言，是信不得的。谨小慎微也不能成大事，就好比挑拣食物不能使身体胖起来一样。能够不放弃以上这些格言的，就能与天地媲美了。从三仞高的崖岸上跳下来，人是很难做到的，但猴子却毫不在乎地跳下来喝水。所以说，骄傲自大，独断专行，乃是行事的祸患。虽不到野外跑路，也不要把马丢掉。能够做到只给人们好处而不向人们索取报酬的，那就同天地一样伟大了。

　　怠倦者不及，无广者疑神。神者在内，不及者在门。在内者将假，在门者将待。曙戒勿怠，后稚逢殃。朝忘其事，夕失其功。邪气入内，正色乃衰。君不君，则臣不臣；父不父，则子不子。上失其位，则下逾其节；上下不和，令乃不行。衣冠不正，则宾者不肃；进退无仪，则政令不行。且怀且威，则君道备矣。莫乐之，则莫哀之；莫生之，则莫死之。往者不至，来者不极。

译文：

　　懒惰的人总是落后，勤奋的人总是办事神速有效。如果说，办事神速的已经进入室内，那么，落后的还在门外。进入室内的可以从容不迫，在门外的必将疲惫不堪。所以，黎明时玩忽怠惰，日暮时就要遭殃。早上忘掉了应做的事情，晚上就什么成果也没有。一个人邪气侵袭到体内，正色就要衰退。君主不像君主的样子，臣子当然就不像臣子；父亲不像父亲的样子，儿子当然就不像儿子。君主不按照他的身份办事，臣子就会超越应守的规范。上下不和，政令就无法推行。君主的衣冠不端正，礼宾的官吏就不会严肃。君主的举动不合乎仪式，政策法令就不容易贯彻。一方面关怀臣民，另一方面再有威严，为君之道，才算完备。君主不能使臣民安乐，臣民也就不会为君主分忧；君主不能使臣民生长繁息，臣民也就不会为君主牺牲生命。君主给予臣民的，不确实兑现；臣民对待君主，也是不会全力以赴的。

道之所言者一也，而用之者异。有闻道而好为家者，一家之人也；有闻道而好为乡者，一乡之人也；有闻道而好为国者，一国之人也；有闻道而好为天下者，天下之人也；有闻道而好定万物者，天下之配也。道往者，其人莫来；道来者，其人莫往。道之所设，身之化也。持满者与天，安危者与人。失天之度，虽满必涸；上下不和，虽安必危。欲王天下，而失天之道，天下不可得而王也。得天之道，其事若自然；失天之道，虽立不安。其道既得，莫知其为之；其功既成，莫知其释之。藏之无形，天之道也。疑今者，察之古；不知来者，视之往。万事之生也，异趣而同归，古今一也。

译文：

关于"道"，它的理论是一致的，但运用起来则各有不同。有的人懂得道而能治家，他便是治家的人才；有的人懂得道而能治乡，他便是治乡的人才；有的人懂得道而能治国，他便是治国的人才；有的人懂得道而能治天下，他便是天下的人才；有的人懂得道而能使万物各得其所，那便和天地一样伟大了。失道者，人民不肯来投；得道者，人民不肯离去。道之所在，自身就应该与之同化。凡是始终保持强盛的，就因为顺从天道；凡是能安危存亡的，就因为顺从人心。违背天的法则，虽然暂时丰满，最终必然枯竭；上下不和，虽然暂时安定，最终也必然危亡。想要统一天下而违背天道，天下就不可能被他统一起来。掌握了天道，成事就很自然；违背了天道，虽然成功也不能保持。已经得道的，往往不觉察自己是怎样做的；已经成功了，往往又不觉察到是怎样离开的。就好像隐藏起来而没有形体，这就是"天道"。但是，对当今有怀疑则可以考察古代，对未来不了解，则可以查阅历史。万事的本性，内容虽有不同，但总是同归一理，从古到今都是一样的。

　　生栋覆屋，怨怒不及；弱子下瓦，慈母操箠。天道之极，远者自亲；人事之起，近亲造怨。万物之于人也，无私近也，无私远也。巧者有余，而拙者不足。其功顺天者，天助之；其功逆天者，天违之。天之所助，虽小必大；天之所违，虽成必败。顺天者有其功，逆天者怀其凶，不可复振也。

译文：

　　用新伐的木材做屋柱而房子倒坍，谁也不怨恨木材；小孩子把屋瓦拆下来，慈母也会打棍子。顺天道去做，远者都会来亲近；事起于人为，近亲也要怨恨。万物之于人，是没有远近亲疏之分的。高明的人用起来就有余，愚笨的人用起来就不足。顺乎天道去做，天就帮助他；反乎天道去做，天就违背他。天之所助，弱小可以变得强大；天之所弃，成功可以变为失败。顺应天道的可以得其成效，违背天道的就要招致灾祸，且无可挽救。

　　乌鸟之狡，虽善不亲；不重之结，虽固必解。道之用也，贵其重也。毋与不可，毋强不能，毋告不知。与不可，强不能，告不知，谓之劳而无功。见与之交，几于不亲；见哀之役，几于不结；见施之德，几于不报；四方所归，心行者也。独王之国，劳而多祸；独国之君，卑而不威；自媒之女，丑而不信。未之见而亲焉，可以往矣；久而不忘焉，可以来矣。日月不明，天不易也；山高而不见，地不易也。言而不可复者，君不言也；行而不可再者，君不行也。凡言而不可复，行而不可再者，有国者之大禁也。

译文：

　　乌鸦般的交谊，看着友善，其实并不亲密；不重合的绳结，即使坚固，也一定松脱开解。所以，道在实际运用的时候，贵在慎重。不要交与不可靠的人，不要强给做不到的人，不要告知不明事理的人。交与不可靠的、强予做不到的、告知不明事理的人，就叫作劳而无功。表面上显示友好的朋友，也就接近于不亲密了；表面上显示亲爱的交谊，也就接近于不结好了；表面上显示慷慨的恩赐，也就接近于不得所报了。只有内心里认真行德，四面八方才会归附。独断专横的国家，必然疲于奔命而祸事多端；独断专横国家的君主，必然卑鄙而没有威望。这就好比独自议定婚姻的妇女，一定名声不好而没有信誉。但对于尚未见面就令人仰慕的君主，应该去投奔；对于久别而令人难忘的君主，应该来辅佐。日月有不明的时候，但天不会变；山高有看不见的时候，但地不会变。说起话来，那种只说一次而不可再说的错话，人君就不应该说；做起事来，那种只做一次而不可再做的错事，人君就不应该做。凡是重复那些不可再说的言论和那些不可再做的事情，都是一国之君的最大禁忌。

权修第三

　　万乘之国，兵不可以无主；土地博大，野不可以无吏；百姓殷众，官不可以无长；操民之命，朝不可以无政。

译文：

　　万辆兵车的大国，军队不可以没有统帅；领土广阔，农田不可以没有官吏；人口众多，官府不可无常法；掌握着人民命运，朝廷不可无政令。

地博而国贫者，野不辟也；民众而兵弱者，民无取也。故末产不禁，则野不辟；赏罚不信，则民无取。野不辟，民无取，外不可以应敌，内不可以固守。故曰：有万乘之号，而无千乘之用，而求权之无轻，不可得也。

译文：

地大而国家贫穷，是因为土地没有开辟；人多而兵力薄弱，是因为人民缺乏督促。所以，不禁止奢侈品的工商业，土地就不得开辟；赏罚不信实，人民就缺乏督促。土地没有开辟，人民缺乏督促，对外就不能抵御敌人，对内就不能固守国土。所以说，空有万辆兵车的大国虚名，而没有千辆兵车的实力，还想君主权力不被削弱，那是办不到的。

地辟而国贫者，舟舆饰、台榭广也；赏罚信而兵弱者，轻用众、使民劳也。舟车饰、台榭广，则赋敛厚矣；轻用众、使民劳，则民力竭矣。赋敛厚，则下怨上矣；民力竭，则令不行矣。下怨上，令不行，而求敌之勿谋己，不可得也。

译文：

土地开辟了，而国家仍然贫穷，那是君主的舟车过于豪华、楼台亭阁过多的缘故。赏罚信实而兵力仍然薄弱，那是轻易兴师动众、使民过劳的缘故。因为，舟车豪华，楼台亭阁过多，就会使赋税繁重；轻易兴师动众，使民过劳，就造成民力枯竭。赋税繁重则人民怨恨朝廷，民力枯竭则政令无法推行。人民怨恨，政令不行，而求敌国不来侵略，那是

183

办不到的。

　　欲为天下者，必重用其国；欲为其国者，必重用其民；欲为其民者，必重尽其民力。无以畜之，则往而不可止也；无以牧之，则处而不可使也。远人至而不去，则有以畜之也；民众而可一，则有以牧之也。见其可也，喜之有徵；见其不可也，恶之有刑。赏罚信于其所见，虽其所不见，其敢为之乎？见其可也，喜之无徵；见其不可也，恶之无刑。赏罚不信于其所见，而求其所不见之为之化，不可得也。厚爱利足以亲之，明智礼足以教之，上身服以先之，审度量以闲之，乡置师以说道之。然后申之以宪令，劝之以庆赏，振之以刑罚。故百姓皆说为善，则暴乱之行无由至矣。

译文：

　　要想治好天下，必须珍惜本国国力；想要治好国家，必须珍惜国内人民；想要治好人民，必须珍惜民力之耗尽。没有办法养活人民，人们就要外逃而不能阻止；没有办法治理人民，即使留下来也不能使用。远地的人们来而不走，是因为有效地养活了他们；人口众多而可以统一号令，是因为有效地治理了他们。见到人们做好事，喜悦而要有实际奖赏；见到人们做坏事，厌恶而要有具体惩罚。赏功罚过，对于亲身经历的人们确实兑现了，那么，没有亲身经历的也就不敢胡作非为了。如果见到人们做好事，空自喜悦而没有实际奖赏；见到人们做坏事，空自厌恶而没有具体惩罚；赏功罚过，对于亲身经历的都没有兑现，要指望没有经历的人们为之感化，那是办不到的。君主能够付出厚爱和厚利，就可以亲近人民，申明知识相礼节，就可以教育人民。要以身作则来引导人民，审定规章制度来防范人民，设置乡的官吏来指导人民。然后再用法令加以约束，用奖赏加以鼓励，用刑罚加以威慑。这样，百姓就都愿意做好事，暴乱的行为便不会发生了。

地之生财有时，民之用力有倦，而人君之欲无穷。以有时与有倦，养无穷之君，而度量不生于其间，则上下相疾也。是以臣有杀其君，子有杀其父者矣。故取于民有度，用之有止，国虽小必安；取于民无度，用之不止，国虽大必危。

译文：

土地生产财富，受时令的限制；人民花费劳力，有疲倦的时候；但是人君的欲望则是无止境的。以"生财有时"的土地和"用力有倦"的人民来供养欲望无穷的君主，这中间若没有一个合理的限度，上下之间就会互相怨恨，于是臣杀其君、子杀其父的现象产生了。因此，对人民征收有度，耗费又有节制的，国家虽小也一定安宁；对人民征收无度，耗费没有节制的，国家虽大也一定危亡。

地之不辟者，非吾地也；民之不牧者，非吾民也。凡牧民者，以其所积者食之，不可不审也。其积多者其食多，其积寡者其食寡，无积者不食。或有积而不食者，则民离上；有积多而食寡者，则民不力；有积寡而食多者，则民多诈；有无积而徒食者，则民偷幸；故离上、不力、多诈、偷幸，举事不成，应敌不用。故曰：察能授官，班禄赐予，使民之机也。

译文：

有土地而不开辟，等于不是自己的土地；有人民而不治理，等于不是自己的人民。凡是治理人民，对于按劳绩给予禄赏的问题，不可不审慎从事。劳绩多的禄赏多，劳绩少的禄赏少，没有劳绩的就不给予禄赏。如果有劳绩而没有禄赏，人们就离心离德；劳绩多而禄赏少，人们就不努力工作；劳绩少而禄赏多，人们就弄虚作假；无劳绩而空得禄赏，人们就贪图侥幸。凡是离心离德、工作不力、弄虚作假、贪图侥幸的，举办大事不会成功，对敌作战也不会尽力。所以说，根据人的能力授予官职，按照劳绩差别赐予禄赏，这是用人的关键。

野与市争民，家与府争货，金与粟争贵，乡与朝争治。故野不积草，农事先也；府不积货，藏于民也；市不成肆，家用足也；朝不合众，乡分治也。故野不积草，府不积货，市不成肆，朝不合众，治之至也。

译文：

农田与市场往往争劳力，民家与官府往往争财货，货币与粮食往往争贵贱，地方与朝廷往往争治理权限。所以，让田野不积杂草，就应把农业放在首位；让官府不积财货，就应把财富藏于民间；让市场店铺不成行列，就需要做到家用自足；让朝廷不聚众议事，就需要做到分权到乡。田野无杂草，官府无积货，市场店铺不成行列，朝廷不聚众议事，这些都是治国的最高水平。

人情不二，故民情可得而御也。审其所好恶，则其长短可知也；观其交游，则其贤不肖可察也；二者不失，则民能可得而官也。

译文：

人的本性没有什么两样，所以，人的思想性情是可以掌握的。了解他喜欢什么和厌恶什么，就可以知道他的长处和短处；观察他同什么样的人交往，就能判断他是好人还是坏人。把握住这两点，就能够对人民进行管理了。

地之守在城，城之守在兵，兵之守在人，人之守在粟。故地不辟，则城不固。有身不治，奚待于人？有人不治，奚待于家？有家不治，奚待于乡？有乡不治，奚待于国？有国不治，奚待于天下？天下者，国之本也；国者，乡之本也；乡者，家之本也；家者，人之本也；人者，身之本也；身者，治之本也。故上不好本事，则末产不禁；末产不禁，则民缓于时事而轻地利；轻地利而求田野之辟、仓廪之实，不可得也。

译文：

国土的保障在于城池，城池的保障在于军队，军队的保障在于人民，而人民的保障在于粮食。因此，土地不开辟，就会造成城池不巩固。君主不能治理自身。怎么能治理别人？不能治人，怎能治家？不能治家，怎能治乡？不能治乡，怎能治国？不能治国，怎能治理天下？而天下又是以国为根本，国以乡为根本，乡以家为根本，家以人为根本，人以自身为根本，自身又以治世之道为根本。所以，君主若不重视农业，就不肯禁止奢侈品的工商业，不禁止奢侈品的工商业，人们就会延误农时农事而轻忽土地之利。在轻忽地利的情况下，还指望田野开辟、仓廪充实，那是办不到的。

商贾在朝，则货财上流；妇言人事，则赏罚不信；男女无别，则民无廉耻。货财上流，赏罚不信，民无廉耻，而求百姓之安难，兵士之死节，不可得也。朝廷不肃，贵贱不明，长幼不分，度量不审，衣服无等，上下凌节，而求百姓之尊主政令，不可得也。上好诈谋闲欺，臣下赋敛竞得，使民偷壹，则百姓疾怨，而求下之亲上，不可得也。有地不务本事，君国不能壹民，而求宗庙社稷之无危，不可得也。上恃龟筮，好用巫医，则鬼神骤祟。故功之不立，名之不章，为之患者三：有独王者，有贫贱者，有日不足者。

译文：

　　商人在朝中掌权，财货贿赂就流往上层；妇人参与政事，赏功罚过就不能准确；男女没有界限，人民就不知廉耻。在货财上流、赏罚不信、民无廉耻的情况下，要求百姓为国家甘冒危难，兵士为国家献身死节，是办不到的。朝廷不整肃，贵贱无区别，长幼不分，制度不明，服制没有等级，君臣都超越应守的规范，这样，要求得百姓尊重君主的政令，是办不到的。君主好搞阴谋欺诈，官吏争收苛捐杂税，使役人民只偷取一时之快，以致百姓怨恨，这样，要求得人民亲近君主，是办不到的。拥有土地而不注重农业，统治国家而不能统一号令人民，这样，要求国家不发生危机，是办不到的。君主行事依靠求神问卜，好用巫医，这样，鬼神反而会经常作起怪来。总之，功业不成，名声不显，将产生三种祸患：一是养成独断专横的君主；二是成为贫穷卑贱的君主；三是成为政务混乱、整日里疲于奔命的君主。

　　一年之计，莫如树谷；十年之计，莫如树木；终身之计，莫如树人。一树一获者，谷也；一树十获者，木也；一树百获者，人也。我苟种之，如神用之，举事如神，唯王之门。

译文：

　　做一年的打算，最好是种植五谷；做十年的打算，最好是种植树木；做终身的打算，最好是培育人才。种谷，是一种一收；种树，是一种十收；培育人才，则是一种百收的事情。如果我们注重培养人才，其效用将是神奇的；而如此举事收得神效的，只有王者之门才能够做到。

凡牧民者，使士无邪行，女无淫事。士无邪行，教也；女无淫事，训也。教训成俗，而刑罚省，数也。凡牧民者，欲民之正也；欲民之正，则微邪不可不禁也；微邪者，大邪之所生也。微邪不禁，而求大邪之无伤国，不可得也。凡牧民者，欲民之有礼也；欲民之有礼，则小礼不可不谨也；小礼不谨于国，而求百姓之行大礼，不可得也。凡牧民者，欲民之有义也；欲民之有义，则小义不可不行；小义不行于国，而求百姓之行大义，不可得也。凡牧民者，欲民之有廉也；欲民之有廉，则小廉不可不修也；小廉不修于国，而求百姓之行大廉，不可得也。凡牧民者，欲民之有耻也；欲民之有耻，则小耻不可不饰也；小耻不饰于国，而求百姓之行大耻，不可得也。凡牧民者，欲民之修小礼、行小义、饰小廉、谨小耻、禁微邪，此厉民之道也。民之修小礼、行小义、饰小廉、谨小耻、禁微邪，治之本也。

译文：

凡是治理人民的，应该使男人没有邪僻行为，使女人没有淫乱的事情。使男人不行邪僻，要靠教育；使女人没有淫乱，要靠训诲。教训形成风气，刑罚就会减少，这是自然的道理。凡是治理人民的，都要求人民走正道。要求人民走正道，就不能不禁止小的邪恶。因为，小的邪恶是大的邪恶产生的根源。不禁止小的邪恶而想要大邪恶不危害国家，是办不到的。凡是治理人民的，都要求人民有"礼"。要求有礼，就不可不重视小礼。因为，在国内不重视小礼，而要求百姓能行大礼，是办不到的。凡是治理人民的，都要求人民有"义"。要求有义，就不可不实行小义。因为，在国内不行小义，而要求百姓能行大义，是办不到的。凡是治理人民的，都要求人民有"廉"。要求有廉，就不可不重视小廉。因为，在国内不重视小廉，而要求百姓能行大廉，是办不到的。凡是治理人民的，都要求人民有"耻"。要求有耻，就不可不整顿小耻。因为，在国内不整顿小耻，而要求百姓能行大耻，是办不到的。凡治理人民，要求人民谨小礼、行小义、修小廉、饬小耻、禁止小的坏事，这都是训练人民的办法。而人民能够做到谨小礼、行小义、修小廉、饬小耻并禁止小的坏事，正是治国的根本。

　　凡牧民者，欲民之可御也；欲民之可御，则法不可不审。法者，将立朝廷者也；将立朝廷者，则爵服不可不贵也。爵服加于不义，则民贱其爵服；民贱其爵服，则人主不尊；人主不尊，则令不行矣。法者，将用民力者也；将用民力者，则禄赏不可不重也。禄赏加于无功，则民轻其禄赏；民轻其禄赏，则上无以劝民；上无以劝民，则令不行矣。法者，将用民能者也；将用民能者，则授官不可不审也。授官不审，则民闲其治；民闲其治，则理不上通；理不上通，则下怨其上；下怨其上，则令不行矣。法者，将用民之死命者也；用民之死命者，则刑罚不可不审；刑罚不审，则有辟就；有辟就，则杀不辜而赦有罪；杀不辜而赦有罪，则国不免于贼臣矣。故夫爵服贱、禄赏轻、民闲其治、贼臣首难，此谓败国之教也。

译文：
　　凡是治理人民的，都要求人民服从驱使。要人民服从驱使，就不可不重视"法"的作用。法，是用来建立朝廷权威的。要建立朝廷权威，就不可不重视爵位。如果把爵位授给"不义"的人，人民就轻视爵位；人民轻视爵位，君主就没有威信；君主没有威信，命令就不能推行了。法，是用来驱使人民出力的。驱使人民出力，就不可不重视禄赏。如果把禄赏授给"无功"的人，人民就轻视禄赏；人民轻视禄赏，君主就无法劝勉人民；君主无法劝勉人民，命令也就无法推行了。法，是用来发

190

挥人民才能的。发挥人民才能，就不可不慎重地委派官职。如果委派官职不慎重，人民就背离其治理；人民背离治理，则下情不能上达；下情不能上达，人民就怨恨君主；人民怨恨君主，命令也就无法推行了。法，是用来决定人民生死的。决定人民生死，就不可不审慎地使用刑罚。如果刑罚不审慎，就会使坏人逃罪而好人蒙冤；坏人逃罪和好人蒙冤，就会出现杀无辜而赦有罪的事情；杀无辜而赦有罪，国家就难免被贼臣篡夺了。所以，爵位被鄙视，禄赏被轻视，人民背离统治，贼臣发动叛乱，这些都是败国的政教造成的。

立政第四

国之所以治乱者三，杀戮刑罚，不足用也。国之所以安危者四，城郭险阻，不足守也。国之所以富贫者五，轻税租，薄赋敛，不足恃也。治国有三本，而安国有四固，而富国有五事。五事，五经也。

译文：

国家之所以治或乱，取决于三个条件，只有杀戮刑罚是不够用的。国家之所以安或危，取决于四个条件，只靠城郭险阻是不能固守的。国家之所以贫或富，取决于五个条件，只用轻收租税、薄取赋敛的办法是靠不住的。这就是说，治理国家有"三本"，安定国家有"四固"，而富国则有"五事"——这五事乃是五项纲领性措施。

君之所审者三：一曰德不当其位；二曰功不当其禄；三曰能不当其官。此三本者，治乱之原也。故国有德义未明于朝者，则不可加于尊位；功力未见于国者，则不可授予重禄；临事不信于民者，则不可使任大官。故德厚而位卑者，谓之过；德薄而位尊者，谓之失。宁过于君子，而毋失于小人。过于君子，其为怨浅；失于小人，其为祸深。是故，国有德义未明于朝而处尊位者，则良臣不进；有功力未见于国而有重禄者，则劳臣不劝；有临事不信于民而任大官者，则材臣不用。三本者审，则下不敢求；三本者不审，则邪臣上通，而便辟制威。如此，则明塞于上，而治壅于下，正道捐弃，而邪事日长。三本者审，则便辟无威于国，道涂无行禽，疏远无蔽狱，孤寡无隐治。故曰：刑省治寡，朝不合众。

译文：

君主需要审查的问题有三个：一是大臣的品德与地位不相称，二是大臣的功劳与俸禄不相称，三是大臣的能力与官职不相称。这三个根本问题是国家治乱的根源。所以，在一个国家里，对于德义没有显著于朝廷的人，不可授予尊高的爵位；对于功业没有表现于全国的人，不可给予优厚的俸禄；对于主事没有取信于人民的人，就不能让他做大官。所以德行深厚而授爵低微，叫作"有过"；德行浅薄而授爵尊高，叫作"有失"。宁可有过于君子，而不可有失于小人。因为，有过于君子，带来的怨恨浅；有失于小人，带来的祸乱深。因此，在一个国家里，如果有德义不显于朝廷而身居高位的人，贤良的大臣就得不到进用；如果有功劳不著于全国而享有重禄的人，勤奋的大臣就得不到鼓励；如果有主事并未取信于人民而做了大官的人，有才能的大臣就不会出力。只有把这三个根本问题审查清楚了，臣下才不敢妄求官禄。如果对这三个根本问题不加审查，奸臣就会与君主接近，君侧小臣就会专权。这样，在上面君主耳目闭塞，在下面政令不通，正道被抛弃，坏事就要一天天地多起来。而若审查好这三个根本问题，君主左右那些受宠的小臣就不会专权，道路上看不到在押的犯人，与官方疏远的人们不受冤狱之害，孤寡无亲的人们，也都没有不白之冤了。这就叫作：刑罚减少，政务精简，甚至朝廷都无需召集群臣议事了。

君之所慎者四：一曰大德不至仁，不可以授国柄。二曰见贤不能让，不可与尊位。三曰罚避亲贵，不可使主兵。四曰不好本事，不务地利，而轻赋敛，不可与都邑。此四务者，安危之本也。故曰：卿相不得众，国之危也；大臣不和同，国之危也；兵主不足畏，国之危也；民不怀其产，国之危也。故大德至仁，则操国得众；见贤能让，则大臣和同；罚不避亲贵，则威行于邻敌；好本事，务地利，重赋敛，则民怀其产。

译文：

君主要谨慎对待的问题有四个：一是对于提倡道德而不真正做到仁的人，不可以授予国家大权；二是对于见到贤能而不让的人，不可以授予尊高爵位；三是对于掌握刑罚而躲避亲贵的人，不可以让他统率军队；四是对于那种不重视农业，不注重地利，而轻易课取赋税的人，不可以让他做都邑的官。这四条巩固国家的原则是国家安危的根本。应该说，卿相得不到众人拥护，是国家的危险；大臣不协力同心，是国家的危险；军中统帅不足以令人畏惧，是国家的危险；人民不怀恋自己的田产，是国家的危险。因此，只有提倡道德而能真正做到仁，才可以胜任国事而众人拥护；只有见到贤能就进行推让，才能使大臣们协力同心；只有掌握刑罚不避亲贵，才能够威震邻敌；只有重视农业、注重地利，而不轻易课税，才能使人民怀恋自己的田产。

君之所务者五：一曰山泽不救于火，草木不植成，国之贫也；二曰沟渎不遂于隘，鄣水不安其藏，国之贫也；三曰桑麻不植于野，五谷不宜其地，国之贫也；四曰六畜不育于家，瓜瓠荤菜百果不备具，国之贫也；五曰工事竞于刻镂，女事繁于文章，国之贫也。故曰：山泽救于火，草木植成，国之富也；沟渎遂于隘，鄣水安其藏，国之富也；桑麻植于野，五谷宜其地，国之富也；六畜育于家，瓜瓠荤菜百果备具，国之富也；工事无刻镂，女事无文章，国之富也。

译文：

　　君主必须注意解决的问题有五个：一是山泽不能防止火灾，草木不能繁殖成长，国家就会贫穷；二是沟渠不能全线通畅，堤坝中的水漫溢成灾，国家就会贫穷；三是田野不发展桑麻，五谷种植没有因地制宜，国家就会贫穷；四是农家不养六畜，蔬菜瓜果不齐备，国家就会贫穷；五是工匠追逐刻木镂金，女红也广求采花文饰，国家就会贫穷。这就是说，山泽能够防止火灾，草木繁殖成长，国家就会富足；使沟渠全线通畅，堤坝中的水没有漫溢，国家就会富足；田野发展桑麻，五谷种植能因地制宜，国家就会富足；农家饲养六畜，蔬菜瓜果能齐备，国家就会富足；工匠不进行刻木镂金，女红也不求文采花饰，国家就会富足。

　　分国以为五乡，乡为之师；分乡以为五州，州为之长；分州以为十里，里为之尉；分里以为十游，游为之宗。十家为什，五家为伍，什伍皆有长焉。筑障塞匿，一道路，博出入，审闾闬，慎管键，管藏于里尉。置闾有司，以时开闭。闾有司观出入者，以复于里尉。凡出入不时，衣服不中，圈属群徒，不顺于常者，闾有司见之，复无时。若在长家子弟、臣妾、属役、宾客，则里尉以谯于游宗，游宗以谯于什伍，什伍以谯于长家，谯敬而勿复。一再则宥，三则不赦。凡孝悌忠信、贤良俊材，若在长家子弟、臣妾、属役、宾客，则什伍以复于游宗，游宗以复于里尉，里尉以复于州长，州长以计于乡师，乡师以着于士师。凡过党，其在家属，及于长家；其在长家，及于什伍之长；其在什伍之长，及于游宗；其在游宗，及于里尉；其在里尉，及于州长；其在州长，及于乡师；其在乡师，及于士师。三月一复，六月一计，十二月一着。凡上贤不过等，使能不兼官，罚有罪不独及，赏有功不专与。

译文：

  把都城地区分为五个乡，乡设乡师。把乡分为五个州，州设州长。把州分成十个里，里设里尉。把里分为十个游，游设游宗。十家为一什，五家为一伍；什和伍都设什长和伍长。要修筑围墙，堵塞缺口，只定一条进出的道路，只设一个进出的门户。要细心看管里门，注意关锁，钥匙由里尉掌管。任命"间有司"，按时开闭里门。间有司要负责观察出入的人们，向里尉报告情况。凡是进出不遵守时间，穿戴不合时宜，家眷亲属及其他人中有行迹异常的，间有司发现，就随时上报。如果问题出在本里家长的子弟、臣妾、属役和宾客身上，那么，里尉要训斥游宗，游宗要训斥什、伍长，什、伍长要训斥家长。只给训斥和警告而不必上报，初犯、再犯可以宽恕，第三次就不赦免了。凡发现孝悌、忠信、贤良和优秀人才，如果出在本里家长的子弟、臣妾、仆役和宾客，那么，就要逐级由什、伍长上报游宗，游宗上报里尉，里尉上报州长，州长再汇总上报于乡师，乡师最后登记举报到士师那里去。凡责罚与犯罪有牵连的人，问题出在家属的，应连带及于家长；出在家长的，应连带及什、伍长；出在什、伍长的，连带游宗；出在游宗的，连带里尉；出在里尉的，连带州长；出在州长的，连带乡师；出在乡师的，也要连带于士师。每年三个月一上报，六个月一汇总，十二个月来一次登记举报。凡推举贤才都不可越级，使用能臣都不可兼职；惩罚有罪，不独罚犯罪者自身；赏赐有功，不专给立功者本人。

  孟春之朝，君自听朝，论爵赏、校官，终五日。季冬之夕，君自听朝，论罚罪、刑杀，亦终五日。正月之朔，百吏在朝，君乃出令，布宪于国。五乡之师、五属大夫，皆受宪于太史。大朝之日，五乡之师、五属大夫，皆身习宪于君前。太史既布宪，入籍于太府，宪籍分于君前。五乡之师出朝，遂于乡官，致于乡属，及于游宗，皆受宪。宪既布，乃反致令焉，然后敢就舍；宪未布，令未致，不敢就舍；就舍，谓之留令，罪死不赦。五属大夫，皆以行车朝，出朝不敢就舍，遂行。至都之日，遂于庙，致属吏，皆受宪。宪既布，乃发使者致令，以布宪之日，蚤晏之时。宪既布，使者以发，然后敢就舍；宪未布，使者未发，不敢就舍；就舍，谓之留令，罪死不赦。宪既布，有不行宪者，谓之不从令，罪死不赦。考宪而有不合于太府之籍者，侈曰专制，不足曰亏令，罪死不赦。首宪既布，然后可以布宪。

译文：

　　正月初起，国君要亲自临朝听政，评定爵赏，考核官吏，一共用五天时间。腊月末尾，国君也要临朝听政，论定罚、罪、刑、杀，也用五天。正月初一日，百官在朝，国君向全国发布法令。五乡乡师和五属大夫都在太史那里领受法令典籍。又当全体官吏会集在朝之日，五乡乡师和五属大夫都要在国君面前学习法令。太史宣布法令后，底册存入太府，就在国君面前把法令和简册分发下去。五乡乡师出朝以后，就到乡办事处召集本乡所属官吏，直至游宗，同来领受法令。法令公布完毕，要及时回报，然后回到任处。法令没有公布，报告没有交回，不敢到住处休息。否则，叫作"留令"，那是死罪不赦的。五属大夫，都是乘车来朝的，但出朝也不能到任处休息，需要立即出发。到达都邑的当天，就在祖庙里召集所属官吏，同来领受法令。法令公布后，便派遣使者回报。遣使应在公布法令的当天，不论早晚。法令公布完，使者派出去，然后才敢到住所休息。法令没有公布，使者没有派出，不能到住所休息。否则，也叫"留令"，死罪不赦。法令公布后，有不执行的，叫作"不从今"，死罪不赦。检查法令文件，有与太府所存不符的，多了叫作"专制"，少了叫作"亏令"，也是死罪不赦。这个所谓"首宪"的法令公布以后，各地就可以执行了。

凡将举事，令必先出。曰事将为，其赏罚之数，必先明之。立事者，谨守令以行赏罚，计事致令，复赏罚之所加。有不合于令之所谓者，虽有功利，则谓之专制，罪死不赦。首事既布，然后可以举事。

译文：

凡将办事，法令一定先出。这叫作事情将办，其赏罚办法就必须明示于前。负责人总是要严守法令以掌握赏罚，检查工作并向君主上报的时候，也必须报告执行赏罚的情况。如果办事不合于法令的意旨，即使事有成效，也叫"专制"，那是死罪不赦的。这个所谓"首事"的命令一经发布，然后就可以遵照执行了。

修火宪，敬山泽，林薮积草，夫财之所出，以时禁发焉。使民足于宫室之用，薪蒸之所积，虞师之事也。决水潦，通沟渎，修障防，安水藏，使时水虽过度，无害于五谷。岁虽凶旱，有所秎获，司空之事也。相高下，视肥硗，观地宜，明诏期，前后农夫，以时均修焉，使五谷桑麻，皆安其处，由田之事也。行乡里，视宫室，观树艺，简六畜，以时钧修焉，劝勉百姓，使力作毋偷，怀乐家室，重去乡里，乡师之事也。论百工，审时事，辨功苦，上完利，监一五乡，以时钧修焉，使刻镂文采，毋敢造于乡，工师之事也。

译文:

制定防火的法令,林止在林薮之处堆积枯草;对自然资源的出产,要按时封禁和开放,以使人民有充足的房屋建筑用材的柴草贮备。这是"虞师"的职责。排泄积水,疏通沟渠,修整堤坝,以保持蓄水池的安全,做到雨水过多时无害于五谷,年景干旱时,也有收成。这是"司空"的职责。观测地势高下,分析土质肥瘠,查明土地宜于何种作物的生长;明定农民应召服役的日期,对农民生产、服役的先后,按时作全面安排,使五谷桑麻的种植,各得其适。这是"司田"的职责。巡行乡里,察看房屋,观察树木、庄稼的生长,视察六畜的状况,并能按时做全面安排,做到劝勉百姓,使他们努力耕作而不偷闲,留恋家室而不轻离乡里,这是"乡师"的职责。考核各种工匠,审定各个时节的作业项目,分辨产品质量的优劣,提倡产品完全和精致,统一管理五乡,按时做全面安排,使那种刻木、镂金、文采之类的奢侈品工艺,不敢在各乡作业。这是"工师"的职责。

度爵而制服,量禄而用财。饮食有量,衣服有制,宫室有度,六畜人徒有数,舟车陈器有禁,修生则有轩冕、服位、谷禄、田宅之分,死则有棺椁、绞衾、圹垄之度。虽有贤身贵体,毋其爵,不敢服其服;虽有富家多资,毋其禄,不敢用其财。天子服文有章,而夫人不敢以燕以飨庙,将军大夫不敢以朝,官吏以命,士止于带缘,散民不敢服杂采,百工商贾不得服长鬈貂,刑余戮民不敢服絻,不敢畜连乘车。

译文:

按照爵位制定享用等级,根据俸禄规定花费标准。饮食有一定标准,衣服有一定制度,房屋有一定限度,六畜和奴仆有一定数目,车船和陈设也都有一定的限制。活着的时候，在乘车、戴帽、职位、俸禄、田宅等方面，有所分别；死了的时候，在棺木、衣被、坟墓等方面，也有所规定。虽然是身份高贵，没有那样的爵位也不敢穿那样的衣服；虽然是家富钱多，没有那样的俸禄也不敢做那样的花费。天子衣服的花纹样式有明文规定，夫人不能穿常服祭祀宗庙，将军大夫穿朝服，一般官吏穿命服，"士"只在衣带边缘上有所标志。平民不敢穿杂有文彩的衣服，工匠、商人不得穿羔皮和貂皮的衣服。受过刑和正在服刑的人不能穿丝料的衣服，也不敢备车和坐车。

寝兵之说胜，则险阻不守；兼爱之说胜，则士卒不战。全生之说胜，则廉耻不立。私议自贵之说胜，则上令不行。群徒比周之说胜，则贤不肖不分。金玉货财之说胜，则爵服下流。观乐玩好之说胜，则奸民在上位。请谒任举之说胜，则绳墨不正。谄谀饰过之说胜，则巧佞者用。

译文：

废止军备的议论占优势，险阻就不能固守。泛爱人类的议论占优势，士卒就不肯作战。保命的议论占优势，廉耻之风就不能建立。私立异说、清高自贵的议论占优势，君主政令就无法推行。结交朋党的议论占优势，好人、坏人就不易分清。金玉财货的议论占优势，官爵服位就滥流到下边。观乐玩好的议论占优势，奸邪之辈就攀援到上位。托拜保举的议论占优势，用人标准就不会正确。阿谀奉承、文过饰非的议论占优势，巧言而奸佞的人就会出来干事了。

期而致，使而往，百姓舍己以上为心者，教之所期也。始于不足见，终于不可及，一人服之，万人从之，训之所期也。未之令而为，未之使而往，上不加勉，而民自尽竭，俗之所期也。好恶形于心，百姓化于下，罚未行而民畏恐，赏未加而民劝勉，诚信之所期也。为而无害，成而不议，得而莫之能争，天道之所期也。为之而成，求之而得，上之所欲，小大必举，事之所期也。令则行，禁则止，宪之所及，俗之所被，如百体之从心，政之所期也。

译文：

征召就立即来到，派遣就立即前往，老百姓舍弃自己而以君上之心为心，这是教化所期望的结果。起初还看不出迹象，最后则成效不可比拟，君主一人行事，臣民万人随从，这是训练所期望的结果。不加命令而主动办事，不加派遣而主动前往，不用君主劝勉，而人民自己就能够尽心竭力，这是树立风俗所期望的结果。君主的好恶才在心里形成，百姓就化为行动，刑未行而人民知道恐惧，奖赏未发而人民得到劝勉，这是实行诚信所期望的结果。做事不产生恶果，成事之后也没有失败，得到的成果没有人能够争夺，这是遵守天道所期望的结果。行事即成，有求即得，君主所要求的，大小事情都能实现，这是办事所期望的结果。有令则行，有禁则止，凡是法令所及和风俗所影响到的地方，就像四肢百骸服从内心一样，这是为政所期望的结果。

八观第十三

大城不可以不完，郭周不可以外通，里域不可以横通，闾闬不可以毋阖，宫垣关闭不可以不修。故大城不完，则乱贼之人谋；郭周外通，则奸遁逾越者作；里域横通，则攘夺窃盗者不止；闾闬无阖，外内交通，则男女无别；宫垣不备，关闭不固，虽有良货，不能守也。故形势不得力非，则奸邪之人悫愿；禁罚威严，则简慢之人整齐；宪令著明，则蛮夷之人不敢犯；赏庆信必，则有功者劝；教训习俗者众，则君民化

变而不自知也。是故明君在上位，刑省罚寡，非可刑而不刑，非可罪而
不罪也；明君者，闭其门，塞其涂，弇其迹，使民毋由接于淫非之地，
是以民之道正行善也若性然。故罪罚寡而民以治矣。

译文：

内城的城墙不可不坚固完整，外城的四周不可有外通的空隙，城
里的边界不可以左右横通，间门不可不关闭，院墙与门闩不可不注意整
修。因为，内城不完整，作乱为害的人就会图谋不轨；外城有空隙，奸
遁越境的人就可以行事；城里的边界随意横通，抢夺盗窃的人就不会停
止；间门不关，内外随意交往，男女之间就没有界限；院墙不备，门闩
不牢，虽有宝贵的财货也是无法保管的。所以，客观形势使人们无法为
非作歹，奸邪的人才能够老实守法；禁律与刑罚威严，无视法纪者才能
够规规矩矩；法令严明，蛮夷之人就不敢触犯；奖赏信实坚定，有功者
就得到鼓励；受教育、守习俗的人多了，人民才可以潜移默化地接受教
育。因此，有英明的君主执政，刑罚总是很少，这并不是该用刑的不用
刑，该治罪的不治罪；而是英明君主关闭了犯罪的门户，堵塞了犯罪的
道路，消灭了犯罪的影响，使人民无由接触为非作歹的环境，因而人
民走正道、做好事，就好像出自本性了。所以，罪罚很少而人民照样
安定。

行其田野，视其耕芸，计其农事，而饥饱之国可以知也。其耕之不
深，芸之不谨，地宜不任，草田多秽，耕者不必肥，荒者不必墝，以人
猥计其野，草田多而辟田少者，虽不水旱，饥国之野也。若是而民寡，
则不足以守其地；若是而民众，则国贫民饥；以此遇水旱，则众散而不
收。彼民不足以守者，其城不固；民饥者，不可以使战；众散而不收，
则国为丘墟。故曰，有地君国而不务耕芸，寄生之君也。故曰：行其田

201

野，视其耕芸，计其农事，而饥饱之国可知也。

译文：

　　巡视一个国家的田野，看看它的耕耘状况，计算它的农业生产，饥饱之国，就可以区别出来了。耕地不深，锄草不勤；宜种的土地没有种，未开的土地很荒乱，已耕的土地不见得肥沃，荒芜的土地不见得贫瘠；按人口总算土地，荒地多而熟地少。即使没有水旱天灾，这也是一个饥国的田野。像这样的国家，人口少则不能保其国土；人口多，则国贫民饥。再遇上水旱灾害，老百姓就将离散而不肯回来。人民无力保卫国土，城防就不巩固；人民处于饥饿状态，就不能从事战争；人民离散而不回，国家就成为一片废墟了。所以说，拥有土地统治国家而不注重农业生产，便是寄生的国君。所以说，巡视一个国家的田野，看看它的耕耘状况，计算它的农业生产，饥饱之国，就可以区别出来了。

　　行其山泽，观其桑麻，计其六畜之产，而贫富之国可知也。夫山泽广大，则草木易多也；壤地肥饶，则桑麻易植也；荐草多衍，则六畜易繁也。山泽虽广，草木毋禁；壤地虽肥，桑麻毋数；荐草虽多，六畜有征，闭货之门也。故曰，时货不遂，金玉虽多，谓之贫国也。故曰：行其山泽，观其桑麻，计其六畜之产，而贫富之国可知也。

译文：

　　巡视一个国家的山林湖泽，看看它的桑麻生长情况，计算它的六畜生产，贫富之国，就可以区别出来了。山林湖泽广阔，草木就容易繁殖；土地肥沃，桑麻就容易生长；牧草繁茂，六畜就容易兴旺。如果山泽虽广，滥伐草木却没有禁令；土地虽肥，种植桑麻却不得其法；牧草虽多，饲养六畜却征收赋税；这就等于堵塞财货的门路。所以说，日常物产不充足，金玉虽多，也只能叫作贫国。所以说，巡视一个国家的山林湖泽，看看它的桑麻生长情况，计算它的六畜生产；贫富之国，就可以区别出来了。

入国邑，视宫室，观车马衣服，而侈俭之国可知也。夫国城大而田野浅狭者，其野不足以养其民；城域大而人民寡者，其民不足以守其城；宫营大而室屋寡者，其室不足以实其宫；室屋众而人徒寡者，其人不足以处其室；囷仓寡而台榭繁者，其藏不足以共其费。故曰，主上无积而宫室美，氓家无积而衣服修，乘车者饰观望，步行者杂文采，本资少而末用多者，侈国之俗也。国侈则用费，用费则民贫，民贫则奸智生，奸智生则邪巧作。故奸邪之所生，生于匮不足；匮不足之所生，生于侈；侈之所生，生于毋度。故曰，审度量，节衣服，俭财用，禁侈泰，为国之急也。不通于若计者，不可使用国。故曰：入国邑，视宫室，观车马衣服，而侈俭之国可知也。

译文：

　　进入一个国家的都城，视察它的宫室，看看它的车马、衣服；国家奢侈或节俭，就可以区别出来了。城市大而农田小，农田就养活不了那些人民；城区大而居民少，居民就防守不了那个城市；院落大而房屋少，房屋就充实不了那个院落；房屋多而居民少，居民就住用不了那些房屋；粮仓少而亭台楼阁多，粮食贮备就供应不了那些靡费。所以说，君主没有积蓄而宫室却很华丽，百姓没有积蓄而衣服却很讲究，乘车者打扮车子的外观，步行者穿着用艳丽的服色，农业产品少而奢侈物品多。这是奢侈国家的风俗。国家奢侈则开支浪费，开支浪费则人民贫困，人民贫困则产生奸恶思想，产生奸恶思想则出现邪污行为。所以，奸恶和邪污的产生，由于贫困；贫困的产生，由于奢侈；奢侈的产生，由于没有制度。所以说，明确制度和标准，节约衣服，俭省财用，禁止奢侈，是治国的急务。不懂得这个道理，就不要使他管理国家。所以说，进入一个国家的都城，视察它的宫室，看看它的车马、衣服；国家奢侈或节俭，就可以区别出来了。

课凶饥，计师役，观台榭，量国费，而实虚之国可知也。凡田野万家之众，可食之地，方五十里，可以为足矣。万家以下，则就山泽可矣；万家以上，则去山泽可矣。彼野悉辟而民无积者，国地小而食地浅也；田半垦而民有余食而粟米多者，国地大而食地博也。国地大而野不辟者，君好货而臣好利者也；辟地广而民不足者，上赋重，流其藏者也。故曰，粟行于三百里，则国毋一年之积；粟行于四百里，则国毋二年之积；粟行于五百里，则众有饥色。其稼亡三之一者，命曰小凶；小凶三年而大凶，大凶则众有大遗苞矣。什一之师，什三毋事，则稼亡三之一。稼亡三之一，而非有故盖积也，则道有损瘠矣。什一之师，三年不解，非有余食也，则民有鬻子矣。故曰：山林虽近，草木虽美，宫室必有度，禁发必有时，是何也？曰：大木不可独伐也，大木不可独举也，大木不可独运也，大木不可加之薄墙之上。故曰，山林虽广，草木虽美，禁发必有时；国虽充盈，金玉虽多，宫室必有度；江海虽广，池泽虽博，鱼鳖虽多，罔罟必有正，船网不可一财而成也。非私草木爱鱼鳖也，恶废民于生谷也。故曰，先王之禁山泽之作者，博民于生谷也。彼民非谷不食，谷非地不生，地非民不动，民非作力，毋以致财。天下之所生，生于用力，用力之所生，生于劳身。是故主上用财毋已，是民用力毋休也，故曰，台榭相望者，其上下相怨也。民毋余积者，其禁不必止；众有遗苞者，其战不必胜；道有损瘠者，其守不必固。故令不必行，禁不必止，战不必胜，守不必固，则危亡随其后矣。故曰：课凶饥，计师役，观台榭，量国费，实虚之国可知也。

译文：

    考查灾年饥馑的情况，计算从军服役的人数，看看楼台亭阁的修建，计量财政开支的费用；虚实之国，就可以区别出来了。凡是拥有万户人口的农村，可食之地，有方五十里就够了。万户以下的，可以算进去山泽之地；一万户以上的，则要把山泽除外。那种土地均已开垦，而人民仍无积蓄的国家，是因为国土小而耕地少；土地只开垦半数，而民有余食、粟米丰富的国家，是因为国土大而耕地多。国土虽大而荒地没有开垦，是因为君主追求财货而臣民好利的缘故；土地开垦虽多而人民粮食不足，是因为朝廷赋税繁重，人民卖掉存粮的缘故。所以说，粮食运行远达三百里，这个国家的存粮就不够一年之用；粮食运行远达四百里，这个国家的存粮就不够半年之用；粮食运行远达五百里，民众就面有饥色了。一个国家，庄稼歉收三分之一，叫作小凶年；三个小凶年等于一个大凶年。大凶年百姓就有饿死在路上的了。一国有十分之一的人从军，就要有十分之三的人脱离农业生产，庄稼也就要歉收三分之一。庄稼歉收三分之一，而没有旧年存粮，路上就会有弃置的死尸。十分之一的人从军，三年不解除兵役，如果没有余粮，人民也会有卖儿卖女的了。所以要问：山林虽近，草木虽好，兴建宫室还必须有限度，采伐与封禁山林还必须有定时，这是什么原因呢？回答说：因为大木材不是一个人劳动所能采伐的，不是一个人劳动所能搬举的，也不是一个人劳动所能运输的；大木材也不能使用在小规模的建筑上。所以说，山林虽广，草木生长虽好，封禁开发必须有定时；国虽富裕，金玉虽多，宫室兴建必须有限度；江海虽宽，池泽虽大，鱼鳖虽多，捕鱼之业必须有官管理；船网之民不可只依靠单一财路来维持生活。这并不是对草木、鱼鳖有偏爱，而是怕人民荒废了粮食的生产。所以说，先王限制上山采伐下水捕鱼的活动，为的就是使人们专务粮食生产。人民不种粮食没有饭吃，粮食不靠土地不能生长，土地没有人民不能耕种，人民不卖力气就得不到财富。财富的产生是出于使用劳力，劳力的产生是出于劳动者的身体。所以，君主用财无限度，就等于人民用力无休止。所以说，楼台亭阁远近相望的，那是君民之间彼此相恨的。人民没有储蓄的粮食，国家禁令就不能一定生效；百姓有饿死的，对外战争就不能一定取胜；道路上有弃置的死尸，防守就不能一定坚固。而法令不能"必行"，禁令不能"必止"，战不能"必胜"，守不能"必固"，危亡也就跟在后面了。所以说，考查灾年饥馑的情况，计算从军服役的人数，看看楼台亭阁的修建，计量财政开支的费用，虚实之国，就可以区别出来了。

入州里，观习俗，听民之所以化其上，而治乱之国可知也。州里不鬲，闾闭不设，出入毋时，早晏不禁，则攘夺窃盗，攻击残贼之民，毋自胜矣。食谷水，巷凿井，场圃接，树木茂，宫墙毁坏，门户不闭，外内交通，则男女之别，毋自正矣。乡毋长游，里毋士舍，时无会同，丧烝不聚，禁罚不严，则齿长辑睦，毋自生矣。故昏礼不谨，则民不修廉；论贤不乡举，则士不及行；货财行于国，则法令毁于官；请谒得于上，则党与成于下；乡官毋法制，百姓群徒不从，此亡国弑君之所自生也。故曰：入州里，观习俗，听民之所以化其上者，而治乱之国可知也。

译文：

进入一国的州、里，观察风俗习惯，了解它的人民是怎样接受上面教化的，治乱之国，就可以区别出来了。州里之间没有隔墙，里门没有安设，出入没有定时，早晚不加管理；对于抢夺、盗窃、殴打、害人的分子，就无法加以管制了。吃同一条山谷里的水，在一个巷子里打井，场院菜圃相连，树木茂密，院墙破损，门户不闭，内外随便往来；

男女之间的界限，也就无法规正了。乡没有官吏，里不设学堂，不按时集会，丧葬祭袍人们也不相聚，禁令刑罚又不严格，尊贤敬长的和睦风尚，也就无从产生了。所以，婚礼不严肃，人们就不注意廉耻；选贤不通过乡里，士人就不注重品行；贿赂财货风行于国内，法律政令就败坏于官府；请托办事之风通行在上面，结党营私之事就发展在下边；乡官不实行法制，百姓就不会服从命令。这些就是亡国弑君发生的原因。所以说，进入一国的州、里，观察风俗习惯，了解它的人民是怎样接受上面教化的；治乱之国，就可以区别出来了。

入朝廷，观左右本求朝之臣，论上下之所贵贱者，而强弱之国可知也。功多为上，禄赏为下，则积劳之臣不务尽力；治行为上，爵列为下，则豪桀材臣不务竭能。便辟左右，不论功能而有爵禄，则百姓疾怨非上，贱爵轻禄；金玉货财商贾之人，不论志行而有爵禄也，则上令轻，法制毁；权重之人，不论才能而得尊位，则民倍本行而求外势。彼积劳之人不务尽力，则兵士不战矣；豪桀材人不务竭能，则内治不别矣；百姓疾怨非上，贱爵轻禄，则上毋以劝众矣；上令轻，法制毁，则君毋以使臣，臣毋以事君矣；民倍本行而求外势，则国之情伪竭在敌国矣。故曰：入朝廷，观左右本求朝之臣，论上下之所贵贱者，而强弱之国可知也。

译文：

来到一国的朝廷，观察君主的左右，研究一下本朝百官的情况，分析一下朝廷上下重视什么和轻视什么，强弱之国就可以区别出来了。功劳多的，禄赏反而在下，多功之臣就不肯尽心竭力；政绩好的，官爵反而在下，豪杰能臣就不肯竭尽所能；君主的宠臣和侍从之类，不论功劳能力而享有爵禄，百姓就会怨恨、非议而轻贱爵禄；贩运金玉财货的商贾之流，不论道德品行而享有爵禄，君令就不受重视，而法制破毁；握有大权的人，不论才能而窃居高位，人们就要抛弃本国行伍而投靠外国势力去了；那些多功之臣不愿尽心竭力，士兵就不肯作战；豪杰能臣不竭尽所能，内政就不会清明；百姓怨恨、非议而轻贱爵禄，君主就无法劝勉民众；君令不受重视，法制破毁，君主就无法命令臣下，臣下也无法效忠君主；人民背弃本国队伍而投靠外国势力，国家的虚实就全被敌国掌握了。所以说，来到一国的朝廷，观察君主的左右，研究一下本朝的百官的情况，分析一下朝廷上下重视什么和轻视什么，强弱之国，就可以区别出来了。

置法出令，临众用民，计其威严宽惠行于其民与不行于其民；可知也。法虚立而害疏远，令一布而不听者存，贱爵禄而毋功者富，然则众必轻令而上位危。故曰：良田不在战士，三年而兵弱；赏罚不信，五年而破；上卖官爵，十年而亡；倍人伦而禽兽行，十年而灭。战不胜，弱也；地四削，入诸侯，破也；离本国、徙都邑，亡也；有者异姓，灭也。故曰：置法出令，临众用民，计威严宽惠而行于其民不行于其民，可知也。

译文：

根据君主立法出令和从政治民的情况，考察其刑赏政策是否在人民当中得到贯彻；兴灭之国，就可以区别出来了。法律形同虚设，只加害疏远的人；命令虽已公布，不听者安然无恙；随便封爵赐禄，无功者因而致富；那么，人们一定轻视法令而君主地位也就危险了。所以说，良田不赏给战士，三年而兵力衰弱；赏罚不信实，五年而国家破败；君主卖官鬻爵，七年而国家危亡；背逆伦常道德，干禽兽的行为，十年国家就会覆灭。出战不胜，是衰弱；土地被瓜分，是破败；逃离本国，迁移国都，是危亡；政权由异姓人占有，是覆灭。所以说，根据君主立法出令和统治人民的情况，考察其刑赏政策是否在人民当中得到贯彻；兴灭之国，就可以区别出来了。

计敌与，量上意，察国本，观民产之所有余不足，而存亡之国可知也。敌国强而与国弱，谏臣死而谀臣尊；私情行而公法毁，然则与国不恃其亲，而敌国不畏其强；豪杰不安其位，而积劳之人不怀其禄。悦商贩而不务本货，则民偷处而不事积聚。豪杰不安其位，则良臣出；积劳之人不怀其禄，则兵士不用；民偷处而不事积聚，则困仓空虚。如是而君不为变，然则攘夺、窃盗、残贼、进取之人起矣。内者廷无良臣，兵士不用，困仓空虚，而外有强敌之忧，则国居而自毁矣。故曰：计敌与，量上意，察国本，观民产之所有余不足，而存亡之国可知也。

故以此八者，观人主之国，而人主毋所匿其情矣。

译文：

估量敌国和盟国，了解君主的意志，考察农业的状况，看看人民财产是有余还是不足；存亡之国，就可以区别出来了。敌国强大而盟国衰弱，直言之臣身死而阿谀之臣得宠，私人请托盛行而公法被毁；对这样的国家，盟国将不再依靠其盟好关系，敌国也不会畏惧其强大，豪杰将不安于位，多功之臣也不再留恋他的爵禄了。君主又喜欢商贩而不爱农业，人民就苟且偷安而不致力于积蓄了。豪杰不安于位，则良臣出走；多功之臣，不怀恋爵禄，则兵士不肯效力；人民苟且偷安而不致力于积蓄，则粮仓空虚。这样，君主还不肯改革，那么，抢夺、盗窃、残害人民、谋取政权的人们就起来了。在国内，朝中无良臣，士兵不效力，粮仓空虚，再加上外有强敌之忧，这就只有坐而待亡了。所以说，估量敌国和盟国，了解君主的意志，考察农业的状况，看看人民财产是有余或是不足；存亡之国，就可以区别出来了。

因此，从这八方面调查一个君主所治理的国家，这个君主就无法掩盖他的真实状况了。

重令第十五

凡君国之重器，莫重于令。令重则君尊，君尊则国安；令轻则君卑，君卑则国危。故安国在乎尊君，尊君在乎行令，行令在乎严罚。罚严令行，则百吏皆恐；罚不严，令不行，则百吏皆喜。故明君察于治民之本，本莫要于令。故曰：亏令者死，益令者死，不行令者死，留令者死，不从令者死。五者死而无赦，唯令是视。故曰：令重而下恐。

译文：

凡属统治国家的重要手段，没有比法令更重要的。法令威重则君主尊严，君主尊严则国家安定；法令没有力量则君主低贱，君主低贱则国家危险。所以，安国在于尊君，尊君在于行令，行令在于严明刑罚。刑罚严、法令行，则百官畏法尽职；刑罚不严、法令不行，则百官玩忽职守。因此，英明的君主明察治民的根本，根本没有比法令更要紧的。所以说：删减法令者，处死；增添法令者，处死；不执行法令者，处死；扣压法令者，处死；不服从法令者，处死。这五种情况都应是死罪无赦，一切都只看法令行事。所以说：法令有力量，下面就畏惧了。

为上者不明，令出虽自上，而论可与不可者在下。夫倍上令以为威，则行恣于己以为私，百吏奚不喜之有？且夫令出虽自上，而论可与不可者在下，是威下系于民也。威下系于民，而求上之毋危，不可得也。令出而留者无罪，则是教民不敬也。令出而不行者毋罪，行之者有罪，是皆教民不听也。令出而论可与不可者在官，是威下分也。益损者毋罪，则是教民邪途也。如此，则巧佞之人，将以此成私为交；比周之人，将以此阿党取与；贪利之人，将以此收货聚财；懦弱之人，将以此阿贵事富便辟；伐矜之人，将以此买誉成名。故令一出，示民邪途五衢，而求上之毋危，下之毋乱，不可得也。

译文：

君主若昏庸不明，法令虽然由上面制定，而议论其是否可行的权限就落到下面了。凡是能违背君令以自揽权威的，就可以达到为个人而肆意妄为的目的，百官哪有不玩忽职守的呢？况且，法令虽然由上面制定，而议论其是否可行却取决于下面，这就是君主的权威被下面的人牵制了。权威被下面的人们牵制，而希望君主没有危险，是办不到的。法令发出，而扣压者无罪，这就是让人不尊敬君主；法令发出，而不执行者无罪，执行的有罪，这就是让人不听从君主；法令发出，而论其是否可行之权在百官，这就是君权下分；擅自增删法令者无罪，这就是让人们寻找邪路。照此下去，诡诈奸佞的人们将由此勾结营私；善于结党的人们，将由此党同伐异；贪利的人们，将由此收贿聚财；懦弱的人们，将由此逢迎富人贵者，并趋奉国君左右的小臣；骄矜自夸的人们，将由此沽名钓誉以成其虚名。所以，法令一出，就给人敞开五条邪路，而想要君主不危亡，臣下不作乱，是办不到的。

菽粟不足，末生不禁，民必有饥饿之色，而工以雕文刻镂相稚也，谓之逆。布帛不足，衣服毋度，民必有冻寒之伤，而女以美衣锦绣綦组相稚也，谓之逆。万乘藏兵之国，卒不能野战应敌，社稷必有危亡之患，而士以毋分役相稚也，谓之逆。爵人不论能，禄人不论功，则士无为行制死节，而群臣必通外请谒，取权道，行事便辟，以贵富为荣华以相稚也，谓之逆。

译文：

　　粮食不足，奢侈品生产不禁止，人们必定要挨饿，而工匠们还以雕木镂金相夸耀，这就叫作"逆"。布帛不足，衣服却没有节制，人民一定要受冻，而女人们还以衣着美丽、锦绣繁复相夸耀，这就叫作"逆"。有万辆兵车的大国，士卒不能野战应敌，国家一定有危亡之患，而武士们还以免服兵役相夸耀，这就叫作"逆"。不按才能授官，不按功劳授禄，武士们就不肯执行命令、为国牺牲，而大臣们还一定要交结外国、实行权术、趋奉君侧小臣，以升官发财为光荣来互相夸耀，这也叫作"逆"。

　　朝有经臣，国有经俗，民有经产。何谓朝之经臣？察身能而受官，不诬于上；谨于法令以治，不阿党；竭能尽力而不尚得，犯难离患而不辞死；受禄不过其功，服位不侈其能，不以毋实虚受者，朝之经臣也。何谓国之经俗？所好恶不违于上，所贵贱不逆于令；毋上拂之事，毋下比之说，毋侈泰之养，毋逾等之服；谨于乡里之行，而不逆于本朝之事者，国之经俗也。何谓民之经产？畜长树艺，务时殖谷，力农垦草，禁止末事者，民之经产也。故曰：朝不贵经臣，则便辟得进，毋功虚取；奸邪得行，毋能上通。国不服经俗，则臣下不顺，而上令难行。民不务经产，则仓廪空虚，财用不足。便辟得进，毋功虚取，奸邪得行，毋能上通，则大臣不和。臣下不顺，上令难行，则应难不捷。仓廪空虚，财用不足，则国毋以固守。三者见一焉，则敌国制之矣。

译文：

朝廷要有"经臣"，国家要有"经俗"，人民要有"经产"。什么叫作朝廷的"经臣"呢？按个人能力接受官职，不欺骗君主；严肃执行法令治理国家，不袒护私党；竭尽全力办事，不追求私利；遇到国家患难，不贪生怕死；受禄不超过自己的功劳，官位不超过自己的才能，不平白领受禄赏的，就是朝廷的经臣。什么叫作国家的"经俗"呢？人们的喜好和厌恶，不违背君主的标准；重视和轻视的事情，不违背法令的规定；不做与君主意见相反的事，不说偏袒下级的话，不过奢侈的生活，没有越级的行动；在乡里要有谨慎的行为，而不违背本朝政事的，就是国家的经俗。什么叫作人民的"经产"呢？饲养牲畜，搞好种植，注意农时，增产粮食，努力农事，开垦荒地，而禁止奢侈品的生产，就是人民的经产。所以说，朝廷不重视经臣，则嬖臣得进，无功者空得官禄；奸邪得逞，无能者混入上层。国家不施行经俗，则臣下不顺，而君令难以推行。人民不注重经产，则仓廪空虚，财用不足。嬖臣得进，无功者空得官禄，奸邪得逞，无能者混入上层，这就会造成大臣的不和。臣下不顺，君令难行，在国家应付危难的时候，就难得取胜。仓廪空虚，财用不足，国家就不能固守。三种情况出现一种，国家就将被敌国控制了。

故国不虚重，兵不虚胜，民不虚用，令不虚行。凡国之重也，必待兵之胜也，而国乃重。凡兵之胜也，必待民之用也，而兵乃胜；凡民之用也，必待令之行也，而民乃用。凡令之行也、必待近者之胜也，而令乃行。故禁不胜于亲贵，罚不行于便辟，法禁不诛于严重，而害于疏远，庆赏不施于卑贱，二三而求令之必行，不可得也。能不通于官受，禄赏不当于功，号令逆于民心，动静诡于时变，有功不必赏，有罪不必诛，令焉不必行，禁焉不必止，在上位无以使下，而求民之必用，不可得也。将帅不严威，民心不专一，阵士不死制，卒士不轻敌，而求兵之必胜，不可得也。内守不能完，外攻不能服，野战不能制敌，侵伐不能威四邻，而求国之重，不可得也。德不加于弱小，威不信于强大，征伐不能服天下，而求霸诸侯，不可得也。威有与两立，兵有与纷争，德不能怀远国，令不能一诸侯，而求王天下，不可得也。

译文：

所以，国家不是凭空就能强大的，军队不是凭空就能打胜仗的，人民不是凭空就能服从指挥的，法令不是凭空就能贯彻下去的。想要国家的强大，一定要依靠军队能打胜仗，然后，国家才能强大。想要军队打胜仗，一定要依赖人民服从指挥，然后，军队才能打胜仗。想要人民服从指挥，一定要法令贯彻下去，然后人民才能服从指挥。想要法令的贯彻，必须使君主所亲近的人遵守，然后，法令才能贯彻下去。所以，禁令不能制服亲者和贵者，刑罚不肯加于君侧的嬖臣，法律禁令不惩罚罪行严重者，只加害于疏远者，庆赏不肯给予出身低贱的人们，这样，还指望法令一定贯彻下去，是办不到的。有能力的人不使之进入官府，受禄赏的人不符合本人功绩，所发号令违背民心，各项措施不合时代潮流，对有功的不坚决行赏，对有罪的不坚决惩办，出令不能必行，有禁不能必止，身在上位没有办法役使臣下，还指望人民一定服从，是办不到的。将帅没有治军的威严，民心不能专一于抗战，临阵的将士不肯死于军令，士卒不敢蔑视敌人，还指望军队一定能打胜仗，是办不到的。对内固守不能保持国土完整，对外攻战不能征服对方，野战不能克制敌军，侵伐不能威震四邻，还指望国家强大，是办不到的。德惠没有施加于弱小的国家，威望不能取信于强大的国家，征伐不能制服天下，还指望称霸诸侯，是办不到的。论国威，有和自己并立的对象；论军事，有和自己抗争的敌军；德惠不能笼络远方的国家，号令不能统一众多的诸侯，还指望称王天下，是办不到的。

地大国富，人众兵强，此霸王之本也，然而与危亡为邻矣。天道之数，人心之变。天道之数，至则反，盛则衰。人心之变，有余则骄，骄则缓怠。夫骄者，骄诸侯，骄诸侯者，诸侯失于外；缓怠者，民乱于内。诸侯失于外，民乱于内，天道也。此危亡之时也。若夫地虽大，而不并兼，不攘夺；人虽众，不缓怠，不傲下；国虽富，不侈泰，不纵欲；兵虽强，不轻侮诸侯，动众用兵必为天下政理，此正天下之本而霸王之主也。

译文：

地大国富，人众兵强，这自然是称霸、称王的根本。然而，至此也就与危亡接近了。天道的规律和人心的变化就是这样的：就天道的规律说，事物发展到尽头则走向反面，发展到极盛则走向衰落；就人心的变化说，富有了，则产生骄傲，骄傲则松懈怠惰。这里所说的"骄傲"，指的是对各国诸侯的骄傲。对各国诸侯骄傲，在国外就脱离了各诸侯国；而松懈怠惰的结果，又将在国内造成人民的叛乱。在国外脱离诸侯，在国内人民叛乱，这正是天道的体现，也正是走到危亡的时刻了。假使国土虽大而不进行兼并与掠夺，人口虽多而不松懈、怠惰与傲视臣民，国家虽富而不奢侈纵欲，兵力虽强而不轻侮诸侯，即使有军事行动也都是为伸张天下的正理，这才是匡正天下的根本，而可成为称霸天下的君主。

凡先王治国之器三，攻而毁之者六。明王能胜其攻，故不益于三者，而自有国、正天下。乱王不能胜其攻，故亦不损于三者，而自有天下而亡。三器者何也？曰：号令也，斧钺也，禄赏也。六攻者何也？

曰：亲也，贵也，货也，色也，巧佞也，玩好也。三器之用何也？曰：非号令毋以使下，非斧钺毋以威众，非禄赏毋以劝民。六攻之败何也？曰：虽不听，而可以得存者；虽犯禁，而可以得免者；虽毋功，而可以得富者。凡国有不听而可以得存者，则号令不足以使下；有犯禁而可以得免者，则斧钺不足以威众；有毋功而可以得富者，则禄赏不足以劝民。号令不足以使下，斧钺不足以威众，禄赏不足以劝民，若此，则民毋为自用。民毋为自用，则战不胜；战不胜，而守不固；守不固，则敌国制之矣。然则先王将若之何？曰，不为六者变更于号令，不为六者疑错于斧钺，不为六者益损于禄赏。若此，则远近一心；远近一心，则众寡同力；众寡同力，则战可以必胜，而守可以必固。非以并兼攘夺也，以为天下政治也，此正天下之道也。

译文：

　　先代君主治国的手段有三个，遇到破坏和毁灭国家的因素则有六个。英明的君主能够克服其六个破坏因素，所以，治国手段虽然不超过三个，却能够保有国家，而匡正天下。昏乱的君主不能克服六个破坏因素，所以，治国手段虽然不少于三个，却是有了天下而终于灭亡。三种手段是什么？就是：号令、刑罚、禄赏。六种破坏因素是什么？就是：亲者、贵者、财货、美色、奸佞之臣和玩好之物。三种手段的用途在哪里？回答是：没有号令无法役使臣民，没有刑罚无法威服群众，没有禄赏无法鼓励人民。六个破坏因素的败坏作用在哪里？回答是：虽不听君令，也可以平安无事；虽触犯禁律也可以免于刑罚；虽没有功绩也可以捞得财富。凡是国家有不听君令而照样平安无事的，号令就不能推动臣民；有触犯禁律而免于刑罚的，刑罚就不能威服群众；有无功而捞得财富的，禄赏就不能鼓励人民。号令不足以推动臣民，刑罚不足以威服群众，禄赏不足以鼓励人民，这样，人民就不肯为君主效力了。人民不肯为君主效力，作战就不能取胜；作战不胜，国防就不巩固；国防不巩固，敌国就来控制了。那么，先代君主对此是怎样处理的呢？回答是：不因为上述六个因素而变更号令，不因为上述六个因素而疑虑或废置刑罚，不因为上述六个因素而增加或减少禄赏。这样一来，就可以做到远近一心了；远近一心，就可以达到众寡同力了；众寡同力，就可以做到作战必胜、防守必固了。所有这些都不是为侵吞和掠夺别国，而为的是把天下政事治理好，这正是匡正天下的原则。

侈靡第三十五

问曰：古之时与今之时同乎？曰：同。其人同乎，不同乎？曰：不同。可与？政其诛。暨尧之时，混吾之美在下。其道非独出入也。山不童而用赡，泽不弊而养足。耕以自养，以其余应良天子，故平。牛马之牧不相及，人民之俗不相知，不出百里而来足。故卿而不理，静也。其狱一踦腓一踦屦而当死。今周公断指满稽，断首满稽，断足满稽，而死民不服，非人性也，敝也。地重人载，毁敝而养不足，事末作而民兴之，是以下名而上实也。圣人者，省诸本而游诸乐，大昏也，博夜也。

译文：

齐桓公问道："古今的天时相同么？"管仲回答说："相同。""那么。人事是否相同呢？"回答说："不同。"这可表现在政与刑两个方面。早在帝喾、帝尧的时代，昆吾山的美金埋藏在地下都无人开采。他并非用了什么出人头地的办法。因为那时山上的林木不用采伐光人们就可以够用，河中的水产还未打捞完人们就可以够吃。人们耕以自养。用所余的供应天子，所以天下太平。人们放牧牛马都互不相遇，习俗也互不相知，不出百里就可以满足各项需要，所以有公卿而无需办事、生活是平静的。那时的罪刑，使犯罪者一脚穿草鞋一脚穿常履就可以代替死刑。然而现今的周公时代，断指、断足和断头积满台阶，被处死的人们还是不服从。这并不是人不怕死，而是极度贫困的缘故。土地贵重，人口增多，生活破败贫困而且食养不足。发展了奢侈性的工商产业，人民生活才振兴起来，这是不重虚名而注重实际的措施。圣明的君主，观察研究农业生产的情况而发展游乐事业，甚至整日整夜地进行。

问曰：兴时化若何？莫善于侈靡。贱有实，敬无用，则人可刑也。故贱粟米而如敬珠玉，好礼乐而如贱事业，本之始也。珠者，阴之阳也，故胜火；玉者，阴之阴也、故胜水。其化如神。故天子臧珠玉，诸侯臧金石，大夫畜狗马，百姓臧布帛。不然，则强者能守之，智者能牧之，贱所贵而贵所贱。不然，鳏寡独老不与得焉。

译文：

齐桓公接着发问说："如何根据时代不同而改变政策呢？"回答说："最好的办法是发展侈靡消费。"不看重"有实"之物，而看重"无用"之物，可以使国人就范而服从管教。这就是说，不看重粮食而着重珠玉，提倡礼乐制度而看轻生产事业，就是发展农业的开始。珠，是阴中之阳，所以胜过火；玉是阳中之阴，所以胜过水。它们都是变化如神的。因此，天子必须贮备作为货币的珠玉，至于诸侯则贮备钟声等乐器，大夫则贮备狗马等玩物，百姓则贮备布帛等物资。不然的话，强有力者将占有珠玉，智而黠者将操纵珠玉，市场物价就会波动。不然，鳏寡独老之人也就不得生计了。

均之始也，政与教孰急，管子曰：夫政教相似而殊方。若夫教者，标然若秋云之远，动人心之悲；蔼然若夏之静云乃及人之体；蔼然若蒿之静，动人意以怨；荡荡若流水，使人思之，人所生往。教之始也，身必备之，辟之若秋云之始见，贤者不肖者化焉。敬而待之，爱而使之，若樊神山祭之。贤者少，不肖者多，使其贤，不肖恶得不化？今夫政则少则，若夫成形之征者也。去则少可使人乎？

译文：

都是重要措施，政令与教化哪个最为急需呢？管仲说：政令与教化相似而方法不同。教化，好像秋云的高远，能激起人的悲心；又好像夏天的静云，能浸及人的身体；深造得好像皓月的寂静，激动着人的怨思；平易如流水，使人思念又令人神往。教化的开始，必须是在上者以身作则，就如同秋云在上空出现，无论贤者、不肖者都同时感化。严肃地对待人们，挚爱地使用人们，就像在神山上筑起篱笆祭神的气氛一样，贤人虽少，不肖者虽多，但教化使人转贤，不肖者怎么能不变化呢？至于政令，则与此稍有不同。它是以强力和刑罚为其特征的。没有这点，政令对人们还能略加驱使么？

用贫与富，何如而可？曰：甚富不可使，甚贫不知耻。水平而不流，无源则速竭；云平而雨不甚，无委云，雨则速已。政平而无威则不行。爱而无亲则流，亲左有，用无用，则辟之若相为有兆怨。上短下长，无度而用，则危本不称。

译文：

如何使用贫者和富者呢？回答说：人太富了，不好使用，太穷则不知羞耻。水平则不流，没有泉源，水很快枯竭；云平则无大雨，没有稠云，雨就很快停止；政令也是只平和而没有权威，它就不能贯彻了。用人只泛爱而不分亲疏，则流于一般。但只亲左右近臣，进用无用之才，就好比以盲导盲，必然使人生怨。重其短而弃其长，无法度（原则）用人，则是危害国家根本的。

而祀谭次祖，犯诅渝盟伤言。敬祖祢，尊始也。齐约之信，论行也。尊天地之理，所以论威也。薄德之君之府囊也。必因成形而论于人，此政行也。

译文：

不称其位而主持祭礼，是欺骗先祖。触犯盟誓和背弃盟约，则有伤信言。敬祖先是尊重根本。守盟约是讲求德行。提倡天地尊卑的道理，是为了明示权威。薄德，是人群的败类。必须以威刑晓谕国人，这才是为政之道。

可以王乎？请问用之若何？必辨于天地之道，然后功名可以殖。辩于地利，而民可富；通于侈靡，而士可戚。君亲自好事，强以立断，仁以好任。人君寿以政年，百姓不夭厉，六畜遮育，五谷遮熟，然后民力可得用。邻国之君俱不贤，然后得王。

译文：

怎样才可以成就王业？请问其做法如何？必须明白天地事物的规律，然后才可以发展功业与名声。懂得地利，可以使人民富有；懂得侈靡消费，可以团结士人。人君须亲理大事，强明果断，而仁爱用人。还必须祈祷丰年，使百姓无灾疫，六畜繁育，五谷丰熟，然后，民力就可以调动起来。在邻国之君都不贤的条件下，这样就可以成就王业了。

俱贤若何？曰，忽然易卿而移，忽然易事而化，变而足以成名。承弊而民劝，慈种而民富；应言侍感，与物俱长；故日月之明，应风雨而种。天之所覆，地之所载，斯民之良也，不有而丑天地，非天子之事也。民变而不能变，是棁之傅革，有革而不能革，不可服。民死信，诸侯死化。

译文：

　　若是邻国之君都很贤明又将如何呢？回答说：或者迅速改换大臣，或者迅速改革政事，肯改变就可以成就功名，拯救弊政则人民鼓舞，发展农业则人民富裕；适应天时的变化，顺应万物的生长；像日月放出光明，像风雨起降合宜，如天之覆，如地之载，具备这些条件，就是人民爱戴的君长。没有这些业绩而硬要比配天地，就不是天子当为之事了。人民思变而不能适应变革，就好比木头外面包一层皮革，叫作有皮革而不能变革，那是不会悦服并取信于人民的。

　　请问诸侯之化弊？弊也者，家也。家也者，以因人之所重而行之。吾君长来猎君，长虎豹之皮；用功力之君，上金玉币；好战之君，上甲兵。甲兵之本，必先于田宅。今吾君战，则请行民之所重。

译文：

　　各国诸侯都保有财货，请问各国诸侯的货币情况如何？货币，是表示物价的。物价是依据人们对该物的重视程度而定的。我们国君若重视打猎，就重视虎豹的皮张；耗用功力的国君，重视金玉的货币；好战的国君，重视盔甲和兵器。而甲兵的来源，又首先在于田宅。现在我们国君要从事战争，就要举办人民所重视的事情。

　　饮食者也，侈乐者也，民之所愿也。足其所欲，赡其所愿，则能用之耳。今使衣皮而冠角，食野草，饮野水，孰能用之？伤心者不可以致

221

功。故尝至味而，罢至乐而。雕卵然后瀹之，雕燎然后爨之。丹沙之穴不塞，则商贾不处。富者靡之，贫者为之，此百姓之怠生，百振而食。非独自为也，为之畜化。

译文：

饮食、享乐是人民的愿望，满足他们的欲求和愿望，就可以使用他们。假使只是让他们身披兽皮，头戴牛角，吃野草，喝野水，怎么能够使用他们呢？心情不舒畅的人是做不好工作的。所以，要提倡吃最好的饮食，听最好的音乐，把蛋壳雕画了然后煮食，把木柴雕刻了然后焚烧。丹砂矿产的洞口不要堵塞，使商贾贩运不要呆滞。让富人奢侈消费，让穷人劳动就业。这样，百姓将安居乐业，百般振奋而有饭吃。这不是百姓可以单独做到的，需要在上者替他们蓄积财货。

用其臣者，予而夺之，使而辍之，徒以而富之，父系而伏之，予虚爵而骄之，收其春秋之时而消之，有杂礼我而居之，时举其强者以誉之。强而可使服事：辩以辩辞，智以招请，廉以摽人。坚强以乘六，广其德以轻上位，不能使之而流徙。此谓国亡之郊。故法而守常，尊礼而变俗，上信而贱文，好缘而好驵，此谓成国之法也。为国者，反民性，然后可以与民戚。民欲佚而教以劳，民欲生而教以死。劳教定而国富，死教定而威行。

译文：

使用臣下的方法应当是：有所赐又有所夺，有所任又有所免；既赐与人徒使其富有，又备有刑戮使其慑服；既赐与空头爵位骄纵他们，又收取春秋财税削弱他们；既采用繁杂的礼仪来限制他们，又经常标举精明强干的典型来表扬他们。对于精明强干的人，可因材任事：能言者用他做舌辩外交的工作，有智者用他做侦查性的工作，性行廉正者用他做监督人的工作。对于性行顽强而欺凌属下的人，无德而轻蔑上级的人，则不加使用而流徙外地，因为这些人都是亡国的祸因。巩固法制而遵守传统，提倡礼节而改革民俗，重视信用而轻视虚伪，好柔顺而嫌粗暴，这都是立国的原则。凡治理国家，先要违反人民的习性，然后才可以与民相亲。人民图安逸，偏要教之以劳动；人民贪生，偏要教之以殉死。"劳动教育"成功了，国家可以致富；"殉死教育"成功了，国家可以扬威。

圣人者，阴阳理，故平外而险中。故信其情者伤其神，美其质者伤其文，化之美者应其名，变其美者应其时。不能兆其端者，灾及之。故缘地之利，承从大之指，辱举其死，开国闭，辱知其。缘地之利者，所以参天地之吉纲也。承从天之指者，动必明。辱举其死者，与其失人同公事，则道必行。开其国门者，玩之以善言。奈其睾辱，知神次者，操牺牲与其珪璧，以执其睾。家小害，以小胜大。员其中，辰其外，而复畏强，长其虚，而物正以视其中情。

译文：

圣明君主，更善于协调事物的矛盾，所以表面平易而内心要求严格。看起来，放任情性者伤其精神，修美质地者伤其文采，变化得最好的也必须合于名分，改革得最好的也必须应合时势发展。不能预见事物端倪者，是要遭灾的。因此，要顺应地利，服从天的意旨，厚祀祖先，开放国门，并且丰厚地祭告诸神。顺应地利，是因为可以参悟天地的规律；服从天的意旨，是因为保证行动方向明确；丰厚祭告祖先，是因为保持与先人同道。祭祀祖先合乎礼节，祖宗成法也必然实行；开放国门，是因为可以研讨外国的高明言论；丰厚地祭告诸神，是因为可以利用祭品，执杯酒而避小灾，这样以小胜大而加强其内部。至于发展到国外，还要威慑强者，旌表谦虚。这样，全社会都将归心。

公曰：国门则塞，百姓谁敢敖，胡以备之？择天下之所宥，择鬼之所当，择人天之所戴，而亟付其身，此所以安之也。强与短而立，齐国之若何？高予之名而举之，重予之官而危之，因责其能以随之。犹俶则疏之，毋使人图之；犹疏则数之，毋使人曲之，此所以为之也。

译文：

齐桓公说："国门阻塞，百姓喧噪不安，如何防备？"回答说："选拔上天保佑、鬼神赐福、人民爱戴的人，付之以重任，就可以安定百姓了。""如果良臣与劣臣同处齐国朝中，又将如何处理呢？""可给以崇高的荣誉来表彰良臣，用重要职位来显异良臣，这是根据他们的才能来分别对待的。假使他是出身于亲族的，那就要保持一定的距离，免使人嫉妒陷害；假使他是出身于疏远的，那就要多多接近一些，免使小人挑拨冤枉。这都是用来保护良臣的措施。"

大有臣甚大，将反为害，吾欲优患除害，将小能察大，为之奈何？潭根之毋伐，固蒂之毋乂，深黎之毋涸，不仪之毋助，章明之毋灭，生荣之毋失。十言者不胜此一，虽凶必吉，故平以满。

译文：

大臣的地位太高了，反容易受人谗害，我想消除这种祸患，以求得防患于未然，怎么办呢？这要像爱护古木一样，延深其根基而不去砍伐，加固其蒂蔓而不去割剐，深犁其根土而不使枯竭，高育其树身而不加剪除，加强其日照而不使昏暗，帮助其生长繁茂而不使有所损伤。君主左右的进谗言者，不能胜过此六项保护措施之一，虽遇凶也必将化吉，所以是会安定而圆满的。

无事而总，以待有事，而为之若何？积者立余日而侈，美车马而驰，多酒醴而靡，千岁毋出食，此谓本事。县人有主，人此治用，然而不治，积之市，一人积之下，一人积之上，此谓利无常。百姓无宝，以利为首。一上一下，唯利所处。利然后能通，通然后成国。利静而不化，观其所出，从而移之。

译文：

无事积财，以待有事，其做法应当是怎样的呢？积财者应拿出余粮大量消费，美饰车马尽情驰乐，多置酒醴尽情享用，这样一千年都不会讨饭。因为这样做正是促进了农业生产。县的收入也有主持其事的，收取财物以满足需用，若不以此项满足需用，便放在市场上积累生利。但有时收入则愈积愈少，有时可愈积愈多，这叫作营利无常。老百姓别无什么宝物，只是把求利看得最重，上下奔波，唯利所趋。有财利然后能流通，有流通然后成立城市。假使财利呆滞而交易不畅，那就要查出原因，从而转移门路。

视其不可使，因以为民等。择其好名，因使长民；好而不已，是以为国纪。功未成者，不可以独名；事未道者，不可以言名。成功然后可以独名，事道然后可以言名，然后可以承致酢。

译文：

看到不堪使用的官员，就应该削职为民。选择其名声良好的，使用他为民之长；一贯地表现良好，即可为治国之人才了。功业未成的不可以独享名位，事业未治的不可以谈及名位。功成然后可以独享名位，事治然后可以谈及名位，这然后才可以享受祭肉的赐予。

先其士者之为自犯，后其民者之为自赡。轻国位者国必败，疏贵戚者谋将泄。毋仕异国之人，是为失经。毋数变易，是为败成。大臣得罪，勿出封外，是为漏情。毋数据大臣之家而饮酒，是为使国大消。三尧在，臧于县，返于连，比若是者，必从是偏亡乎！辟之若尊谭，未胜其本，亡流而下不平。令苟下不治，高下者不足以相待，此谓杀。

译文：

事事把士大夫放在前面，是自己的过错；事事把人民放在后面，是给自己抹黑。看轻国位的君主，其国必败；疏远贵戚的君主，其谋必泄。不可用异国之人当官，那是背弃常规。不可朝令夕改，那将会败坏成业。大臣犯了罪，就不可使之出国，那将泄漏国家的内情。不可常在大臣家饮酒作乐，那将使国运大消；饮酒逍遥，荒亡流连，经常如是，国家就由此败亡了。好比一个酒器，上部大而底部小，酒既流失而底又不会平稳。一个国家法令下达而无效，上下的关系不能维持下去，这就叫作败亡。

事立而坏，何也？兵远而畏，何也？民已聚而散，何也？辍安而危，何也？功成而不信者，殆；兵强而无义者，残；不谨于附近而欲求远者，兵不信。略近臣合于其远者，立。亡国之起，毁国之族，则兵远而不畏。国小而修大，仁而不利，犹有争名者，累哉是也！乐聚之力，以兼人之强，以待其害，虽聚必散。大王不恃众而自恃，百姓自聚；供而后利之，成而无害。疏戚而好外，企以仁而谋泄，贱寡而好大，此所以危。

译文：

事业建成而中途败坏，为什么？兵陈远地而不能威敌，为什么？百姓已经聚居而又逃散，为什么？安定之局中断而陷入危难，为什么？一个国家，功业刚有成就便不讲信用，是危险的；军队很强而不讲正义，是残暴的；不团结近国还想要征服远国，军队是没有威信的；再加上疏于近臣而亲于远者，这就会导致"事业建成而中途败坏了"。一个国家，失掉了治国的大臣，毁灭了国君的宗族，就会导致"兵陈远地而不能威敌了"。一个国家，自己本来很小而妄行大国之政，行一点仁政不见功效，还想同别国争名，简直是自寻苦恼！但他还热衷于积聚武力妄想过人的强大，以致受害，这就会导致"百姓已经聚居而又逃散了"。当然，人君若亲民克己，百姓还是会归附聚居，奉献力量而利其治理，助成其功业而无所加害的。一个国家，疏于近亲而亲于外人，企慕仁政，但所谋又多泄露，轻视小事而好大喜功，这些都是"陷入危难"的原因。

众而约，实取而言让，行阴而言阳，利人之有祸，言人之无患，吾欲独有是，若何？是故之时，陈财之道可以行。今也利散而民察，必放之身然后行。公曰：谓何？长丧以毁其时，重送葬以起身财，一亲往，一亲来，所以合亲也。此谓众约。问，用之若何？巨瘵培，所以使贫民也；美垄墓，所以使文明也；巨棺椁，所以起木工也；多衣衾，所以起女工也。犹不尽，故有次浮也，有差樊，有瘵藏。作此相食，然后民相利，守战之备合矣。

译文：

本来多而表示少，实取于人而表示推让，行为诡秘而言语堂皇，利在人之有祸，唯恐人之无患，我的欲念竟存在这些东西，怎么办呢？这些致财之道，在古时尚可一行。现今财利散于下，一定要实行放散资财的办法才行。齐桓公说：这是什么意思？使丧期长久以消磨富者的时间，使葬礼厚重以耗用富者的钱财，让他们亲往亲来，以借此增进和睦。这样也就相约成风了。齐桓公又问：具体做法如何？挖掘巨大的墓室，使穷人有工作做；装饰堂皇的墓地，使雕画工匠有工作做；制造巨大的棺椁，使木工发家；多用随葬的衣被，使女红得利。这还不够，还有各种祭奠包袱、各种仪仗与各种殉葬物品。用这些办法使贫者维持生活，然后使人民得其利。无论国家的守战都可以搞好了。

乡殊俗，国异礼，则民不流矣；不同法，则民不困；乡丘老不通睹，诛流散，则人不眺安乡乐宅，享祭而讴吟称号者皆诛，所以留民俗也。断方井田之数，乘马甸之众，制之。陵溪立鬼神而谨祭。皆以能别以为食数，示重本也。

译文：

尊重各乡不同的风俗和各城不同的礼节，人民就不会流动迁徙；实行不同的法度，人民就不会感到困窘；使各地区老死不相往来，并惩罚流散人口，人民就不会外逃。让人们安乡乐宅、祭神祭祖的颂词与称呼不求一致。也就是为了保留民俗的。确定田地数和军赋的多少，使之成为制度；在山陵溪涧立庙谨祭鬼神；对大小人等都能使之得到相应的衣食，这些都是表示重视农业生产的。

故地广千里者，禄重而祭尊。其君无余地与他若一者，从而艾之。君始者艾若一者，从乎杀。与于杀若，一者从者艾若一者，从于杀。与于杀若，一者从无封始，王者上事，霸者生功，言重本。是为十禺，分免而不争，言先人而自后也。

译文：

  拥有千里土地的国君，臣下的俸禄自然丰厚而祭祀规格也高。至于没有剩余土地而只有荒地的国君，就只好进行开荒。处在开荒时期的国君，其禄赏与祭祀规格，自然应随着降低。被降低禄赏的臣下，与开荒时期的国君一样，也随着逐级下降。最后被降低者，竟与没有封地的庶人一样。固然"王者上事，霸者生功"这两句话说明重视土地生产是为了军事；但是"分地而不争"这句话则要求人们应坚持先人后己的原则。

  官礼之司，昭穆之离先后功器事之治，尊鬼而守故；战事之任，高功而下死；本事，食功而省利；劝臣，上义而大能与小利。五官者，人争其职，然后君闻。

译文：

  对于百官的管理，要先论功绩而后定名位；对于亲族序列及祭祀的管理，要尊重死者而严守祖宗旧法；对于战事的管理，要提倡立功而鄙视徒然送死；对于农业的管理。要酬赏实功而观察效益；对于劝勉臣下的管理，要注重大义而给予小利。这五种管理，可以使人们争尽其职，然后国君的名声远闻。

  祭之，时上贤者也，故君臣掌。君臣掌则上下均，此以知上贤无益也，其亡兹适。上贤者亡，而役贤者昌。上义以禁暴，尊祖以敬祖，聚宗以朝杀，示不轻为主也。

译文：

人君察问细事，是自恃贤能的表现。这样将导致君臣共管细事。君臣共管则等于地位拉平。可见，君主自恃贤能是没有好处的，这样足以造成危亡。人君自恃贤能者国亡，而使用贤能者国昌。倡导正义而禁止暴行。尊奉祖先而敬事祖先，团结同族而昭明等次。抓这些大事才表明不轻为一国之君。

能摩故道新道，定国家，然后化时乎？国贫而鄙富，苴美于朝市国；国富而鄙贫，莫尽如市。市也者，劝也。劝者，所以起。本善而末事起。不侈，本事不得立。

译文：

能揣摩旧办法与新办法来安定国家，然后按时代改变政策吗？城市贫穷而农村富裕，没有比朝廷更实惠的；城市富裕而农村贫穷，没有比市场更繁荣的。市场，是一种鼓舞力量。鼓舞，是为大发展。农业完善而工商产业也得到发展。不进行侈靡消费，农业生产就站不住脚。

贤举能不可得，恶得伐不服？用百夫无长，不可临也；千乘有道，不可修也。夫纣在上，恶得伐不得？钧则战，守则攻，百盖无筑，千聚无社，谓之陋，一举而取。天下有一事之时也，万诸侯钧，万民无听，上位不能为功更制，其能王乎？

译文：

得不到贤能之士，怎么能征伐不服之国呢？百人之众，而且没有头领，都不可轻易对待；千乘之国，并且治理有方，更不能妄加侵犯。像纣王那样的君主在上主政，怎么能征伐不服者呢？用兵。双方势均力敌则战，一方处于守势则攻。成百的房舍没有建筑，成千的村落没有神庙，这种情况就叫作"破败"。对这样的国家是可以一举而取的。在天下有事的时候，各国诸侯同起。万民无所适从，居上位者如不能创立功业，变革法制，还能够乘时统一天下吗？

缘故修法，以政治道，则约杀子吾君，故取夷吾谓替。公曰：何若？对曰：以同。其日久临，可立而待。鬼神不明，囊橐之食无报，明厚德也。沈浮，示轻财也。先立象而定期，则民从之；故为祷朝缕绵，明轻财而重名。公曰：同临？所谓同者，其以先后智渝者也。钧同财争，依则说，十则从服，万则化。成功而不能识，而民期然后，成形而更名，则临矣。

译文：

遵守旧法，修订新法，以匡正各国诸侯的治国之道，在这方面谁都不如我国的国君，因此需要我管仲代谋此事。齐桓公发问说：此事如何进行？管仲回答说：实行同化政策。用充分的时间监督管理，到时候就可以立见功效。齐桓公说，何谓监督管理？回答说，所谓同化政策，那是以先进后进之间才智超越为根据的。彼此才智相同者，自然争斗，但超过一倍则对方悦服，超过十倍则服从，超过万倍那就归化了。完成功业于不识不知之中，百姓都期待这样的人立为君主，并且建立霸王之业而正名，这就完成监临管理的作用了。

请问为边若何？对曰：夫边日变，不可以常知观也。民未始变而是变，是为自乱。请问诸边而参其乱，任之以事，因其谋。方百里之地，树表相望者，丈夫走祸，妇人备食，内外相备。春秋一日，败曰千金，称本而动。候人不可重也，唯交于上，能必于边之辞。行人可不有私，

不有私，所以为内因也。使能者有主，矣而内事。

译文：

请问应如何守护边疆？回答说：边事多变，不可用一般见识推断。边民本无变乱而采取应变措施，这叫作庸人自扰。要请教边地人们以了解变乱原因，要使他们任事并用其谋划。在方圆百里的土地上，在树立标志可以互见之处，男人疾辞应征，妇人准备饭食，内外都应当有所戒备。在春种秋收季节，战争一日。等于耗费千金，所以要衡量农业情况而动兵。侦察人员不可擅离岗位，要向上报告边情，一定要克尽守护边境的职守。外交人员可否怀有私心呢？当然不可。如有私心，就可能成为内奸。要使有才能的人主持此事，做好其分内工作。

万世之国，必有万世之实。必因天地之道，无使其内使其外，使其小毋使其大。弃其国宝使其大，贵一与而圣；称其宝使其小，可以为道。能则专，专则佚。橡能逾，则橡于逾。能宫，则不守而不散。众能，伯；不然，将见对。

译文：

传之万世的国家，必有传之万世的国宝。这国宝，就是坚决遵循天地的规律，勤于内政而不务向外侵略，谨小慎微而不好大喜功。如果弃其国宝而向外侵略，则将脱离盟国而失败。发扬其国宝而谨小慎微，则可以实现其治国之道。对能臣就应当专任。专任能臣为上者可以逸而不劳。依靠能臣是愉快的，被依靠者也与之同样愉快。有能者为官，虽不管，事情也不会乱。能者多，国家可成霸业；不然，将适得其反。

君子者，勉于糺人者也，非见糺者也。故轻者轻，重者重，前后不慈。凡轻者操实也，以轻则可使；重不可起轻，轻重有齐。重以为国，轻以为死。毋全禄，贫国而用不足；毋全赏，好德恶亡使常。

译文：

人君，要善于使用臣民，而不要什么事情都自己去干。如果称上轻的一方自管其轻，重的一方自管其重，前后就不会平衡。凡轻的一方都是可以操纵重物的。因为轻的秤锤可以运用，重的一方反不能操纵轻的秤锤，轻重之间是存在一定比例关系的。如果说重的一方是国家，那么，轻的一方就好比祭礼中神保的重要地位。人君在使用臣民时，俸禄要有所限制，否则，国贫而财用不足；赏赐不可普遍施行，防止把人君的好德务施流为平常的事情。

请问先合于天下而无私怨，犯强而无私害，为之若何？对曰：国虽强，令必忠以义；国虽弱，令必敬以哀。强弱不犯，则人欲听矣。先人而自后而无以为仁也，加功于人而勿得，所橐者远矣，所争者外矣。明无私交，则无内怨；与大则胜，私交众则怨杀。

译文：

请问倡导联合天下而不因私结怨，反抗强暴而不因私害人，怎样才能做到呢？回答说：对手如是强国，自己的辞令必须是诚恳而有道义；对手是弱国，自己的辞令也必须是恭敬而有感情。强、弱都不得罪，人们就愿意听从了。先人后己而不自夸为仁厚，加功于人而不自居为有德，那样，所包容的范围就会很大，所争取的领域也就很广阔了。表明自己是大公无私，没有特别的偏袒。别人便不至于心怀怨恨。盟国多，就是胜利；偏袒多，就会因怨恨而引起杀伐。

夷吾也，如以予人财者，不如毋夺时；如以予人食者，不如毋夺其事，此谓无外内之患。事故也，君臣之际也；礼义者，人君之神也。且君臣之属，道也；亲戚之爱，性也。使君亲之察同索，属故也。使人君不安者，属际也，不可不谨也。

译文：

我管仲的主张是：与其给人钱财，不如不耽误农时；与其给人饮食，不如不使他失业。这是防止产生内外忧患的力、法。忠敬是维持君臣关系的。礼仪是人君保有尊严的条件。君臣的关系靠道义，父母的情感是天性。使人君和父母的关系相同，必须靠君臣相敬。使人君不安的原因，是君臣互相戒备，这是不可不加以注意的。

贤不可威，能不可留，杜事之于前，易也。水鼎之汨也，人聚之；壤地之美也，人死之。若江湖之大也，求珠贝者，不令也。逐神而远热，交觯者不处，兄遗利夫！事左中国之人，观危国过君而弑其能者，岂不几于危社主哉！

译文：

对贤者不可威制，对能者不可留滞不用，防患于未然，总是容易的。水源所流之地，人们都来聚居；土壤肥沃之处，人们都不肯离去。这就好像寻求珠贝的人不肯离开广大的江湖一样。在逐神仪式燃放火炬的时候，交杯酬饮者不肯稳坐不动，何况追逐遗利的人们呢？使举国人众策看危国过君强显其能，岂不接近于危害国家吗？

利不可法，故民流；神不可法，故事之。天地不可留，故动，化故

从新。是故得天者高而不崩，得人者卑而不可胜。是故圣人重之，人君
重之。故至贞生至信，至言往至绞。生至自有道，不务以文胜情，不务
以多胜少，不动则望有廧，旬身行。

译文：

　　利不可废，所以人们从事流通；神不可废，所以人们都来供奉。宇
宙是不停留的，故经常变动而化故从新。得天助者，居高位不会倒台；
得人心者，居低位也是不可战胜的。圣人和人君都重视这个道理。最真
诚可以产生最大的信任，最信任可以产生最深的交谊。产生这些最高境
界自然是有办法的；不讲求用花招掩盖真情，不讲求用贪多排斥精少，
君子俨然不动，望者如墙，立身行事均平正直就是了。

　　法制度量，王者典器也；执故义道，畏变也。天地若夫神之动。化
变者也，天地之极也。能与化起而王用，则不可以道山也。仁者善用，
智者善用，非其人，则与神往矣。

译文：

　　法制度量是王者治国的准则和工具。坚持过时的仪法和道德，就是
害怕变革。天地就好像神在那里推动着变化，乃是天地的最大特征。能
参与变化而善于运用变化的人，切不可中途停顿。仁者、智者都是善于
运用变化的。不是这样的人，变化的良机就空自与神逝夫了。

　　衣食之于人也，不可以一日违也，亲戚可以时大也。是故圣人万
民艰处而立焉。人死则易云，生则难合也。故一为赏，再为常，三为固
然。其小行之则俗也，久之则礼义。故无使下当上必行之，然后移商人
于国，非用人也，不择乡而处，不择君而使，出则从利，入则不守。国

之山林也，则而利之。市廛之所及，二依其本。故上侈而下靡，而君臣相上下相亲，则君臣之财不私藏。然则贫动枳而得食矣。徙邑移市，亦为数一。

译文：

衣食对于人，不可能一日离开，父母兄弟却是终将失去的。所以圣人教导百姓节衣缩食以自立。人死易亲，活着则难投合。行赏之事，行一次人们看作"赏"，二交则看作常规，三次则看成当然的事情。小行则人们满意，久之则变成一般的礼法制度了。所以不要使下面的人视行赏为当然的事。在上者必须在行赏之后善于有所转移。

商人对于国家，并不是无所作为的人。他们居处不挑选什么乡，事奉不挑选什么君主。他们卖出就是为了谋利，买进也不保守惜售。国家的山林资源，取过来就去营利，使国家的市场税收成倍增长。朝中上下都可以奢侈消费，君、臣、相上下相亲，君臣的财产都不会窖藏不动，这样贫民也就有工作而有饭吃了。此外，把有田邑的迁移入市，也是解决问题的一种办法。

问曰：多贤可云？对曰：<u>鱼鳖</u>之不食咡者，不出其渊；树木之胜霜雪者，不听于天；士能自治者，不从圣人，岂云哉？夷吾之闻之也，不欲，强能不服，智而不牧。若旬虚期于月，津若出于一，明然，则可以虚矣。故陁其道而薄其所予，则士云矣。不择人而予之，谓之好人；不择人而取之，谓之好利。审此两者，以为处行，则云矣。

译文：

齐桓公问道：如何与众贤亲近呢？回答说：不吃钓饵的鱼鳖，不出深水；不畏霜雪的树木，不怕天时；自己有办法的贤士，就不肯听从君主，还谈什么亲近呢？我管仲听说过，如果人无所求，用强力不能制服，用智巧不能治理，这就好像月亮的盈虚有定期，音乐的韵律有定式一样。懂得这一点，就可以处理好了。所以，控制发展出路而禄赏不使过厚，士人就来亲近了。不择人而给予禄赏叫作"空仁"；不择人而进行敛取，竭泽而渔，就叫作"空利"。明白这两条，并且作为行事准则，就可使人们亲近了。

不方之政，不可以为国；曲静之言，不可以为道。节时于政，与时往矣。不动以为道，齐以为行，避世之道，不可以进取。

译文：

不正确的政治措施，不能治国；局限于静止的理论，不能说明事物的道理。掌握好时代与政事的关系，就可以随着时代的发展而前进了。把不动无为看作道，把所谓"齐"的思想看作"德"，这种消极避世主义，是谈不上进取的。

阳者进谋，几者应感，再杀则齐，然后运可请也。对曰：夫运谋者，天地之虚满也，合离也，春秋冬夏之胜也，然有知强弱之所尤，然后应诸侯取交，故知安危国之所存。以时事天，以天事神，以神事鬼，故国无罪而君寿，而民不杀智运谋而杂橐刃焉。

译文：

对于显明的事物，加以谋划；对于隐幽的事物，力求感应。经过一试再试而成功，然后就发展起来，这是为什么呢？回答说：关于运用谋划，由于掌握天地的盈虚与离合，理解春秋冬夏的交替，还了解各国强弱差别，然后再应合各国诸侯；取得交往经验，这样就知道国家安危的关键所在了。按照合宜的时节祭祀天，按照祭天的时节祭祀神，又按照祭神的时节祭祀鬼，这样国无灾荒、国君安寿，而黎民百姓免于瘟疫；再加上智者运用谋划，也就避免刀兵之祸了。

其满为感，其虚为亡，满虚之合，有时而为实，时而为动。地阳时贷，其冬厚则夏热，其阳厚则阴寒。是故王者谨于日至，故知虚满之所在，以为政令。已杀生，其合而未散，可以决事。将合，可以禺其随行以为兵，分其多少以为曲政。

译文：

满是减弱的开始。虚是新生的开始，这种满虚结合的发展过程，有时表现为事物的实体，有时表现为运动。阴阳的运动是经常交替的，冬有极寒则夏热，阳气极厚则阴寒。所以王者极为注意冬至和夏至两个节令，由此了解虚、满的情况，据以确定政令，如已到深秋杀生的时节，天气聚合而不散，可以决行狱事。秋气将合的初秋时节，可以配合时势动静进行战争，考虑军力大小以安排军事活动。

请问形有时而变乎？对曰：阴阳之分定，则甘苦之草生也。从其宜，则酸咸和焉，而形色定焉，以为声乐。夫阴阳进退，满虚亡时，其散合可以视岁。唯圣人不为岁，能知满虚，夺余满，补不足，以通政事，以赡民常。地之变气，应其所出；水之变气，应之以精，受之以豫；天之变气，应之以正。且夫天地精气有五，不必为沮，其哑而反，其重陔动毁之进退，即此数之难得者也，此形之时变也。

译文：

请问物之形类有天时的灾变吗？回答说：由阴阳的分量不同所定，

就生出甘草和苦草。只有顺应四时所宜，才可以调和酸咸，确定形色，从而产生各种声调和音乐。关于阴阳的消长变化，其满与虚的时间，很难说定，但从它的分散与集合的现象上，可以看出年景的丰歉。只有圣人不为年景的丰歉所困，他可以夺余满，补不足，使政令得以贯彻，民用得以满足。土地发现灾变之气，可在其出现之处寻找解决之道；水发现灾变之气，要用精诚之心对待并需要预有所备；天发现灾变之气，则唯有坚守正道来对待。天地间运动的精气有五种，不应阻碍其气运之最旺盛者而反其动向。不过，人们审知它们的运动、毁灭、前进、后退等过程，就是很准办到的。这样，物之形类就出现天时性的灾变了。

沮平气之阳，若如辞静。余气之潜然而动，爱气之潜然而衰，胡得而治动？对曰：得之衰时，位而观之，怡美然后有辉。修之心，其杀以相待，故有满虚哀乐之气也。故书之帝八，神农不与存，为其无位，不能相用。

译文：

正气的兴起受阻碍，如何制止静止的阻力？旧的残余之气暗中思动，旧的隐蔽之气暗中哀怨，如何制止它们的蠢蠢欲动？回答说：在主德既衰之时，就按照五德转移的规律来观察处理问题，相信而重视此理，就可以保持气运。因为修心立志，用五德相杀的道理来对待形势，那就有由满到虚和由哀到乐之气的出现。所以，经奢记载，古代帝王有八个，神农不在其中，这是因为他不在五德之位，不能用来参与五德终始的缘故。

问：运之合满安臧？二十岁而可广，十二岁而聂广，百岁伤神。周郑之礼移矣，则周律之废矣，则中国之草木有移于不通之野者。然则人君声服变矣，则臣有依驷之禄，妇人为政，铁之重反旅金。而声好下曲，食好咸苦，则人君日退。亟则溪陵山谷之神之祭更，应国之称号亦更矣。

译文：

问：国家命运的全部奥秘何在？二十年而政权发展壮大，十二年而摄政之权发展壮大，但百年之后则令人伤心。周郑之礼仪改易了，而周朝的律法也破坏了，周郑时期的风俗和礼仪被转移到落后地区。于是人君的声乐、服饰改变了，臣下可以有千乘的高禄，妇人可以主政，铁的价值高于青铜。而且听的喜欢下里巴人的曲调，吃的喜欢咸苦之味的饮食，由是人君地位日退。甚至溪陵山谷之神的祭法改变了，其应祭国家的称号也改变了。

视之示变，观之风气。古之祭，有时而星，有时而星�，有时而�，有时而胸。鼠应广之实，阴阳之数也。华若落之名，祭之号也。是故天子之为国，图具其树物也。

译文：

要视察天象的变化，要观测风向与云气，古代的祭祀情况不同：有时祭来晴朗的天气，有寸祭来光明的日照，有时祭来高热，也有时祭来微温。收获有小有大，那是阴阳的定数决定的；名称有美有恶，那是用作祭祀标记的。因此，历朝天子主持国家，都谋求具有本朝特色的祭坛树木与本朝祭祀所用的服色。

管仲年谱

公元前725年　管仲生于颍上（今安徽颍上）。

公元前708年　管仲在贫穷中度过了童年。因家贫，做过马夫，做过小商贩。是年，与鲍叔牙相识，结拜为兄弟，协手经商。十多年中，他们走遍了中原各国。

公元前697年　齐僖公拜管仲、鲍叔牙分别为二公子纠和三公子小白的师傅。

公元前694年　齐襄公继位后，好勇喜功，连年征伐邻国，国内横征暴敛，民怨甚重。同年，鲁齐桓公与夫人文姜来到齐国，齐襄公与其胞妹文姜通奸，并杀死了鲁齐桓公。

公元前692年　齐襄公荒淫无道，天怒人怨。为避齐乱，管仲、召忽奉公子纠投奔鲁国；鲍叔牙奉公子小白投奔莒国。

公元前686年　公子无知与连称、管至父内外勾结，杀齐襄公，取代君位。雍廪等人杀公子无知。齐国大乱。

公元前685年　高傒、国子拥立公子小白登上君位，是为齐桓公。鲁庄公为公子纠争位，齐、鲁战于乾时，鲁军大败。齐军乘胜夺取鲁国汶阳之地。

齐桓公决心报管仲射他一箭之仇，派人赴鲁，逼鲁庄公杀公子纠，召忽殉主，管仲遣返齐国。在鲍叔牙的极力保荐下，齐桓公尽弃前仇，管仲被拜为大夫。

公元前684年　齐桓公不顾管仲反对，率兵伐鲁，在长勺与鲁军交战，被鲁将曹刿击败。

齐桓公拜管仲为相国。支持管仲对内大胆进行改革，对外高举起尊王的旗帜，实施管仲的称霸不用兵车战略。

公元前681年　齐桓公采纳管仲之谋，与宋、陈、蔡、邾等国之君于北杏会盟，齐桓公主盟，以平定宋国内乱。遂国（今山东肥城南）不参加北杏会盟，齐桓公率师灭遂，并以此向鲁国施加压力。鲁庄公与齐桓公盟于柯地（齐邑，今山东肥城南），会盟时，鲁国司马曹沫以剑劫齐桓公，要求退还汶阳之地。齐桓公依照管仲的意见，答应退地。

公元前680年　柯地会盟，使齐桓公名声大振，各国诸侯纷纷与齐结盟。至此，齐桓公真正认识到了称霸的本质，对管仲拥有了一种铭心刻骨的信任，拜管仲为"仲父"。同年，齐桓公与管仲率师会同陈、曹两国伐宋，因宋违背北杏之盟。伐宋途中遇卫人宁戚，管仲荐齐桓公，齐桓公拜宁戚为大夫。宁戚赴宋说服宋桓公求和。

公元前679年　齐桓公与卫、郑、宋三国之君盟于鄄（今山东鄄城北）。诸侯威服，齐桓公成为春秋首霸。

公元前678年　郑国违背鄄地之盟，齐桓公与宋、卫之师讨伐郑国。是年，齐、鲁、宋，卫、陈、郑等国于幽地会盟。

公元前675年　齐桓公会同宋、陈之师讨伐鲁国。

公元前671年　齐桓公与鲁庄公会盟于扈地。

公元前668年　齐、宋、鲁三国之师讨伐徐国。

公元前667年　齐与鲁、宋、陈、郑盟于幽地。周惠王赐齐桓公为侯伯。管仲审时度势，做出重大战略调整，变尊王称霸为尊王攘夷。

公元前666年　齐桓公奉周惠王之命，率师伐卫。

公元前664年　山戎侵犯燕国。齐桓公与管仲率师救燕，至令支、孤竹，剿灭山戎。

公元前663年　齐师凯旋，齐桓公将伐由戎的战利品的一半赠予鲁庄公。

公元前662年　齐筑小谷（今山东东阿）为管仲采邑。鲁庄公为感谢齐桓公，为管仲在小谷筑城。

公元前661年　狄人侵犯邢国，齐桓公率师救邢，败狄师。

公元前660年　鲁国公子庆父作乱。为安定鲁国，齐桓公依管仲之谋，立公子申为国君，并大义灭亲，杀其侄女哀姜。

同年，赤狄侵犯卫国。齐桓公派公子无亏率军击溃赤狄，助卫成守。

公元前659年　赤狄侵犯邢国，齐桓公与管仲同宋、曹两国联兵救邢，打败赤狄，为邢国在夷仪重新筑城，派军助邢成守。

公元前658年　齐桓公诸侯为卫国筑新城。

公元前656年　齐桓公与管仲率齐、鲁、宋、卫、郑、许等国联兵讨伐蔡国，蔡侯闻风而逃，继而以不尊周天之子罪讨伐楚国。楚请求讲和。诸侯与楚于召陵会盟。

公元前655年　齐桓公依照管仲之谋，与宋、鲁、陈、卫、许、郑、曹等国君会于首止，与周世子郑定盟，确立世子郑太子地位，以稳定周室。

周惠王指令郑国与楚国联合，离间首止之盟。郑文公不辞而别。

公元前654年　齐桓公责郑文公逃首止会盟，率诸侯讨伐郑国。郑请求讲和。

公元前653年　齐桓公与鲁、宋、陈、郑于宁母（鲁邑，今山东鱼台）会盟。

公元前653年　齐桓公与鲁、卫、宋、许、曹等国君会盟于洮，以固周襄土之位。

公元前651年　周襄王派太宰赐齐桓公胙。齐桓公与宋、鲁、卫、郑、许、曹等国君会盟于葵丘，庆贺天子赐胙。

公元前650年　北狄侵犯卫国，齐桓公率师相救。

公元前648年　齐桓公会同诸侯为卫国筑新城，以防备北狄入侵。

公元前647年　齐与宋、鲁、陈、卫、郑、许、曹等国会盟于咸，共谋保卫周室，防备戎人入侵。

公元前645年　齐、宋、鲁、陈、卫、郑、曹诸君会盟于牡丘（今山东聊城东北），商讨伐楚救徐之策。

同年，管仲卒。

公元前643年　齐桓公卒。齐诸公子争夺君位，齐国大乱。易牙杀群吏，拥立公子无亏为君。太子昭逃奔宋国。

公元前642年　宋襄公平齐乱，太子昭继位。